教科書に
書かれなかった戦争
PART53

# ゆれる境界・国家・地域にどう向きあうか

歴史教育と歴史学の協働をめざして——

坂井俊樹・浪川健治 編著
森田武 監修

梨の木舎

# はじめに

森田　武

歴史学と歴史教育のかかわりについては、一九八六年から一九九二年までつづけられた「歴史学研究」の特集企画に代表される取り組みをはじめ、これまで間断なく続けられてきた。しかし、なお多くの課題を残し現在に至っている。

本書は、現在日本史研究と歴史教育に取り組んでいる者が「協働」して、歴史分析と具体的事象が歴史教育の実践、特に子どもたちの歴史認識の形成にどう関わっていけるか、そして歴史研究を、実践的立場から子どもたちの歴史認識形成の実践にどういかせるか、いかしているかを、問題意識的にアプローチした作業の現段階における成果である。

本書では、「協働」の際の接点として、グローバル化社会のもとでの、子どもたちも含めた、我々を取り巻く状況を共に考え認識するために、国家と住民・市民のかかわりの観念・具体像・課題の追求と、そして「国家」、国民国家を相対化して視る視座をすえている。具体的には、国民国家の持つ、とりわけ「排除」を内包する国民統合による近代社会像を「排除されない人々」も含め捉えなおしつつ、同時に歴史的にさかのぼり、諸時代の境界・領域設定の歴史的意味と時代相、境界・領域の人々の主体的独自性を確認する歴史認識を歴史教育で深めたいと考えた。それは、東アジアの中の日本を視野に置くこととも連動している。東アジア史への視点は、かつて上原専禄氏が提言した「アジア地域全体の諸国民との協力によるところの歴史教育」の必要性は今日的課題であり続けているし、今日の多文化教育研究・実践の意義も大きい。本書では、各時代の東アジアとの交流・関係とその時代の人々の多様な社会認識・対外観のあり方を通して、時代相と今日の子どもたちの日本、日本人の対外認識のあり方を問いかけようとした。さらに、地域の問題に焦点をあてたのは、歴史を見る眼の教材対象として重要であるとともに、多様かつ重層的な地域が自立性・独自性あるいは主体性を持ち、国家を前提としつつそれを相対化する拠点としての性格を持つと考えるからである。地域のあり方と人々の行動・行為の多様な具体像から、自らの生活の場から国家、社会を歴史的に認識していく上でも接点的対象として意味を持つと考える。さらに、本書で共通して意識したのは現代社会のあり方、問題をどう捉え、研究・教育に向きあい作業するかということであった。この点は、それぞれが意識して論考に反映させているし、主に地域の視点から具体的内容の論考でも追求している。

歴史研究と歴史教育のかかわり、あるいはつなぐものとして、例えば、かつては遠山茂樹氏が、歴史研究も歴史教育もともに歴史像の再編成をめざしていること、近年では、山田明、成田龍一両氏が歴史教育、歴史研究、歴史叙述を三位一体の問題として考えるべきことを提唱している。本書では、坂井・浪川両論考が、「協働」していく場合の問題意識・視角と本書の内容に即した「協働」の意義について提言した。

重要な課題としてそれらが眼の前にある。「協働」作業への挑戦と具体的な内容で構成した本書の提起・提言が、歴史研究と歴史教育の関係・つながりを重要かつ大切な問題として意識する歴史研究・教育実践の進展に寄与できれば幸いである。

森田　武

# 目次

# 序章

# 歴史教育と歴史学の協働をめぐる課題

## ――教育という視点から――

坂井俊樹

## はじめに――歴史学と教育実践の桎梏

戦後の歴史教育実践には、大きく三つの迫り方があった。一つ目は、文部省の施策に沿った、ナショナリズムに収斂する伝統強調の立場（内容伝達の重視）、二つ目は、初期社会科の理念に基づき、子どもの個性や「学び」を重視した問題解決学習（切実性・方法重視の立場）、三つ目は、戦前への回帰を警鐘する立場から、学問の成果に依拠した「科学的な社会認識」を追究する立場（内容・方法重視）である。とくに歴史教師たちが力を発揮してきたのが、三つ目の「科学的な社会認識」追究の立場であり、教育実践と学問研究を一致させようと努めてきた。

したがって、三つ目の立場の歴史教師たちは、歴史家の描き出した通史や時代像、地域の歴史をもとに、いかに子どもたちに科学的認識力を育むかという点に苦慮しつつ、実践を切りひらいてきた。そこには、現実社会や地域社会の諸問題・諸矛盾に、立ち向かっていく逞しい子どもたちの成長への期待があった。社会を動かす変革主体を育成する教師や子どもたちの学びでもあった。歴史研究の主流も、史的唯物論に依拠した社会構造論や民衆闘争史研究が活発であり、日本社会や地域社会の諸矛盾、諸課題を鋭敏に反映させる社会還元的な問題設定が研究の中心に置かれてきた。社会・政治・経済の変革課題が明確に絞りきれる時代状況にあり、学問と教育が協調（協働）しやすい環境の下にあったといえる。

しかしながら、高度経済成長から低成長時代に突入した一九七〇年代後半以降、歴史教育と歴史研究は、予想もしなかった大きな課題を突きつけられることになった。

歴史教師の立場は、一九七〇年代末以降に高校全入を目指した段階から、入学した高校教育とのミスマッチ、つまり既存の教育システムやプログラムの「質」が問われる段階に移行しはじめた。具体的には、公立高校における中途退学者の急増や子どもたちの「非行」増加などの問題が顕在化してきたのである。[*1] 従来の協働関係においては、学問と教育実践との双方に共通した「想定される」子ども像が描き出しやすかったという前提があり、学校教育が子どもたちの自己実現（生涯設計）を保障するための機能を保持していた。学校で習う歴史教育は「正史」であり、それをしっかり学べば将来の展望が描き出せるとの思いが生徒たちを捉えていた。しかしながら、そこには一人ひとりの違い、あるいは学校から離脱した者に対して配慮する教育システムはなく、旧来の経験では想定されない課題への構えもなかった。「授業が成立しない」という言葉に表明されるように、歴史教師たちも、変革主体の育成などと言っていられないほど、教室内外に山積する問題を深刻に受け止めざるをえなくなった。[*2]

一九八〇年代、歴史教師たちの模索も本格化していった。歴史教育者協議会での論議や東京の田所恭介による小学校での実践など子どもを巡る状況変化、学級・学校内の民主的意識の必要さ、それに向き合う実践の提起など、歴史研究との一体関係から次第に教育実践が独自の領域に向かうようになった。[*3] そのさいに参考になるのが、一九八六年から『歴史学研究』誌の連続特集「歴史学と歴史教育のあいだ」で繰り広げられたさまざまな議論であった。[*4]

## 1 歴史教育の相対的自立性ということ?

一九七〇年代後半、千葉県の公立中学校教師である安井俊夫は、「スパルタクスの反乱」をはじめとする数々の実践を通して問題提起をおこなった。彼の実践は、「感性的認識から理性的認識へ」という毛沢東の矛盾論にも通じる社会認識の発達論を基礎としていた。その時代に身を置いて民衆の立場からの思考に生徒を追い込み、疑問や怒り、知恵、判断を求めたのである。問題追究は、「なぜ?」という問いではなく、「どのように?」という行動の方法を重視していた。一九六五年代に、「新田開発」の実践の折に、彼はある生徒の反応に考えさせられ、そこから新たな実践を模索したと分析されている。生徒の反応とは、農民がいくら頑張って新田を開発しても結局は年貢として領主に吸い取られてしまい、意味が無い、というものである。[*5] 民衆の挫折認識である。民衆の主体的な営みに意味を感じさせる実践に向かった。

民衆に対する「共感」を育て、その中から理性の世界、つまり科学的な歴史認識の世界へ繋いでいくものとしたのである。一九七〇年代における「生活と科学」の統合論の流れのなかで実践開発を行ったが、それは当時の歴史教育者協議会や教育科学研究会等の民間教育研究団体に共通する問題意識でもあった。[*6] しかし一九八〇年代にはいると、安井実践の「感性的認識から理性的な認識へ」という社会認識の展開プロセスに対する疑問が提起され、感性と理性は絡み合いながらともに高まっていくもの、つまりスパイラルな関係にあることが言われはじめた。安井自身も「質の高い共感」といった類の主張をするに至っている。[*7]

「共感論」を契機に、一九八〇年代、歴史研究と歴史教育実践とは、直接に結合すべきか、それとも一定の自立性、つまり「相対的自立性」を持つべきか、といった議論が展開されることになった。『歴史学研究』誌上のリレー討論で本多公栄は、そもそも「歴史学と歴史教育のあいだ」という問題意識に疑問を感じ、教育学（方法学）からの論点を提起している。[*8] また目良誠二郎は、歴史学と歴史教育の危機ではなく、歴史教育の危機の克服自体が焦眉の課題と語り、新自由主義からの歴史教育攻撃、および子どもたちの諸課題の深刻さなどに向き合うことこそ緊急な課題であるとした。[*9] 二人は、歴史学研究会（歴史研究者）に対する批判意識が底流にあったものと推察される。本多は、歴史教育は、歴史研究ではなく、歴史学習の所産として独自の歴史的事実の選択が可能となり、歴史像となる、と指摘している。

しかしながら、時代構造、社会構造の理解と結びついた実践が不可欠との立場から、歴史研究者の土井正興は安井を批判し、改めて科学的社会認識に連なる「時代の構造なり枠組み」の学習の必要を主張した。[10] 確かに、安井実践が子どもたちを奴隷の立場に追い込むばかりで、構造的認識が弱いことは想像できる。この段階では、土井の主張には旧来の科学的認識論の臭いがして、歴史教師たちは納得できない面もあったろう。しかし改めて今日の学力の視点から考えたとき、「現実の奴隷制社会の奴隷―最大の蜂起のスパルタクス蜂起でも―は奴隷制破棄の問題を意識的に提起できなかったことを」を時代の構造や枠組みのなかで理解させることこそ大事、とする指摘を受け止めてみる必要がある。[11]

## 2 「言語論的転回」以後の歴史教育

学問の研究成果を生かすことと、子どもたちの自律的な学びを促すことの両立はきわめて困難である。しかし、歴史教育からの要請や問いかけを歴史研究者が受け止めないとしたら、歴史研究はその社会的な基盤となる重要な領域を手放すことになる。教育への無関心が高まれば、歴史教育は政争の具に絡め取られていく危険があろう。[12]

残念ながら、いわゆる「言語論的転回」以降、歴史研究と歴史教育の距離は容易に縮めにくい、むしろますます遠ざかりつつある状況にある。

そうした中でも、微弱ながらも歴史教育における新しい歴史研究への適合は、次の段階で進展してきた。はじめは社会史研究への関心を持った取り組みであった。[*13] その後、とりわけソ連の解体以降、私たちに見える形で迫り、論議となった国民国家批判論の展開があった。近代国民国家を問い直す各種の研究が、歴史教育として試みられ、近現代史を対象とする構成（築）主義的歴史教育も、国民国家論批判と併行しながら論じられてきたのが最近の動向である。[*14] これらの諸実践は明確な区分は不可能であるが、日本に導入された社会史研究は、主に絵画資料等の史料論と結合して、歴史的な社会意識（宇宙観）を描き出すという、今までにない観点で歴史教育に刺激を与えてきた。また国民国家を問い直す主張は、東アジア史や世界史教育構成論として現れたり、歴史認識そのものを相対化する構成（築）主義的な教育論として提起された。

構成（築）主義の立場からの歴史教育への接近について見てみよう。構成（築）主義は、言語によって構成される歴史叙述から脱構築するとともに、自らの位置を再検討することすら求めるプロセスとして描かれる。高橋健司の一連の研究は、その実践的可能性を追求した研究である。エスノセントリズムに絡め取られていく民衆意識が実に巧みに描き出されている。[*15] 新しい歴史教育実践の試みとして注目される。ここからは確かに、私たちの普通の日常意識が、自民族中心の差別意識に絡め取られていく主観性を学習の過程で感じ取っていくことができる。現在の私たちの民族・国家意識のあり方にも、同様の構成（築）物としての危険性の有無を検証させることになる。構成される現代社会のなかにおける自己の意識を、懐疑的な眼差しによって検証を求め、その限りにおいて歴史教育の実践も自己を問い直す内省的な立場に立つ。

しかし一方では、歴史教育としての「あるべき未来」を想像する契機が、この実践提案においてはどの程度意識されたものとなっているのかという疑問をひきおこす。

歴史教育は、私たちの見方・考え方の脱構築にとどまるものではなく、どのような歴史のプロセスに意味を見いだし、時代のイメージを形成するかにも関わっている。それは、その延長線上に、あるいは断絶の上に「あるべき未来」を描き出そうという意志があるからである。「あるべき未来」は、教育学的には、環境や人権、平和と安全、経済と食糧、健康、領界紛争の解決、貧困の解消など、現代社会の抱える多様な問題を解決する社会ということであろうが、そのためには、私たちの仕掛けや装置、セーフティネットを含めた構築する組織体や政治機構はどうあるべきかという点での設計図がなければ、教育学的カリキュラム編成も意味をなさないであろう。単なる個別的な現状批判では、理論的遊戯の域を脱しない。また脱構築を図るということは、前提として、構築物であるという歴史自体を見る側の学生に、自らの思考枠組を振り返るための対象となる学習経験がなければならない。

このように、「あるべき未来」に連動するカリキュラムの編成、学習経験という批判対象となる既有の見方の必要、という二点が指摘できる。これらのことは、歴史教育とは何か、という本質に関わる問題を含む。近年の構成（築）主義の論議は、歴史教育の相対的自立性が盛んに論議された一九八〇年代の問題提起を忘却した上に展開されているように感じられる。つまり歴史学における構成（築）主義的な立場からの諸研究の成果を、無媒介に歴史教育に分かり易くかみ砕いて適用するという発想に立っているとも感じられる。

代案の具体的提起こそ、歴史教育に関わるものの責務であろう。

# 3 新たな協働の試み——国際共同研究と共通教材の挑戦

## 1 国民国家批判と脱構成(築)主義歴史

歴史教育を巡る課題は多様化し深刻になっている。新自由主義に対する私たちの身の置き方も直接にグローバリズムの影響下にあり、国際的な問題に直結し、世界の危機にさらされている状況にある。身近な地域社会のなかでも、直接に国際問題が生起し、反映する事態である。歴史教育や歴史学の課題もこうしたグローバル化の中で規定されるし、その理想とされる学力像もグローバル・スタンダードが求められている。

周知のようにグローバリズムが喧伝される中、西川長夫の一連の問題提起に刺激されて、その近代国民国家への対峙の仕方が問題とされてきた。国民国家批判論では、「あるべき社会」の描き方については、西川も慎重にし、国民国家の諸問題を解決するプロセスのなかで時間をかけて描き出す必要がある、と指摘するにとどめている。[*16] また成田龍一は、国民国家に巻き取られない強い個人を強調したが、それは否定すべき対象として国民国家を想定しているからである。[*17] そこでは国民国家は、近代が生み出したマイナスの歴史的構築物であり、一元的な批判の対象として描かれている。大門正克は、国民国家の問題性を認識しつつも、短絡的な否定には疑問を呈している。[*18] 国民国家に対する向き合い方の多様性という点では、筆者も大門の批判点と同一地平に立って考えていきたいと思っている。歴史学や歴史教育が、歴史的現実の実証に寄与する学問である限り、国家の描き出し方については実証的でなければならないと思う。ややもすると国民国家が抽象化され、近代世界の「普遍性」という視点から裁断するのでは、ときには歴史的な具体相を説明しきれなくなる。元「従軍慰安婦」問題を日韓、日朝の特異性や特殊性で説明するのか、それとも国民国家から波及する共通性で説明するのかという意見対立は、そのことを如実に物語っている。歴史的当事者的視点と分析的視点の齟齬という面も指摘できよう。また「憲法九条を守る」という点については、戦前の国家主義への反省に立脚している。そのような国家では再生を願う気持ちが含まれ、平和意識に根ざしている。そして何より、その平和意識を国際社会に表明し、国家を超えた平和的な紐帯としての意義を見いだそうということである。その点では、日本を平和国家とするものとして九条を位置づけることになる。国内の改革と国際的結節をいかに図るかが、現実的な動向であろう。

以上の国民国家の位置づけのもとに、筆者の体験から具体的に歴史研究と歴史教育との接点を考えてみたいと思う。

## 2 筆者の体験から

### 国民国家を問う——具体的探究

筆者は一九九七年以来、日韓の共通教材作りに関係してきたが、三〇人近い力の結集として『日韓交流の歴史』を刊行した。[19] 私の個人史に即して言えば、一九九〇年の日本の歴史教科書問題に対応するために、日韓合同歴史教科書研究会に参加したことが契機となり、「共通」の歴史を描こうとする実験に参加することとなった。韓国の教科書問題に対応していった時間的経緯は、一九九〇年のソ連の崩壊、東西冷戦の終焉と軌を一にし、その後の社会史、国民国家論批判、構成主義歴史教育の主張という流れの中にあった。そうした新しい理論を意識しながら、第一に「和解」を目指す歴史教科書のあり方を議論してきた。新しい理論的観点を斟酌しつつ、いま実際的に可能な一致しうる点を模索したのである。

柄谷行人は「どの国でも、歴史教科書は、一つの国民国家の観点から書かれている。それに対して本書はいわば、二つの国民国家の観点を入れようとするものである。それは一国の歴史で無視されている他国民の歴史を採り入れる。しかしそれだけではすまない。二つの国民国家の視点を入れると、期せずして、国民国家の仮構性そのものが見えてしまうのである。[20]」と評し、国際関係の描き出す国民の名の下に「国家」が争う歴史があるだけで、そこには国民の歴史など存在しないことを示した、と指摘した。日韓という複眼的視点が、一国史的な枠内からでは見ることができなかった問題点をえぐり出すことになり、国家の意味＝国家とは何かを考えさせられる契機となった。[21]

しかしながら一方で、「侵略・抵抗」の枠組を脱却できない、「従軍慰安婦問題」などの日韓連帯の市民運動の成果の記述が少ない、といった運動論的観点からの批判もなされた。[22]
日韓での参加メンバーの中で、共通に議論してきた土台は、三つあった。
①国民国家史の脱却を図るか、あるいは「日本では」、「韓国では」という語りに見られる

両国の関係史という視点を堅持するか。

②歴史学の論点と合わせて教育学の視点をいかに教材に持ち込むか、という点での意見の相違であった。

③前近代史が、いかに深く日韓の近現代史を規定していたか。

①の点に関しては、一体史としての東アジア史を描くという立場に立てば、「日本では」「韓国では」という語りを、どのような観点で、いかなる方法で乗り越えていくのかに焦点を絞った議論となる。そもそも私たちは日韓の歴史教科書を改善するという現実的な課題から出発した。そこには日本と韓国の象徴的な、国家機関も承認した国民国家史叙述（教科書）が前提にあり、その改善方案として対抗的共通教材を模索した経緯があった。作業は、当然に現実的妥協という側面と国家史の枠組内を前提とするという点で、国民国家批判論者からは大きな観点に立った批判と個別的な問題指摘が展開された。主に批判は、近現代史に関わる部分が多かった。使用されている教科書に向き合うという作業は、肯定、否定は別として現実認識に立たざるを得ないものであり、純粋理論的な立場とは距離をおく作業課題が提示される。比較的多数の人間に支持されることもその一つであろう。つまり理論と実践の狭間での改善作業なのである。[*23]

## 時代区分と国家認識

如実に表れたのは、日韓間で共通に成立する時代区分が成立しないということである。時代区分については近代化を基軸とする日本と、伝統社会（前近代社会）の意義と連続性を強調する韓国とでは、時代区分以前の歴史進歩（発展）の認識に関わる問題を含んでいる。植民地体験を持つ国は、多くが伝統社会に西洋型近代化の源流を求める傾向から、酒井直樹は「このような植民地主義的な自己画一の要望によって裏打ちされていたのです。」[*24]と指摘している。国民国家史を前提とした通史の観点に立てば、日本と韓国で時代区分は複数の観点はありながらも、可能であるし、教科書の事実もそのように構成されている。しかし日韓間の一般的時代区分を接合させることは、困難な作業である。新たな日韓共通の時代区分を設定するためには、歴史認識上の根拠に関する論議が粘り強く展開されなければならないからである。環境、自然、人権、平和、資源、ジェンダーといった人類史的視点が、それらの根拠となるであろうが、それ自体がいかなる未来像を描き出せるのかが、歴史学や歴史教育学に関わる基本問題である。

当然に、そこには、当面の最も大きな懸案事項である日韓間の「歴史認識の溝」を埋める、という作業とは別の論理が求められることになる。「歴史認識の溝」は、日々の生活を営む人々に根ざした部分での歴史イメージや対日本観、対韓国観にかかわる問題であり、相互の信頼関係創出の努力としての評価が不可欠である。国を奪われた人々、換言すれば国民国家すら構築できなかった国民の思いと、国民国家の持つ排外性を十分に「活用」して膨張政策を展開した日本人の無自覚な排外意識との溝でもあった。ここには国民国家の是非とは別に、国家枠を前提にした問題解決が不可欠といえる。その意味で、国民国家を捨て去るのではなく、いわばまな板の上で調理していく、そういう立場が必要なのである。

そして国家を相対化させていく際には、「領域」・「境界」、「地域」の描き出し方の議論と検証が不可欠であり、本書の課題も一つにはその点にある。

## 4 歴史教育の方向——思考・スキルと解釈、表明、判断

加藤公明は、自己の実践での学力を、実証的、論理的、自分なりの読み取りの三つの点で考えている。[*25] この第三の自分なりの読み取りは、もちろん自分勝手な解釈ということではなく、実証性と論理性に支えられたものであり、その意味で科学的な内容である。しかし一方で、自分なりの独自の見方は、歴史研究の成果を直截に反映したものとはなっていない。歴史学研究で提起された資料群を自分なりの論理で読み解き、意味づけを行っていく。その点で、戸田善治は、加藤実践に対して、歴史研究の観点から科学性という点で批判があることを紹介している。[*26] 加藤の場合、歴史研究から相当に自由な位置にあり、研究とは距離を置きながら、その学級における論争において科学性を追究しようという、いわば生徒主体の認識形成を重視したものとみられる。確かに歴史研究との異相が現れる可能性を含むが、一方で教育実践研究自体の多様化は歴史研究の科学性とは何かを改めて問い直している。現代の知識基盤社会のもとでの国際学力水準を考慮した時、例えば読解力や思考力、求められる諸スキル（資料解釈、表現、コミュニケーション等）は、加藤実践が適合しているという評価もある。[*27] 私たちは、一九九〇年代とは異なる観点で、加藤実践の再解釈が不可欠であろう。

思考力育成を核とした歴史教育論は、イギリスのナショナルスタンダードなどから学び、

さまざまな歴史教育を巡る軋轢を回避するためには有効な方向であろう。例えば東アジアの共通の学力形成を考えようという立場も同様であり、東アジアの「歴史和解」を歴史的思考力の共通性に求めようという研究もある。[*28]

しかしながら、私たちは、以上の「学力」論議とともに、というよりもその上に、歴史教育が担う現代社会の解明と未来への展望という大きな課題にも目配りをしなければならないであろう。思考力やスキルを身に付けることを基本に据えつつも、現実的な諸課題、人権や共生、平和と安定、地域文化継承と発展、普遍的価値と独自性、環境と持続可能な開発のあり方など、科学的な思考力だけを対象とした科学主義の歴史教育では、その解決思考には限界があるということである。この科学的な思考やスキルの育成の上に、現状の分析と「あるべき未来」の思考を重ねることによってこそ、ようやく子どもたちの歴史認識の育成に寄与することになる。ある歴史事象・出来事に対する歴史学的な多種の解釈や対立的見解も、根底的には歴史哲学的な解釈も含まれるはずであり、単なる資料解釈の違いだけでは済まないであろう。

このように考えた時、私たちは今日における歴史教育と歴史学の協働という問題も視野に入れることも可能になる。つまり、資料の意味づけ、分析、事象間の関連性探究などの歴史的思考力の育成と資料の吟味力、それを支える歴史教育的なスキルの定着などの合理的な学力に関わる側面と、さらに歴史事象や出来事の解釈（比較や国際的視野）を現代社会と関連づけて評価し、自分なりに判断を下していく価値的な側面との一体化を求めていく方向であろう。

## 5 歴史学との協働ということ

協働を図るには、歴史教育それ自体が重視されていかなければならない。つまり私たちの社会を認識する思考の中に、かつて上原専禄が主張した世界史教育の構想において、現代の諸問題を歴史的な見方や考え方に結びつけて読み解く、という点である。現代の社会事象を見る際の、思考方法としての歴史的な見方である。この場合、いくつかの立場があろう。たとえば、一つは過去の文化、制度、意識などのよいと思われる点での継承、発展の観点であり、他の一つは、上原の指摘のような現代社会の問題解決の立場であり、問題の根元を探り批判していく観点である。後者は再び繰り返さないという歴史意識も含まれる。

いずれの立場であろうとも、重要な点は、国際的な観点、つまり他の国や民族などの立場から日本を相対化してみるということである。今日の日本と歴史的関係が強い国々とのあいだでようやくそうした対話も可能となってきた。対話の促進は、アイデンティティすら単一と思われがちな点に対しても、ひとりひとりの人間が複数のアイデンティティを内面化する可能性を秘めていることをも示唆してくれる[*29]。

以上のように考えたとき、私たちは、グローバル化した社会のもとで生起する諸問題に対して、その問題の原因は何か？　また、解決の方向はどのような道筋か？　などの問いに現れる状況分析と解決手法の探究のための議論の共有、およびそれらにいかに歴史的に接近するかではなかろうか、と考える。問題意識の共有こそが、協働のための第一歩といえる。しかし、現実にそうした議論が展開されているであろうか。ましてや、学習指導要領の論理は、そうしたことに根拠をおかない政治的利害の反映となってはいないか。

また、何よりも大事なのは、現代社会の抱える諸問題を敏感に感じ取るのが、日々接する生徒を通じての教師たちであるということである。その意味で、歴史研究が歴史教師からの問いかけを吸い上げ、いかに応えていくのか、その点が問われるように思われる。

その上で、協働のための条件を列挙しておきたい。

**❶重層的な地域像の描き方**

私たちの生活圏は、多様で重層的な、しかも変動的な側面を持ち、その空間としての「地域」も重層的で変動的である。地域は未来永劫変化しないという地域「信仰」から脱却し、過去の歴史的地域像から現代を照射してみることも重要であろう。

**❷国家史=国民史の相対化**

国家史・国家領域・国民形成等の教育作用は、現実に生起する問題が国家認識の枠組では解けないものが多くなっている。地球社会の諸問題だけではなく、身近な地域の生活課題も、国家を超えた視点が不可欠であろう。国家史の離脱は、先に述べたとおり私たちの現実の生活の基盤になっていることは間違いない。それを無視ではなく、国家の民主的な視点を堅持しつつ、国家を相対化する視点と併行していくことであろう。

**❸領域(課題)別カリキュラムの構成**

既設の諸概念と認識枠組の解体と再考が求められている。その意味で、歴史学における通史的(年代史)歴史解釈の再考、世界認識の再検討、地理学における地誌的理解のあり方、多様な広領域との関連などは、既設の私たちの教科内容の概念の変換を迫っている。その点から考えられることは、課題別の学習領域の導入や設定が不可欠になってきているということである。課題とは、例えば「環境」、「人権」、「資源」、「地域社会」、「東アジア社会」、「国際社会」、「平和と安全」、「食糧生産と貿易」、「金融と経済」といったように、多種が考えられる。換言すれば、歴史教育における通史的叙述は、ある目的のもとで描き出されるのであり、それ自体が現代の抱える問題に寄与する構成とは距離があり、通史を離れた課題（問題）領域史の構成も必要になっている。

### ❹自己形成と社会認識

子どもたち自身の内面に迫り、それと関連した「自己形成」の視点が求められる。今までの学習においては、学習内容と子どもたちの生活課題とが直接に結びつけられることは少なかった。例えば高校生に「自分史」を描かせ、それをもとに政治経済の学習を展開する実践があった。子どもたちの厳しい生活現実が浮かび上がり、そこにもがく自分を再認識させた上で、リアリティを持った政治の学習が展開された。常に学習が自分の成長課題に結びつく、そうした学習が結局は、子どもたちに学習することの意味を身近なものにする。

## おわりに

現行学習指導要領への移行期（特に一九九八年から二〇〇〇年頃）には、総合学習が教育課程に登場し、これからの教育実践の核になることが喧伝された。近代教科カリキュラムの持つ開発・成長型の教科主義を批判し、ポストモダンに対応したカリキュラムの柱として総合学習を位置づけたのである。そこには教科に対する無理解な側面も感じられたが、歴史教育としてもその問題提起に真摯に受け止めていくことが必要であった。なぜなら、そこには言語論的転回以降の教育学の模索の結果が盛り込まれていたからである。

最首悟らは、生活人という言葉を使い、教科の枠組を越える現実社会の諸課題を教育活動の柱と見なした。[*30] そこでは現代社会に対する危機認識と具体的な対処法の教育の必要を言う。ここに見られる、近代教科カリキュラム体系を見直すという発想は重要であり、この点がなければ歴史教育の革新と新たな歴史研究との協働も展望できないであろう。歴史教育においても生活史的、生活課題・領域史としての視点から接近することも考慮するということである。

とりわけ今日の歴史教育を取り巻く状況を勘案し、本書では国家、領域・境界、地域という三つの観点から国家や地域（身近な地域や東アジア地域）を考えて見ようと思う。そしてその際に、歴史教育と歴史学の対話をも試みてみることにした。とくに歴史教育からの発信と歴史研究の今日の諸課題との交流を試みたいと思う。前記❸領域（課題）別カリキュラムや新たな歴史教育と歴史研究の協働という枠組に基づいた具体的な提案は、現段階ではまだ十分に展開されていない。そのための第一歩としたいと思う。

**注**

＊1…山之内靖は、現代社会の状況を「システム化社会」と呼び、支配と被支配、抑圧と非抑圧といった明確な意識ではなく、誰しもが一種の圧迫を感じる総体的抑圧社会と説明した。ファシズム期の社会意識との共通性を見ようとする立場でもある。(『システム社会の現代的位相』岩波書店、一九九六年)

＊2…その後設立された「総合学科制」高校は、既設の高校を再編成してコース制や単位制を採用するなど、生徒たちの個々の要望(進路)に対応しようという構想のもとに誕生した。その積極的意義については黒沢惟昭『教育改革の言説と子どもの未来』(明石書店、二〇〇二年)が指摘している。そこで行われる歴史教育の試みは、生徒たちの生活に結びつけた内容を重点化していくなど、新しい挑戦もみられる。

＊3…例えば歴史教育協議会の第三四回新潟大会(『歴史地理教育・大会特集号』一九八二年一〇月)では、全体基調として、今日の子どもたちのあり方からいかに科学的認識力を育成するかが意識化されている。小野寺一男「実践報告／いま、子どもに何を(小学校)」など。また一九八〇年一二月号も特集＝「学びあい鍛えあう授業」として、座談会を組んでいる。会員の共通した問題意識であった。

＊4…『歴史学研究』(歴史学研究会編集)の五五三号(一九八六年四月)～六二八号(一九九二年一月)までに行われた特集記事で、その諸論考から編集したのが『歴史学と歴史教育のあいだ』(歴史学研究会編、三省堂、一九九三年)である。以下の引用も同書による。

なお、こうした論争も、特に議論の中心となった安井実践については、少し立場を変えれば(前述の二つ目の立場を中心に)、同じ学問的系統重視のさして変化のない論議という見方もあった。例えば、子どもの「学び」に徹底する「社会科初志をつらぬく会」の場合、安井実践にあっても結局は歴史学優先主義の実践と映っている。当初から一定の結論が想定ないし与えられており、授業の資料、発問も一定の価値付けがなされたものが提起されているだけであるといい、それでは子どもたちの個性的な自由な認識を阻害するものとして見る傾向にある。

＊5…二杉孝司「第一〇章　子どもと学ぶ歴史の授業」(民教連社会科研究委員会編『社会科教育実践の歴史—中学高校編』あゆみ出版、一九八四年)

＊6…鈴木正気『川口港から外港へ—小学校社会科教育の創造—』草土文化、一九七八年、山本典人の独立単元学習(『小学生の歴史教室　上・下』あゆみ出版、一九八五年)、歴史教育者協議会編『地域に根ざす歴史教育の創造』明治図書、一九七九年、などがある。なお、一九七〇年代に提起された日教組カリキュラム改革試案(海老原治善が中心)は、文部省の教育課程編成、つまり〈「教科」—「道徳」—「特別活動」〉に対して次のような対案を提起した。〈「教科」領域(科学的認識)「総合学習」領域(科学と生活の統合)—「自治的諸

活動」（生活）であり、科学と生活の橋渡しの領域として総合学習を位置づけた。このカリキュラム案は、議論を経ながらも日教組の教育論として展開されていく（梅根悟、海老原治善、丸木正臣編『総合学習の探究』勁草書房、一九七七年）。

＊**7**…『歴史学と歴史教育のあいだ』九三頁。

＊**8**…同前掲書一一〇〜一一一頁。

＊**9**…同前掲書一二四頁。

＊**10**…同前掲書三六〜三七頁。

＊**11**…今日の「知識基盤社会」における学力を考えていく必要がある。歴史的事件を道義的な立場（贖罪意識も含む）の観点、他方で国民性や民族性、つまり「日本人論」「日本文化論」の期待する観点からでは、説明はできてもなんら歴史から学ぶことはできない。民族論、文化論は、かえって分析の目を曇らせてしまう。歴史的な出来事や社会問題には、必ず原因があり、その原因を冷静に見つめることこそ、過ちを繰り返さないことにつながる。勿論その際には、民主的な人間観が前提として不可欠であるが、学習場面では原因分析、構造分析が不可欠である。現代社会では、さまざまな地域で人権抑圧や虐殺が絶えない。それらの出来事にも地域性（低開発）や文化的遅れ、民族対立などに原因を押しつけることがしばしばである。しかし、そこには客観的な原因が存在しているはずである。二度と過ちを繰り返さないという強い意志に基づき、冷静に分析していくことが現代世界では最も重要な点であり、それと連動した学力が求められるのである。筆者は、ルワンダの虐殺（一九九四年）とその後のルワンダの復興から学ぶことができた。

＊**12**…二〇〇〇年から二〇〇一年の中学校歴史教科書（扶桑社版）の検定・採択問題は、歴史学と教育学に大きな波紋を投げかけた。また学問としての自己点検、検証の機会としても機能した。歴史学者と教育学者が十分に連携できない部分もあり、限界があった。とくに教育学者の言動には、その不活発さと問題回避の論調が目立った。例えば、どの会社の教科書も似たり寄ったりとする達観的な発言があった。そこには子どもたちの「学び」こそ重要という発想が根底にあるのだが、一種の政治闘争の場では無責任な発言でもある。歴史学と教育学の不断の対話がなかったところに、このような発言が生まれると思われる。

＊**13**…例えば鈴木哲雄『社会史と歴史教育』岩田書店、一九九八年。梅津通郎『歴史教育内容改革史研究——社会史教授の論理と展開——』風間書房、二〇〇六年など。

＊**14**…戸田善治は、構築主義的授業論として児玉康弘、加藤公明、高橋健司、田尻信壹の4人の実践

を紹介、分析している（「社会科における歴史認識の育成」、日本社会科教育学会編『新時代を拓く社会科の挑戦』第一学習社、二〇〇六年）。とくに脱構築を目指す高橋、田尻の実践については、「しかしながら、これは現在の我々がとらわれている認識が構築されたものであることを理解し、そこから『脱構築』するものではあるが、歴史認識を育成する歴史授業論とよぶべきものかどうかは疑問が残る。」（一三八頁）とし、現状批判的位置にとどまっている問題性を指摘している。

＊**15**…高橋健司「歴史教育におけるエスノセントリズムとの対峙　一〜四」、（『朝日大学教職課程センター研究報告』第九〜一二号、二〇〇一〜二〇〇四年の各年）、他。

＊**16**…西川長夫『国民国家論の射程―あるいは〈国民〉という怪物について』柏書房、一九九八年、二八一頁〜二八四頁。

＊**17**…「これは生起しつつある関係性のなかで出来事を把握＝叙述するということである。（中略）境界の内側に自閉したり、境界の外側に向かって語りかけるのではなく、境界そのものの歴史性を考察し、境界を無化したところに生まれてくる（無化するような）想像力―『国境』を超えた共感の能力＝共通感覚＝想像力によってこそ歴史が記述できよう。このことは歴史を語る主体を明示し、だれに向かって語るかを意識することである。」、「『歴史』を教科書に描くということは『われわれ』と『かれら』を絶対化せず、関係性のなかで把握しつつ歴史を記述していくことにほかならない」（成田龍一『歴史学のポジショナリティー歴史叙述とその周辺』校倉書房、二〇〇六年、二一七〜二一八頁）

＊**18**…大門正克は。関東大震災に関連して成田論文に触れ、「震災を通じて『われわれ』の形成を論じようとする成田氏の関心からすれば、夢野（震災に対して達観した見方を貫いたジャーナリスト―引用者注）のような覚めた意識こそが国民国家にからめとられない態度だということになり、その点で夢野を高く評価した成田氏の意図を理解することはできる。しかし国民国家との距離関係を唯一の評価軸に設定した成田氏の論稿では、政治や経済変動、災害などの社会の変化にとらわれない、国家に距離をおいた覚めた態度が最も重要だということになり、それ以外の人と人のつながりは『われわれ』にからめとられかねないものとして忌避されることになる。……この論文で被災者への視点が排除されているのもそのためであろう。」と批判している（大門正克『歴史への問い／現在への問い』校倉書房、二〇〇八年、二二一頁）

＊**19**…歴史教育研究会・歴史教科書研究会編『日韓歴史共通教材・日韓交流の歴史―先史から現代まで』明石書店、二〇〇七年。

＊**20**…柄谷行人・書評「日韓歴史共通教材　日韓交流の歴史」、『朝日新聞』二〇〇七年五月六日付朝

刊

＊21…「あるべき未来像」が、かつては、実証を抜きにした、理論的想定として描き出し、あるいは、自国史は世界史の普遍的原理が貫徹しているという無批判の前提に立つなど、自国史を相対化する営みが不十分であった。「あるべき未来像」にリンクしながらの現代認識や歴史認識は、自国史を相対化する営み、つまりは他国の歴史研究の知識や異なる立場の論者との不断の対話が不可欠である。

例えば、韓国の歴史家崔文衡による日露戦争に関する一連の著作は、ロシア側の資料を駆使し、朝鮮半島を巡るロシアの極東政策の動向を具体的に分析して描き出した作品である。韓国だけではなく、日本側の自国中心主義の歴史認識を、ロシアの政治動向や極東政策のイニシアティブの争奪の視点、諸列強による東アジアの利害対立や妥協、緊張をもロシアの動向を基軸に分析し、ロシアにとっての朝鮮半島認識の意味を改めて問い直す成果であった。

＊22…『日韓交流の歴史』刊行によせた、二〇〇七年三月二六日(ソウル市立博物館)、および同年六月一六日(江戸東京博物館)における国際シンポジウムの討論。

＊23…拙稿「東アジア歴史和解の可能性」、日本社会科教育学会『社会科教育研究』一〇三号、二〇〇八年三月。

＊24…酒井直樹「ポスト・コロニアリティと歴史意識」、『歴史学研究』第八〇五号、二〇〇五年九月、三三五頁。

＊25…加藤公明「2007年度講演記録」、東京学芸大学社会科教育学会編『学芸社会』第二三号、二〇〇八年一一月。

＊26…前掲戸田善治論文、一三六頁。

＊27…石井英真「授業の中の学力問題」、日本教育学会二〇〇七年度大会[一般B]『発表資料』(二〇〇七年八月二九日、慶応大学)

＊28…東アジア歴史教育研究会(代表土屋武士)報告書『思考力育成型歴史学習の基礎・基本』において、土屋は、東アジアのメタ認知では大きな不統一があるとする。それを回避して、「多様な視座を受け入れる能力、多様な視座を持つ能力、多様な視座をふまえて過去を評価し未来を選択する能力」、これらの能力を育てることが回り道のように思えても何より重要と指摘する。しかし、これらの能力を育成するには、相手国との争点的な歴史事象についての論争を不可欠とするのではなかろうか、と筆者は考える。

＊29…その点については、拙稿「アジア認識と社会科―多元性・歴史性の視点から」、前掲『新時代を拓く社会科の挑戦』

＊30…最首悟・山口幸夫・片桐健二らの提言(日教組カリキュラム改革委員会『ここが問題。さてどうする』アドバンテージサーバー、二〇〇〇年)

# 本書の構成と概要

坂井俊樹
浪川健治

## 1 「揺れる境界・国家」への問題接近

前節「歴史教育と歴史学の協働をめぐる課題」で論じた歴史教育と歴史学の協働のあり方を、本書では「揺れる境界・国家認識」という問題に絞り、歴史教育と歴史研究からそれぞれにアプローチを試みた。本書の書名も『歴史教育と歴史学の協働をめざして―ゆれる境界・国家・地域にどう向きあうか』とした理由である。

さて、この「ゆれる境界・国家・地域」の問題を、どのような視点と枠組で接近していけばよいのか。多様な議論が想起されるが、本書では次の四つの観点・領域を設定して具体的な検討を試みることにした。

1境界と領域の歴史像―第1章―

2地域　営みの場の広がりと人間―第2章―

3 交流の中の東アジアと日本―第3章―

4 現代社会と歴史理解―第4章―

第1章では、日本の歴史のなかでの境界・領域認識は意図的に作られたものであり、その作られるプロセスの理解と、それらに対抗する歴史教育・歴史研究のあり方を考える。境界・領域に置かれた人々の視点と領土問題をめぐる相克から、歴史教育では当然のごとく認識されがちな国家の領域と境界について再検討してみる。

第2章では、身近な地域での歴史の中から、「変動する地域」像を前提に歴史教育として接近してみる。「変動する地域」という見方は、当然に伝統文化論や一国史的歴史像という固定観念を相対化し、動揺させる内実を持っている。世界―国家―地域の関係認識も多重性と流動性を持ち、その点を足場に「国家」を相対化してみる。

第3章では、身近な狭い地域とは反対に、東アジア史の視点を導入し、日本という「境界や国家」を浮き彫りにすることを試みる。境界認識や国家観は、国際関係の緊張の中での利害や対立の激化、またナショナリズムの強調のなかでこそ明確に主張される。それらは、所与のものとして固定化されるものではなく、私たちの認識のあり方に関わるものであるという立場で接近する。

第4章では、私たちの多くが持つ国家認識や歴史認識に対して抱く懐疑は、私たちが直面する地域の現代的諸課題から生じてくる。それは、現代の国家や世界の動きと地域との矛盾の表象である。第四章では、地域社会における多元性と複合性の現実・歴史認識の観点から国家を相対化していくことにした。換言すれば国家がそうした現代的な複合性と多元性を包摂していくことが必要であり、本章では共通の問題意識の論考を配置している。なお全体として、各論文が以上の領域区分に明確に位置づけられ、限定されることは困難である。論文は複合性を持っているからであり、ここでは特徴として指摘できる内容を考慮して、それぞれを第1章から第4章に配置している。

以下、各論文についてその概要を簡単に紹介することとする。

# 2 各論文の概要

## 1 第1章・境界と領域の歴史像

歴史教育では加藤公明「高校生が自分たちの民族意識を捉え直す日本史の授業」と朴中鉉「歴史和解の方法としての東アジア史」、研究分野では浪川健治「語られたアイヌ像」と國分真理「一九三〇年前後の沖縄における郷土史教授論」、それぞれ二論文を取り上げた。

加藤公明は、高校生の討論授業を通じた歴史追究の過程から、一定の科学的歴史認識の育成を重視した実践を試みている。歴史研究の成果を生かしながらも歴史教育独自の視点を重視し、アイヌを巡る実践も独自の課題設定を行っている。これまで何回も同実践の報告を行っているが、今回は新たに実践し直したものを報告している。「討論授業の成否は、第1にテーマ＝問題の立て方にある」とし、適切なテーマ設定が討論を左右する鍵としている。そのテーマに結びつく「夷酋列像」を配布して、作為的な表現（アイヌの眼と左前の蝦夷錦）に着目させている。アイヌの描かれ方の問題を通じて、近世期の境界・領域と差別的な認識を生徒につかませようとした内容である。

朴中鉉《パクジュンヒョン》は、韓国の高校での「独島」（竹島）問題を構想する内容である。朴は、一年間の日本滞在期間に感じた日本での領土認識と、韓国の高校生の〈独島は韓国のもの〉という見方の狭間で苦悩し、その打開策を模索している。そして「独島問題は両国間の歴史和解の重要な糸口である」と位置づけ、東アジアの安定した関係性構築が必要と訴える。韓国では二〇〇七年の教育課程改訂で、高校選択教科として「東アジア史」が登場したが、この推進に深く関わる朴は、多様性の容認を前提とし、韓国の歴史教育においても「侵略—抵抗」の枠組を乗り越える必要を訴える。そこから、両国の状況を自分と相手の双方の立場で考えるなどの視点を盛り込み、東アジア史の事例として実践展開案を作成している。独島（竹島）の教材化を通じての境界・国家の対立と和解に迫っている。

浪川健治は、加藤と同じくクナシリ・メナシの蜂起を取り上げ、松前藩によって意図的に画像化されたフィクションを読み替える。一連の歴史的事実としては大きく歪曲しながらも、現実のアイヌのあり方を投影した別のフィクションとして寛政末年に至っても流布しつづけた「イコトイの母」のイメージに象徴される、本性においては和人に比して劣ることのない存在としてのアイヌ、および確固として自立的なアイヌ社会がなお存在していることを知らしめていったことを明らかにしている。

國分真理は、一九三〇年前後の沖縄の郷土史教授の内実とともに、琉球史と国史の関係を明らかにする。それは、郷土史教授が「国民統合」の一手段としての役割をはたしたことを明確にするものである。すなわち上からの国家主義的な傾向の高まりとともに、独自性をもつ沖縄の郷土史を国史の一部分として位置づけ、読み替えることで、教育関係者が自ら主体となって下からの国家意識の形成を支えていったのである。この検討を通じて、地域史と国家史のあり方を考える素材を提供することを図っている。

## 2 第2章・地域　営みの場の広がりと人間

歴史教育にたずさわる井山貴代は、小学校三年生の地域学習で「昔の暮らしとまちづくり」を、坂井俊樹は「鉄道の敷設と地域の変貌」を報告している。一方、歴史研究では、平野哲也「「荒廃」の地域像」と内田満「百姓一揆の意識と行動」が、いずれも自らの高等学校での教育実践を踏まえて、新たな研究と教育の可能性という方向性を示している。

地域は変動し続けるものであり、固定的にいつまでも変化しない空間ではない。地域認識は、変わらない面と社会・経済変動に伴い急変を遂げる面、つまり伝統と革新の両面の認識が不可欠になる。

その意味で井山貴代は、小学校中学年ということもあり、まず地域の中に変わらないものがあるという立場から、学区の文化財や伝統行事を取り上げる。その上で、そうした地域の文化財や伝統行事も衰退の危機にあり、それを克服して現在があること、という歴史変動を考えさせる。子どもたちはこれら地域の財産を守っていこうとする意欲の高まりを示した、と指摘する。具体的には、神奈川県伊勢原市における体験活動や地図による地域変化の探究という内容であり、小学生なりの生活相と結合した地域像の形成である。

坂井俊樹は、大学院生との共同で教材開発と実践（中央線の支線の敷設と多摩川の砂利採取事業を取り上げている）を試みている。ここでは地域文化は形成されるものであり、またそれは他の地域（東京）との経済的・社会的な関係性のもとで揺らぎ変化していくものと捉え、東京都西部に広がる武蔵野台地（多摩地区）の中の小金井、国分寺の地域史を取り上げている。大消費地江戸に隣接する近郊農村として発展し、農民層の余業機会が拡大し、明治以降には鉄道網が整備されて地域は急変を遂げ、とくに関東大震災はこの地域の産業にも影響を与えた。多摩川砂利採取や昭和期の軍事施設・工場の建設などが促進され、単なる近郊農村地域から首都（帝都）を積極的に支える地域へと組み込まれていく。そうした変化の地域像を考えるものである。

平野哲也は、一八世紀、荒廃したといわれる関東農村の実像を、下野国芳賀郡（現栃木県芳賀郡）の村々を実際に歩き、壮麗な寺社建築や村々の古文書から百姓の活力を見出すことから問題を提起する。そして、どんな地域においても、それぞれの地域に生きた百姓が多種多様で、しかも有限な地域資源をいかに有効に活用したか、どのように結びつけて価値を創造したか、それを探ることが、地域を対象とする歴史研究の一つの柱となることを明らかにした。そのことを通じて、百姓の知恵・工夫・努力や生き生きとした暮らしぶりを浮かび上がらせることができることを示している。

内田満は、百姓一揆を地域、仁政イデオロギー、敵＝悪役の措定と懲悪・除去、作法、セーフティーネットといった多元的な側面から取り上げる。そして、鳥羽伏見の敗戦＝徳川幕府体制という社会秩序の崩壊とともに、百姓一揆の意識と行動は変質・転換することを明らかにしている。そのうえで、作法論から授業を展開する試みの必要性、飢饉による生活難が百姓一揆を激化させるという貧窮型の百姓一揆観からの解放を提起する。

## 3 第3章・交流の中の東アジアと日本

本章には、歴史教育では、平田博嗣「古代・中世日本における仏教思想の浸透」と鈴木哲雄「女真海賊の侵攻と日本・高麗関係」、藤野淳「二〇世紀初頭の時代像」の3つの報告を取り上げている。また、歴史研究では、木村直也「幕末維新期の日朝関係の転回と教科書記述」と吉村雅美「境界としての近世平戸と由緒の形成」とを収めている。

平田博嗣は、教科書を通じての学習は、生徒の中に古代＝天皇と貴族、中世＝武士の世の中という単純な国家イメージを作り上げているとし、複眼的な国家イメージの形成を主張する。その一つの方法として、仏教のなかの「因果応報」に着目し、仏教という思想との複眼性を求める具体的な授業「蒙古襲来」を実践している。神国思想とは異なる多様な蒙古襲来を描き出した実践である。

鈴木哲雄は、東アジア史の古代・中世像を描き出す実践を提起している。本稿で取り上げた「刀夷の入寇」は、一〇一九年に沿海州地方の女真人（刀夷）が対馬・壱岐を襲った事件である。この事件が、日本と高麗の国家間関係や捕虜とされた日本人の意識などが克明に探れる格好の教材となると考え、授業用に使用できる教材を提示し、鈴木が行った実践とその生徒たちの反応を分析している。

藤野淳は、日本近代史における韓国併合から満州事変に至る時期を取り上げている。一五年戦争に反対できるかという教師の問に、生徒たちは、その時には「反対すらできない状況」、「避けられない状況」と反応する。藤野の問題意識は、そうした判断は一五年戦争時の閉塞状況に至るまでの前史の歴史認識が欠落しているからだという点にある。藤野は、一九一〇年代から三〇年代のあいだに生起した、日本の植民地獲得や大陸への侵出、その結果、拡大した日本という国家の中の民族の多様化と、そこで向き合った民族独立・抵抗運動、他方では国内デモクラシーにおける民主化や反帝国主義闘争などへの認識が不十分だとし、東アジア世界を中心とした国際関係と日本の国家認識の具体的実践を報告している。

木村直也は、幕末維新期における日朝関係の転回を事例に、歴史研究と教育のありかたを外交という側面から明らかにしている。歴史上における複雑な外交の実態をそれとして認識し、その歴史的結果に学ぶことこそ、さまざまな困難を抱えながら他国と良好な関係を築くにはどうすればよいかという現在の課題に応えていくことであることを示す。そして、本論文の検討を踏まえ、中学校における幕末・維新移行期の日朝関係のとらえ方について、二つの国家の関わりと転回を、対馬藩、朝鮮進出論、外交文書、排外攘夷主義、征韓論といった歴史的諸条件をかみあわせて、いかに理解すべきかを提示する。

吉村雅美は、平戸藩および藩内の被支配者層の人々は、対外関係と直接的に関わっていた近世初期の自らの歴史をどのように認識し、その認識は地域社会にどのような影響を与えていったのかに着目し、時代状況に応じて地域社会におけるその由緒が変容することを明らかにしている。とくに、近世後期の平戸藩では境界としての地域の独自性が強調され、松浦《まつら》氏が東アジア海域・ヨーロッパとの関係を含む包括的な対外交流を担っていたという認識が形成される。対外関係というものが、外交という言葉に一元化されるものでなく、地域の再編や変容との関わりを常に内包することを示した。

## 4 第4章・現代社会と歴史認識

本章は、歴史教育では、中妻雅彦「世界と結びついた小学校歴史教育」、中條克俊「基地の街・朝霞から見る日本・世界」、福島俊弘「在日朝鮮人一世の生業と夜間中学」の三論考、研究では貝塚和実「近代地域社会の相克」、清水克志「野菜と食生活の近代」の二つの論考から構成される。

中妻雅彦は、多摩川流域の勤務校での授業体験をもとに、小学校歴史教育における地域と世界史的視点の導入による体系化を主張する。事例として亀甲山古墳や武蔵の国分寺造立に関係した渡来人の技術伝播など、地域と大陸とが関係した教材を重視している。なかでも、関東大震災後に多摩川流域地域に朝鮮半島の人々が多く移住・居住し、現在でも子どもたちの学習への在日の存在を意識化していく必要を言う。歴史教育の実践も、その意味では現代的な課題と結びついていることを明らかにしている。

中條克俊は朝霞市の中学校教師である。朝霞は、戦中陸軍予科士官学校が建設され、戦後には米軍基地の街、自衛隊の街として発展してきた。こうした地域性のもとで、平和を考えるために、戦時における「風船爆弾」作りの実践を進めたが、地域の人々と生徒との交流を促進して埋もれた歴史を発掘する一方で、ベトナム戦争やイラク戦争という現代史の動きのなかで朝霞を位置づけようとした。この一連の実践で、朝霞という地域を否定的に捉えるのではなく、世界と結びつく朝霞をむしろ多様性ある生活地域として子どもたちが誇りに思い、そのなかで育つ意味を問いかける。

福島俊弘は、奈良の夜間中学校の教師である。生徒の多くが韓国人ハルモニである。日本語の文字を習うハルモニたちは、なぜ子ども時代に学校で勉強できなかったのか、厳しい抑圧状況のなかで逞しく生きた在日社会史を明らかにしている。福島は「ひのき縄」作りに着目する。戦前から在日一世が担ってきた桜井市周辺の地場産業であり、夜間中のハルモニたちは「ひのき縄」作りを担ってきた歴史を共有しており、福島も夜間中での教育テーマとして取り上げている。

貝塚和美は、日本の近代化過程における私的土地所有権の問題を、高校日本史では「惣村」と「地租改正」という項目で学習する「入会《いりあい》」から考えている。地租改正という近代的土地所有政策の変遷をたどりながら、資源管理組織としての入会集団の性格を考察し、明治政府が導入した私的土地所有権は、次元別に言えば、近代世界システムの「中核」諸国において発展した法体系のもとでの「慣習」としての入会権と近代的所有権との、あるいは中央政府と地方行政との、さらには入会集団と地方行政との相剋をへて成立すること、そして入会集団同士の「歴史的もつれあい」をへて近代の官有地入会が成立することの見通しを明らかにする。

清水克志は、近代日本の地域社会における異文化受容の在り方を考察することを目的に、外来の文化要素の事例としてキャベツをとり上げる。導入期には、その定着に著しい地域的差異があった。北海道から東北地方では早期に漬物をはじめ煮物や汁の具などの在来の食生活体系の中に取り込み、キャベツは導入直後から定着する。現代日本人にとって最も一般的であるキャベツであるが、その需要と定着の過程は、「日本」という国土空間に展開する食生活・食文化が、地域的多様性を帯びたものであり、生活文化を考えるには地域的視点が不可欠であることを明示する。

# 第1章

# 境界と領域の歴史像

# 高校生が自分たちの民族意識を捉え直す日本史の授業

## ―アイヌの肖像画集『夷酋列像』からなにを読み取ったか―

加藤公明

### 1　はじめに――なぜ江戸時代の授業で民族をテーマとする単元を設定するのか

自国史としての日本史を学校教育として学習させることの意義をどのように考えるかについて、次のような文章を書いたことがある。

日本人というナショナリズムや民族的なアイデンティティを超歴史的なものとして、普遍的固定的に捉えるのではなく、それがどのような経過と背景をもって形成されたのかを具体的に歴史の中で捉えることが、これからの世界を豊かで民主的な社会に発展させる主体として日本人が自己を鍛え、世界の人々の認知を受けるために、ぜひとも必要であり、意義のあるものと言えないだろうか。〔加藤公明　二〇〇〇年〕

戦前・戦中の国史教育は、植民地支配や侵略戦争を正当化するイデオロギーとしての皇国史観（八紘一宇の世界観など）を国民に植えつける役割を果たした。その反省にもとづいて、民主的で平和的な国家・社会の担い手を育てる教育、つまり社会科教育の一翼を担うべく戦後の歴史教育は誕生した。したがって、日本人の民族意識を歴史的に捉え直す機会を生徒に提供することは、戦後の歴史教育にとって、その存在意義に関わる重要な任務だと思う。というのも、そうすることによって生徒たちは、日本人として生きている自分がいかなる歴史の所産なのかを知ることができ、これまで各自が持っている、ないしは持たされている民族意識（自分が日本人であるという意識）に潜む誤った観念、たとえばエスノセントリズム（自民族中心主義）やショービニズム（狂信的愛国心）などを摘出することが可能になると思うからである。

一九八九年に高校の社会科が解体され、日本史A・Bの二科目とも地理歴史科に属するようになったが、その根本精神は学習指導要領の文言でも「民主的、平和的な国家・社会の一員として必要な自覚と資質を養う」とあり、変わりはない。となれば、このような教育目的をどの単元のどのような授業で実現していくかが次の問題となる。ところで、この列島に住む人々がいつの時代も同じ強度と内実で日本人という民族意識を持っていたわけではない。時代により、地域により、所属する社会集団により、それは異なっていたはずである。北海道の南端部＝「和人地」以南の列島各地で、一般庶民までもが自分が日本人

アイヌの首長ツキノエ像
『夷酋列像』より

であるという意識を強く持つようになるのは江戸時代になってからのこととされる〔横田冬彦　二〇〇六年〕。

　現代日本人の民族意識は近代以降のさまざまな歴史的経験によって今日の姿になったのだが、その原型はこの時代に形成された。ということで、私の年間授業計画[*1]では、この問題を生徒に考えさせ、討論を組織して各自の認識を発展させ、各自の民族意識を歴史的に捉え直す単元（「肖像画のアイヌたちはなぜ蝦夷錦を着ているのか」）を江戸時代に設定して、毎年実践している。本節で紹介・分析するのは、その二〇〇八年度の実践である。

## 2 教材紹介と問題提起

### 1 『夷酋列像』とクナシリ・メナシの戦い

　メインの教材は『夷酋列像』というアイヌの首長一二人の肖像画集である。画家は蠣崎波響である。彼はただの画家ではない。一七六四年に松前藩主一二代松前資広の五男として生まれ、同藩で家老職を務める蠣崎家の養嗣子となった人物である。彼はなぜアイヌの首長たちの肖像画を描いたのか。それは、一七八九年に起きたアイヌの蜂起（クナシリ・メナシの戦い）に関係している。クナシリ・メナシの戦いとは、場所請負制のもと本土からやってきた和人商人やその商人に雇われた和人出稼ぎ人の苛酷な支配・収奪・差別に抗して、蝦夷地東部に住むアイヌが松前藩の足軽を含む七一人を殺害した事件である。それに対して松前藩はみずからの手を使って武力で鎮圧するのではなく、クナシリのツキノエら有力なアイヌの首長に依頼して、決起したアイヌを平和的に降伏させた。しかし、蜂起の首謀者を、牢に鉄砲を打ち込むなどの虐殺にも等しいやり方で処刑してしまった。他方、松前藩に味方したアイヌ首長たちに対しては、松前に呼び出し、藩への服属の証として藩主に御目見得（謁見）させた。『夷酋列像』はそのさいに家老蠣崎波響によって描かれた。波響は絵をただちに京都に持参して時の光格天皇に見せた。すると、公家たちの間で大変な評判になったとされる。また江戸でも多くの大名から閲覧や模写の申し出があり、最後は徳川幕府に献上された。

## 2 『夷酋列像』に描きこまれた作為

『夷酋列像』の教材開発は、千葉県の高校教員で歴史教育者協議会の会員である梾澤和夫が先鞭を付け、実践報告も発表された（梾澤和夫 二〇〇〇年）。私の実践は梾沢実践を参考にした追試にあたる。ただし、実践していくなかで、生徒が発見したいくつかの事実をもとに発問や授業の構成を変更した部分がある。それは、この絵にはアイヌの本当の姿ではない、つまりウソが描かれているという点に関してである。まず目だが、一二人全員が三白眼で描かれている。「一人二人なら、そういう目の人がいたかもしれないけど、全員がそんな目をしているわけがない」。そのことを確かめるために一八七七年（明治一〇）ころに撮影されたアイヌの長老の写真（次頁に掲載）を配布した。比べれば、その作為は明白である。

また、彼らの多くが鮮やかな雲竜紋の蝦夷錦を着ている。蝦夷錦は中国の江南地方で織られた錦織の礼服で、デレンなど中国王朝が支配していた黒竜江下流域の都市からサハリンを通って蝦夷地にもたらされたものである。かつてはアイヌを通じて倭人社会でも流通していたし、アイヌ首長の身分的表徴＝晴着でもあった。その蝦夷錦を『夷酋列像』では多くのアイヌが着ている。しかし、

アイヌの長老
（1877年ころ）

黒板一面に拡大コピーしたカラーのパネルを貼ると、それを見て「変だ」と言う生徒がいた。「だって、絵のなかのアイヌ、みんな左前に着ている」、「中国では皇帝も着ているんだから、右前で着るように作られたはずなのに」。藩主による御目見得の際に、蝦夷錦を着ることは松前藩からの命令であった（本書第一章の浪川健治論文を参照のこと）。また、現存する蝦夷錦で左前用のものはない。「アイヌの首長たちは、本当は蝦夷錦を右前に着ているのに、波響はわざと左前に描いた」ということになる。すると当然、次のことが知りたくなる。

「なぜ、そんなウソを蠣崎波響はこれらの絵に描き込んだのか」

討論授業の成否は第一にテーマ＝問題の立て方にかかっている。いくら教師が考えさせたいと思っても、生徒にその気がなければ、生徒は真剣に考えて仲間同士で議論しようとはしない。

『この問題で討論する。各自、自分の説をたてて提出しなさい』という私の指示で生徒は

一斉に自説づくりを始める。そして、各自が説を立てて、所定の回答用紙（A4サイズ一枚）に記入する時間を一時間設けて、その授業の終了時に提出させ、その中から私が選定した代表意見をマスプリして、次の授業に全員に配布し読み合わせを行う。選定した代表意見は、論旨が明確で、この問題を多角的に検討できるように観点や結論の異なるものにした。今回は四人の生徒の説を代表意見とした。

二〇〇八年度に私が日本史Bの前近代部分（4単位）を担当したのは三年文系の三クラスだが、ここではそのうちの一クラスでの討論やその後に生徒が書いた文章を紹介し、授業を通じて生徒たちはどのような歴史認識を獲得し、そのことが彼らの民族意識をどのように発達させたかを分析してみたい。

## 3 討論Ⅰ　波響はアイヌを差別していたか

### 1 保護か差別か

討論授業に入って一時間目は、次のような概要の代表意見❶に対する賛否の表明から始まった。

**代表意見❶　アイヌの保護が目的説**

アイヌ長老の写真を見ると、目がとてもやさしい。怖そうな人には見えない。つまり、ありのまま描くと、アイヌを滅亡させようとしている人に「弱そうだぜ」とか「こいつらなら余裕だろう」などと思われてしまうから、左前＝賤人→野蛮人！、三白眼＝悪相にして、波響はアイヌを保護したかった。だから、わざと怖そうに描いた。クナシリ・メナシの戦いの翌年、松前藩に味方したアイヌの首長たちを描いたものだから、アイヌの雄志をたたえ、ぜひ絵に残したいと思った！　もしくは、この戦いが起きたという話が広まって、他国が松前や蝦夷地を狙って攻め込まないように、「おれたち松前藩は、こんなに野蛮で危険なやつらと戦った！　こいつらは危ないから近づいてはいけない！」みたいな圧力をかけたかった！　内心はやはりアイヌの保護が目的なのでは？

アイヌの長老の写真など、みんなが確認できる資料を基に説を立てている点が実証的で説得力があるとする生徒がいたが、賛成の生徒は多くはない。「波響がアイヌを保護しようとする目的はなにか」「波響は本当にアイヌを良く思っていたのか」などの否定的な疑問が多出した。それにたいして代表意見❶を書いた生徒は、ここに描かれているのがあくまでも松前藩に味方したアイヌであることや、その一人一人が堂々とした姿で描かれていることなどから、波響が彼らにたいして親しみや尊敬心を持っていたのではないかと回答したが、質問者の納得を得るにはいたらなかった。むしろ、「波響はただの画家ではない。松前藩の藩主の息子で家老をしている。松前藩はアイヌを酷使して莫大な利益を得ていた商人から運上金をとっていた。もし波響がアイヌを良く思っていたら、そんな商人の横暴を止めさせていた」という批判に賛同する生徒が多かった。決定的だったのは、「もし、親しみや尊敬心があったら、名前に殺なんて字は使わないでしょう」という批判である。それぞれの肖像に添えられているノシコサやキサマなどの名前に訥室孤殺、起殺麻といった漢字を当てたのは、波響がアイヌに対する抜きがたい差別意識を持っていたからだというのである。同様に、泥、失、莫、贖、吐といった漢字も使用されていて、本人たちは自分の名前がそんな風に書かれていることを知らないのをいいことに、実は波響がアイヌたちを見下していたなによりの証拠というわけである。「メールやブログで嫌な人の名前をこんな風に書くやつがいるけど、そんな感じがする」という発言もあった。

そして、その差別意識こそが、このような絵を描かせたとするのが代表意見❷である。

## 2 なんのための差別か

**代表意見❷　勝者をより勝者に、敗者をより敗者に印象づけるため説**

作為の理由の一つにアイヌの人々に対する差別があると思う。着物を左前に着ることは普通と反対で、野蛮人という意味があるということから、実際は右前に着ているのに、そう描くのは差別しているからのように思う。低賃金で働かせて冬越しの準備をさせなかったり、働きの悪いアイヌの人たちは殺してしまうと脅したり、既婚者のアイヌ女性でも強奪する。それが差別の内容である。この絵はクナシリ・メナシの戦いによってアイヌが負けた後に描かれている。図説の「松前藩主（松前矩広）への謁見の礼（蝦夷国風図絵）」では献上品をささげているアイヌの姿が誇張して描かれているると解説されているように、もともとアイヌは差別されていたのだが、クナシリ・メナシの戦いに負けてからはより差別されるようになった。戦いに負けたアイヌ人は野蛮人で差別されている人種と絵を見る人に伝わるように作為を加えて描かれた。事実を誇張することは、その事実をより際立たせることができ、勝者をより勝者に、敗者をより敗者にしたて上げることができるため、この絵はこう描かれたんじゃないかと思う。

左前が野蛮人や賤人の表象であったことや差別の内容として書かれていることは、これまでの授業のなかで、私から提供した情報である。いかにも野蛮で賤しい存在としてアイヌを描くことで、そのアイヌに勝利した松前藩を優秀で力強く頼もしい存在だと、この絵を見る人たちに印象づけようとした。「勝者をより勝者に、敗者をより敗者にしたて上げる」とはどういう意味かという質問を受けて、代表意見❷を書いた生徒Nはそのように答えた。そして、それこそがこの絵を描いた波響の狙いであり、それは波響にこのような絵を描くように命じた松前藩の意図でもあったというのである。肖像画のもつ意味は画家と像主との一元的な関係で捉えきれるものではなく、その絵を描かせた人、その絵を見る人の関係まで考慮すべきだとする美術史家米倉迪夫の提言（米倉迪夫　一九九五年）があるが、生徒なりにその四者の関係を考えた結果がこの説なのである。付けたしの意見として、

「この時代になると、N君の言うように、場所を請け負った商人はひどい支配や収奪をしていた。そして、松前藩はそれを認可することによって莫大な収入を得ていた。実際のアイヌの姿（写真のアイヌのおじいさんはやさしそう）を知ったら、松前藩のやっていることは人間として許されない。だからこそ、この絵のようにアイヌは野蛮で獰猛で鬼のような人たちですってしたんだと思う」とする生徒も出て、この説は多くの支持を得た。なかには、桃太郎伝説との類似性を指摘する生徒もいた。

だが、この説は次のような疑問を納得させる回答ができなかった。「そんな絵をなんでこの時に波響は描いたのか」。アイヌ支配を正当化するのが目的だとすればこの時でなくても描かれてよいはずである。差別の意識の有無とは別に、波響や松前藩にはこの時点であのような姿のアイヌ像を描かなければならなかった緊急の事情があったのではないかというのである。その問題を蝦夷地の幕領化の問題にからめて解いたのが代表意見❸である。

## 4 討論Ⅱ　波響はいかにして蝦夷地の幕領化を阻止しようとしたか

### 1 幕府を怖がらせようとしたのか

**代表意見❸　他藩や幕府への威嚇説**

蝦夷では鱒鮭がたくさんとれる。そして、そこを任されていたのが松前藩の蠣崎さんたち。もちろん、独占したいと思うはず。しかし、幕府や他藩が放っておくはずがない。しかも、クナシリ・メナシの戦いも起こったし、幕府が「そんなとこに任してらんねーよ」とか言って回収しちゃったり、他藩が攻め込んできたらヤベー。そこで、クナシリ・メナシの戦いの後の松前藩主による謁見に際して描かれたのが『夷酋列像』。なぜこの絵に作為があるかは、松前藩や蠣崎がアイヌとの貿易を独占していたいから。そう考えた理由は一つ目にやたら怖さをアピールしているところ、左前＝野蛮人という意味がある。そして三白眼、これは相学では「最悪」。私が言うのもアレですけど、人相悪すぎです。街にいたら目あわせられません。これになんの意味があるかというと、幕府や他藩への脅威です。「え？　松前藩はこんな奴ら投降させたの？　下手に手だせないわ！」と思わせるため。謁見の時に蝦夷錦を着るように松前藩から貸したのも、そのため。

クナシリ・メナシの戦いは、一七世紀段階のシャクシャインの戦いと比べて規模も小さく、のちに『夷酋列像』に描かれる有力首長たちの協力をえたことで鎮定に時間は要しなかった。にもかかわらず、松前藩が危惧したのは、これを口実に蝦夷地の幕領化が現実のものとなるのではないかということである。田沼意次が蝦夷地幕領化を考えていたことは、クナシリ・メナシの戦いを説明する資料に書かれていた。代表意見❸は、松前藩の家老だった波響は蝦夷地幕領化をなんとか阻止しようとしていたはずであり、そのことと無関係に波響が『夷酋列像』を描いたとは考えられないとするのである。

賛否は半々といったところであった。賛成意見としては、教科書に蝦夷地産の昆布などが中国向けの輸出品として珍重されていたとする記述のあることから、幕府としてもその利益を松前藩から取り上げたかったはずといったものや、左のように、幕府の財政状況と蝦夷地の収益性の高さから幕領化の可能性がいかに高かったかを指摘するものが出された。

「この時期は天明の大飢饉の直後で、図説の『幕領の年貢収納高』のグラフでも、年々減っている。幕府の財政は相当に苦しかったはず。いっぽう蝦夷地からは、図説に『江差浜の鰊漁』の絵がでているけど、〆粕が金肥として上方方面に送られている。だから、ここを手に入れれば、相当の収入になる。お金もうけの好きな田沼は蝦夷地を取り上げようと本気になっていたはず。松前藩は大ピンチ！　なんとかしなければって、アイヌをこんな風に描いて、幕府にアイヌへの恐怖心を植え付けようとした。納得、というか、これしかないでしょう」

しかし、「松前藩なんて大名としては最低の一万石しかない。そんな藩に従えられているアイヌなんて、いくら人相が悪くても幕府なら簡単に支配できると思うんじゃないか」という疑問が出されると、こちらに賛同する生徒も多い。

## 2 まず京都に持っていったのはなぜ

代表意見④　アイヌ管理は松前藩のままで説

松前藩からアイヌの交易を管理する権利を奪い、幕府の枯渇している財源を賄おうとする。松前藩はもちろん困る。そのために『夷酋列像』を描かせた。この流れから考えれば、松前藩は絵の中に幕府にはアイヌを管理することは不可能ないしはたいへん危険、難しいと感じさせるようにしたかったのではないか、と考えた。

〈1〉全員を三白眼にしたのは、戦国大名のような風格をもつ族長がアイヌにはいるとしたかった。

〈2〉左前にしたのは、いわば死神と同じような感じをもたせたかった。

〈3〉狩猟民族のようにしたのは、まだ農業も行っていない古い社会=低能で粗暴、手が出せないくらいに危ないと思わせようとした。つまり、結局はアイヌを管理できている松前藩にそのままやらせた方が良いと考えさせようとしたのではないか。

〈4〉ロシア製のコートや蝦夷錦を着た姿で描いたのは、アイヌは中国やロシアと国交を結んでいたのだとさせたかった。そのために幕府が蝦夷地を天領とすることは、中国やロシアからの侵攻が発生するのではないかと懸念を生じさせようとしたのだろう。この頃はまだ鎖国の時代、特に海外の国々とは関わりを持たないようにしていたはず。そんな中でわざわざ他国に行動を起こさせる原因を自ら生じさせるのもまずい。だから幕府としても手を出しづらい。そう思わせようとした、ということを考えました。

代表意見❹についての討論になると、〈1〉と〈2〉については、代表意見❸同様に、

「そんなことで幕府がひっかかるとは思えない。アイヌの実態を幕府が知らないわけがない」、「最上徳内などが千島列島まで調査に行っている」、「シャクシャインの戦いの時に松前藩は津軽藩の援軍を得て鎮圧している。だから、幕府もアイヌがそんなに強くないって知っていた。鉄砲ないし」といった批判が出された。

〈3〉については、「イコリカヤニのポーズ（絵参照）なんだけど、誰かやってみてください。僕は無理でした。人間はあんな風に腰を捻れません。だから、これもウソです。なんでそんな姿を描いたかっていうと、背中の矢を入れている箱みたいなものと弓、それに二匹の大きな渡り鳥、そして三白眼を片目だけでも描きたかったからです。そうして、アイヌが野蛮な狩猟民だってことをアピールしたかったからだと思います。調べたら、アイヌは米じゃないけど農業も実際はやっていたそうです」という意見が出された。そこで、その観点、つまり波響はアイヌを狩猟民と思わせようとしたのではないかという問題関心で『夷酋列像』を見直すことを私から提案すると、弓矢や猟犬といった狩猟用の道具、もしくは熊（毛皮もふくめて）、鳥、蝦夷鹿といった獲物とともに描かれている人物が一二人中八人もいることに生徒たちは気づいた。「アイヌが農業もしていたことは、波響は松前藩の人なんだから知らないはずがない。なのにそんな風にはぜんぜん描いていない。やっぱりアイヌを野蛮な狩猟民って思わせたかったからだと思う」という発言に多くの生徒は納得していたようであった。

さて、最後は〈4〉についてだが、「ロシアンコートやブーツ、

アイヌの首長イコリカヤニ像
『夷酋列像』より

蝦夷錦を着ていたとしてもロシア、中国と国交を結んでいたとまで考えるだろうか」といった疑問には、「蝦夷錦は山丹交易によってもたらされたもので、もともとは狩猟民が清王朝に服属の証しとして貢納した毛皮の返礼として手に入れたもので、それは清の皇帝の家臣であることを示している」といった回答がなされた。この単元の前半では蝦夷錦の伝来ルートを追及したが、[*2]そのことと関連させて考えた回答である。

また、「鎖国中なのになんで中国やロシアから蝦夷錦やロシアンコート・ブーツをツキノエたちが輸入できたのか不思議だったんですけど、そうか、この時代アイヌ人は外国人扱いだったんだって思いました。ということは、蝦夷地を幕府の領地にするって、そこに住むアイヌ人を日本人にするってことですよね。そんなの嫌だって思わせようとして、こんな絵を松前藩は描かせた。なんか酷いなあって思います」という感想を述べる生徒もいた。最後に、「幕府の人たちに嫌だって思わせたかったら、直接江戸にこの絵を持って見せて回ればいいのに、なんでわざわざ遠い京都に先に持って行ったの」という質問が出された。授業の残り時間がわずかになり、回答を考える時間がなくなってしまった。そこで、この問題（最終的には、この問題以外でも、今回のテーマについて出された問題についてなら、可とした）について、各自自分の考えを学年末試験の答案用紙に書くように指示して終業とした。

## おわりに――文明と野蛮の民族意識の相対化

「この時の天皇は、光格天皇です。彼は尊号事件といって、自分の父親を、天皇になっていないのに上皇扱いさせようとして幕府と対立していました。だから、幕府の方針（蝦夷地の天領化）に逆らおうとする波響たちは味方になってくれるかもって思ったんじゃないでしょうか」「天皇や公家たちなら、絶対にアイヌがどんな人たちか知らないはず。だから波響からこんな人たちがアイヌですって見せられたら、あの絵の迫力に押されて、なんじゃこりゃって思うと思う。そして、こんな野蛮で獰猛で鬼みたいな人たちを幕府は日本人にしようとしてますよ。日本人の代表として天皇様、そんなの許せますかって迫れば、天皇は絶対にダメってことになると思う。確かに江戸時代の天皇は実際の権力はなかったけど、権威はあった。なにしろ一応、身分は将軍より上なんだから。その天皇が、天皇だけじゃなくて公家たちも、そして大名たちも多くが反対すれば、とても松前藩だけじゃ、幕府の言うことに逆らえないけど、幕府も無視できないって思ったんじゃないかな」

学年末試験に書かれた回答の一部である。光格天皇に始まる尊王運動の高まりに波響の行動がどこまで結び付けられるかは疑問だが、どのような人間を日本人とし、どのような人間を日本人でないとするのか、その決定に天皇の権威が重く関わっていた。すくなくともそのような民族意識が当時あったのではないかとする生徒の推論は、天皇の存在の歴史的意味を考える時、一概に誤りとはいえないのではないだろうか。そのような問題意識をもって今後も歴史を考えていってほしいとコメントして答案を返却した。

その他にも、この単元の授業全体を通じての感想を書いた生徒もいた。

「私のアイヌに対する考え方が大きく変わりました。北海道のすみっこで自然とともにといえばかっこいいけど、やっぱり遅れた狩猟民ってイメージでした。ごめんなさい。でも、違っていたんですね。そりゃ、狩猟もしていたけど、ラッコの毛皮なんかを元手に中国からは綺麗な絹の着物を手に入れ、それを日本人＝和人には蝦夷錦だって売って、ロシア人にもラッコを売って温かそうなコートやブーツを手に入れていた。国際的な貿易商だったんですね。なのにあんなウソの絵を描かれて、いかにも遅れた野蛮人ってされて、だから、どんなに酷い支配や差別をされても当然だってされて…。授業で桃太郎の話みたいだって意見が出たじゃないですか。本当にそうだって思いました。でも、ほかにも同じようなことないかなあ。本当は違うのにあいつらは遅れた野蛮人だってイメージを植えつけて、だから、優秀な自分たちに支配されたり、従うのは当然だみたいなのって。二年生の時にやった明治以後の朝鮮人や中国人への日本人の気持ちなんかそうだった気がするけど、もしかしたら、今でもアフリカや南米なんかの人たちに対して、そんな気持ちがあるような気がするのは私だけ？　ちゃんと相手を見る目と認める心が大切なんですよね」

文明と野蛮という座標軸で地球上のあらゆる民族を見ていく。そしてその野蛮な民族を文明に善導するなら、植民地支配をしてもかまわないという帝国主義的な世界観＝民族意識を歴史的に相対化するきっかけを、この生徒は今回の学習で得たと言えよう。

**注**

＊**1**…私の年間授業計画では、35単元（テーマ）で日本史の原始・古代から近現代までを学習する事としていた。計画の内容と、どのような見通し（歴史教育の系統性にたいする私なりの考え）のもとでそのような計画を立てたかについては、拙著（加藤公明　二〇〇〇年）第4章第4節で論述した。近年、鎌倉時代の金融業者である借上に関する単元を新設したので（加藤公明　二〇〇七年）、全体で36単元となった。

＊**2**…実践年度は異なるが、拙著（加藤公明　一九九五年）には、この部分も含めて単元全体の実践報告を載せたので、参照していただきたい。

**参考文献**


◉椋澤和夫……『絵画・写真・地図を使って討論を』日本書籍　二〇〇〇年

◉加藤公明……『考える日本史授業2』地歴社　一九九五年

◉加藤公明……『日本史討論授業のすすめ方』日本書籍　二〇〇〇年

◉加藤公明……「教材選択の基準について――借上の図像をめぐって――」、『社会科教育研究』一〇二号　二〇〇七年

◉横田冬彦……「近世の出版文化と〈日本〉」、『歴史の描き方①　ナショナル・ヒストリーを学び捨てる』東京大学出版会　二〇〇六年

◉米倉迪夫……『源頼朝――沈黙の肖像画』平凡社　一九九五年

# 歴史和解の方法としての〈東アジア史〉

## ―独島《トクト》(竹島)の授業を中心に―

朴《パク》中《チュン》鉉《ヒョン》

## 1 はじめに

日本のある中学生が尋ねた。「竹島、韓国では独島と言いますが、それが問題になることなんでしょうか」。ほとんどの日本人は独島のことについてよくわからないと言ってきた。そのようなところに中学生のこういう声を聞くと好奇心が生まれた。「独島になぜ関心を持つようになったんですか、学校で勉強したんですか」。中学生は、今夏韓国を訪問する計画があったが、独島問題で両国関係が騒がしくなり、不測の事故を心配して韓国訪問が取り消しになったというのである。

一方、韓国の学生は、日本に発つ筆者に「先生、独島を訪れてね」と言う。笑みを浮かべた顔だったが、筆者には深刻な表情で近づいてきた。独島については、その人がどこに立っているかによってさまざまな接近の仕方があると思った。いわゆる「近くて遠い国」

と呼ばれる、しかし以前よりかなり近づいた感のある両国の間を遮っている歴史認識が、現在を生きる子どもたちにも重い荷物になっている。

二〇〇八年に新しく政権を取った韓国の李明博《イミョンバク》政権は「未来指向の韓日関係」を強調したが、独島問題でのっぴきならない羽目に陥って曖昧な状況に直面するようになった。日本政府は中学校学習指導要領解説（社会）で、領土問題を取り扱うようにすると発表し、独島をめぐる葛藤が再現された。

韓日間の歴史教育で最も大切に扱われなければならないテーマは「歴史和解」である。和解を目的として「傷ついた人々の心を癒し、世界を平和的に再結合すること」が最も重要だという（荒井信一　二〇〇六年）。和解は単なる譲歩ではなく、その地に住み、人々が堂々と自己実現できる基盤を用意する。東アジア領域の和解は結局、東アジア平和共同体を構築することであり、その上でこそ経済、政治、安全保障などが議論されうる。

本稿は、韓日間の歴史葛藤の重要な課題である「独島（竹島）」を主題とする。一般的にいって、領土紛争において、争う当事者間の主張が鋭く対立するなかで自国の立場に反する論旨を展開する場合、対内的に強い批判に直面することがあるので用心深くならざるをえない。特に韓国人の九〇パーセント以上が「独島は韓国の地」と認識する状況で、韓国人教師である筆者の立場としてはなおさらである。

二〇〇六年八月、韓国日報と読売新聞の共同調査によれば、韓日関係の関心分野の中で韓国人は独島領有権問題に八八パーセント、日本人は五九パーセントで最も高い関心を見せた。したがって、独島問題は両国間の歴史和解の重要な緒《いとぐち》であることがわかる。

韓国での独島の授業は、主に独島が韓国の領土であることを歴史的資料を通して確認させ、強調する形で行われている。また、授業は「守るべきわが領土」という認識の確立には成功したが、その過程で決まりきった思考と活動を通してつくられた正解を確認することに留まっている〔キム・ジュテク　二〇〇六年〕。最近日本の島根県では独島教育のための独自の副教材を製作し、二〇〇九年度から小学校五年生と中学校一年生を対象に独島の授業を実施することにしたという。このために授業指導案とＤＶＤを製作して配布するという〔『山陰中央新報』二〇〇八・一〇・二八〕。こうした授業が日本で実施されるならば、その授業は韓国とそれほど違わなくなると思われる。

筆者は、「独島」という領土紛争対象を主題として歴史の探求方法と歴史認識の多様性を通じて、究極的には「和解」を追求しようとする目的のもとに授業を設計した。韓国の〈東アジア史〉は教育課程だけがつくられ、授業は二〇一二年から高校二年と三年での選択科目として実施されるようになる。筆者は、教育課程の第六単元「今日の東アジア」の中に「東アジアに現存する葛藤を探り、和解のための方法を探求する」という教育内容の一つとして構想した。こうした授業を構想しながら韓国の歴史教育的脈絡と、これを可能にする韓国の世界史認識の変化および二〇〇七年改訂教育課程に登場した〈東アジア史〉との関連性を探ろうと思う。

# 2 韓国の世界史認識と〈東アジア史〉

## 1 世界史認識と民族主義

韓国の世界史教育は、一九四六年に米軍政下で社会科（social studies）概念が導入され、一九五五年までに西洋史と東洋史で二分される教育となり、その内容は植民地時代のことをほとんどそのまま教える状態だった。この時期の中学校教育課程では歴史、地理、公民が一つに括られて社会生活科と称された。社会生活科自体は統合を標榜していた。

歴史の部分は、中学校一年は「隣国の生活」、二年では「遠い国の生活」、三年では「わが国の発達」を学ぶようになっていた。つまり、一年は東洋史領域、二年は西洋史、三年は韓国史の領域を学ぶように編成されていた〔朴振東《パクチンドン》　二〇〇八年〕。

一九七三年、一九七四年に発表された中、高校第三次教育課程では、学問中心教育課程の理念を受け入れながら国民教育憲章理念の具現を標榜した。中、高校の国史が社会科から分離されて独立教科となった。世界史では非西洋世界の歴史が強調された。中でもアジア史の強調は世界史の脱ヨーロッパ史という観点が核心をなしている。これは、従来の世界史認識が先進文明中心、大国中心、先進・後進のイメージを基礎としたことに対する反省だった。第二次世界大戦後の第三世界の出現など、非常に多様であり、こうした地域の理解が必要だということが反映された〔尹《ユン》世《セ》哲《チョル》　一九八二年〕。一九八〇年代の民主化運動を経て民族主義の議論も変化するようになった。全斗煥《チョンドゥファン》政権は「国風八一」など官主導の行事を開催し、また一九八二年の日本歴史教科書歪曲事件を契機に天安の独立記念館建設に着手するなどして、軍事独裁のイメージを糊塗しようとした。韓国国会では、民族史に対する鮮明性競争が激しく展開され、政治家・在野史学者と教壇史学者との間で激しい議論がたたかわされた〔坂井俊樹　二〇〇三年〕。

一九八七年、全国的に展開された民主抗争は民主主義を発展させただけでなく、学問的な発展ももたらした。モダニズムの広がり、民主化の進展は、国史教育に対する省察とともに民族を越えようとする脱民族主義傾向を台頭させた。

しかし、多くの韓国史研究者は、ポストモダニズムに基づいた民族主義批判は正当ではなく、国家と民族の役割はまだ終了していないと宣言する。それでも、近代史に対して韓国史学が追求してきた「近代性」もまた自分の歴史性を離れて西欧的価値に埋没してきたことを認める。そして西欧的近代性を反省し、私たちが追求した正しい価値観と研究方法論の模索を主張する。こうした方法は、ポストモダニズムという新しい「西欧」によって模索されてはならない、したがって「国史」を放棄できないというのである〔徐毅植《ソイシク》　二〇〇一年〕。

一九九一年から二年間、韓国と日本を行き来して、歴史和解を目標に両国の歴史教科書を分析し、歴史教育の発展方向を模索するのに主導的役割を果たした藤沢法暎もやはり韓国の偏狭なナショナリズムを批判する。韓国側の歴史学の平均水準に問題があるとしながらも、「反日を国是として成立した韓国の場合……韓国は絶対善、日本は絶対悪となっている。歴史学は本来帰納的な学問だが、韓国ではともすると演繹的になりやすい。したがって主観的、一面的思考だけで発言する歴史家が少なくなかった」〔藤沢法暎　二〇〇一年〕。

日本では、一九九〇年代の日本政府の戦後反省と軍隊慰安婦の教科書記述などに反発し、既成歴史学を「自虐史観」と批判する右翼勢力が登場した。彼らは自分たちの立場を収めた中学校歴史教科書として『新しい歴史教科書』を二〇〇一年に発行するに至った。彼らの歴史観は、歴史的状況は国によって違うという相対主義の立場である。こうした歴史修正主義に反発して学界や市民団体は積極的な批判を展開した。日本の右翼勢力の登場に対して、一九九九年、小森陽一・高橋哲哉など良識ある学者たちは『ナショナル・ヒストリーを越えて』（東京大出版会）を発刊した。内容は主に、右翼の国家主義を批判し、植民地支配や侵略戦争に対する批判を表したものだった。

韓国でも民族主義歴史学が持つ問題点を克服しようとする努力が展開された。また韓日連帯を通して過度の民族主義を克服しようとする努力も登場した。「批判と連帯のための東アジア・フォーラム」では、「国家権力の談合構造を越えた下からの自発的連帯」を通じて「反目と葛藤の過去を克服し、信頼と友愛に基づいた東アジアの市民的連帯網を構築」することを主旨文で明らかにしている。

このフォーラムには、民族主義や歴史を見る視角においても多様なプリズムの学者が参加した。その一人で、韓国近現代史専攻者の池秀傑《チスゴル》は、国家発行の高校『国史』教科書の近現代部分を分析して、『国史』は「わが民族」または「近代化」という二つのコードを因果的に結合している。特に「民族大団結あるいは民族に対する無条件的な忠誠と服従を強要するために、『現実の敵』を『絶対悪』と超歴史化したうえで、『民族絶滅の恐怖』を捏造する叙事技法を使用」しているという。その想像の敵を日本帝国主義として、韓国史の発展や近代化の後れおよび民族分断までも叙述している。混乱と分裂を収拾する政権を正統とし、他方、これを煽りたてた「社会主義」はいつもスケープ・ゴウトとして登場させられているという。健康な「現実民族主義」をあらしめるために、彼は、『国史』の国家独占を解体し、祖国と民族の名で犯した反民衆的犯罪と誤り、または近代化の実像と虚像を批判的に省察する歴史教育の必要性を強調している〔池秀傑　二〇〇〇年〕。

一方、経済史家李栄勲《イヨンフン》は、「韓国民族主義は解放とともに国民国家のイデオロギーに変わりつつ……日本に対する無限の憎しみ」を基盤としているという。彼は、韓国の市場経済発展は日本帝国主義支配下の「制度改革」に根本的に起因し、これを可能にする人材が企業・軍・官僚界に進出したから彼らによる国家主導型開発体制が今日を可能にしたというのである。民族統一という「神話に基づいた怪力」と評価している〔李栄薫　二〇〇四年〕。

こうした歴史認識論は、藤沢が言う、歴史を演繹的に認識する誤りを犯すようになる。同じフォーラムで、国史〈一国史〉の閉鎖性を越えようとする努力が、韓国と日本とではまったく異なる形に展開されたのは、韓国と日本の民族主義ないしは国家主義が持つ根本的違いを示す事件でもある。現代韓国において一国史と世界史をどのように理解しているのか、そして「民族」を克服しようとする主張が複雑さを端的に示しているのである。

## 2 歴史の多様性と歴史和解

国家と民族の論理の中に形成されていた民族主義を克服しようとする新しい世界史認識論を通して歴史和解は可能だという議論が展開されている。一九九〇年代以後、ポストモダニズムは、「歴史」の多元性を主張し、いかなる解釈も一つの解釈であり、かつ他の解釈より正しいとする根拠はないという立場である。つまり、歴史学が過去を特権的に語ってきたことを批判するとともに、過去を解釈し、表象する行為を、選択的な過去の再構成による現在の政治的関係の中の思想闘争と見ているのである。

歴史学によって精密化され、歴史教育によって教えられてきた「歴史」とは、近代国民国家の指導者層によって国家と国民を実体化するために編成され、語られてきた。ポストモダニズムは、その背後には歴史にならない多様な「過去」が存在することを明らかにしようとする。この制度化された「歴史」に対する疑念と、制度化されない「過去」に対する自覚の高揚が「記憶」を呼び起こしているのである。そして、世界各地で呼び起こされた「記憶」は、「歴史」から排除された被抑圧者に対して抑圧者側の「謝罪」を促し、「過去の克服」と「和解」を目的とする運動を支持するのである〔新木武志 二〇〇四年〕。

韓国でも、グローバリズムまたは地球史的観点から世界史と世界史教育が議論されている。文化圏間の相互交流、間地域的接近、多元主義などが新しい世界史教育の指向するところだと強調される。こうした認識の変化の背景には、歴史を進化的、進歩的、物質的変化と見てきた近代歴史学の解体がある。こうした世界史では地球的広がりの傾向を見せるが、地球的広がりの世界史は主に一つの主題を選択して時間の流れによって広がりの多層性と躍動性を探求する。また、地球的な広がりの過程は単純な技術委譲や技術の一方的伝播ではなく、双方向的な躍動的過程として把握される。「新しい世界史」と呼べるこの世界史はネットワークの同時性をよく示している〔趙志衡《チョンジヒョン》 二〇〇二年〕。

宮嶋博史らによって主張される「方法概念としての東アジア」は、西欧の枠組みから抜け出して東アジアの目で東アジアを見ようとする。ここでの「近代」も西欧的近代ではなく、東アジアの伝統の中に近代を探ろうとしている。「相対化」の視角が登場する背景である。二項対立的な枠組みではなく、一つの世界として東アジアを想定する。こうした東アジアは他方で西アジア、東南アジア、北アフリカなどの地球的視角の世界史となりうるだろう。

テッサ・モーリス＝スズキによれば、世界を見る断層には原理主義と多元主義が存在する。原理主義は国民構成が複雑になり、物質文化と国際化が進展すると、ますます違いの境界線を強調するシンボルと思想を守ることが重要だとする。多元主義は一人ひとりの文化的アイデンティティーを複合的であると把握して、一つの国家、一つの文明で結びつけず、多様なものと結合させて把握する。特に環境が変われば同じ人でも他のアイデンティティーが強調され、変わることがあると説明する。こうした多元主義は特に社会の変化によって変容され、そして時代の変化によっても変化・修正されうる。結局、多元主義は、「多様な国家や少数民族の摩擦、あるいはそれぞれの社会内部の摩擦は〈文明〉という不同の概念のバリケードの背後に隠されたものではなく、建設的な相互交流と適応によるものでこそ解決可能だ」という考え方を示す〔テッサ・モーリス＝スズキ　二〇〇二年〕。

多元主義に立脚した世界史または歴史教育においては、追求しようとする歴史像が合目的的に提示されなければならない。そうした意味で韓日間の歴史教育の方向は「歴史和解」とすることができる。韓国と日本の歴史認識の違いを克服すると同時に、歴史和解の前提条件は加害者または抑圧者の謝罪にある。その次は被害者の寛容である。韓国と日本の歴史認識の中に日本右翼は「韓国は謝罪だけせよという」と不平を言う。韓国では「真の謝罪がない」と批判する。平行線を走っている。謝罪と容赦は先後の問題だが、その水準と当事者は多様である。結局、謝罪にだけすがれば寛容の機会も失われる。

歴史問題はしばしば理念的、道徳的に抵触することがある。この問題は深く、哲学的、さらには倫理的問題を多く含み、当然そうした面で問題を眺望する必要があるからである。人間において気品があり、道徳的な基準を求める類の歴史和解は構想からして崩れる危険が大きいという〔船橋洋一　二〇〇一年〕。一九九五年の第二八次ユネスコ総会で採択された「寛容の原則に関する宣言（Declaration of Principles on Tolerance）」は、「（寛容は）ひとりが自由に自分自身の確信を守り、他の人が彼らの確信を守ることを認めることを意味する。それは本来容貌、状況、言辞、行為、価値などにおいて多様な人類が平和に今のままに生きていく権利を持っているという事実を受け入れるように」なることを目標としている。結局、寛容とは他者のためのものではなく、ともに生きていくことのできる社会をつくる基本的土壌なのである。

## 3〈東アジア史〉の登場

世界史教育に対する批判の中には、多すぎる内容要素を網羅した結果、学習量が増加し、これによる教授・学習の負担が選択忌避につながったという指摘がある。また、ヨーロッパ中心、中国中心という観点も問題点として指摘されている。これは西欧中心世界観の反映であり、ヨーロッパ・非ヨーロッパの二分法的世界観とヨーロッパ中心の世界認識に学生を傾倒させるという批判がそれにつづけて提起された。

地域史は空間的に民族史と世界史の中間程度に位置しているといえる。地域史研究は地域研究（area studies）とかみ合わさって注目されており、特にヨーロッパ共同体の形成や歴史和解などに示唆されたところが大きい。東アジアの歴史紛争と葛藤が最近の国家（民族）間の主要問題と化す一方で、ドイツ・フランス、ドイツ・ポーランドなどの歴史教科書を通じた和解努力に学ぼうとする活動が一九八〇年代から進められてきた。

『二〇〇七改訂教育課程』の歴史部分の最も重要な特徴は、歴史科が社会科から分離したことである。社会科の中には存在するものの、中学校社会の中に含まれていた国史や世界史が歴史という科目で独立した。高校で最も重要な変化は〈国史〉と国定の廃止、選択科目としての〈東アジア史〉の新設といえる。これ以外に韓国近現代史の領域は高校一年の必修課目である〈歴史〉に編入されたが、これは世界史との関連性の中で近現代史を理解しようとする目的を持っている。二・三年で学習する選択科目としては〈韓国文化史〉〈世界歴史の理解〉〈東アジア史〉で編成された。

韓国教育課程における〈東アジア史〉の性格についていうと、「先史時代から現代まで東アジア人が成就した文化の共通性と相関性を探求して東アジア地域の発展と平和定着に能動的に参加できる資質」を学生たちが育てられるようにしようとしている。ここから〈東アジア史〉は「文化」が中心テーマを形成する軸であることがわかり、目的として東アジアの発展と平和を具現する東アジア人を育成しようとしていることがわかる。特に教育課程の目標の中には「東アジアの歴史と文化の多様性を探求してその特徴を把握し、他者を理解し、尊重する態度を涵養」しようとしている。〈東アジア史〉が誕生した背景や目的が理解できる項目である。

教育課程開発過程の討論会で辛辣な批判もあった。最も代表的なものは、東アジアを韓国的な、すなわち自主的・主体的視点で見ること、世界史教育の歪曲とともに社会科内で歴史科を拡大するための科目利己主義だというものだった〔ユ・ウォンジョク 二〇〇七年〕。外部では盧武鉉《ノムヒョン》政権による歴史を通したポピュリズムの決定版という話を聞いたりした。こうした理由から、新政権の成立でこの科目が開始できずに座礁するのではないかという憂慮もあった。こうした論議は、二〇〇六年に「東アジア史」という科目がつくられるという話が初めて出された時からあった。中国の東北地方と古朝鮮史および高句麗史「歪曲」、日本の歴史教科書、独島問題などで東アジア各国と歴史葛藤が深刻化する状況の中で登場したためである。

韓国の国民国家または近代化の過程は国家主義と結び付いている。したがって、現在の問題がグローバル化されているのに、依然として韓国は国民国家の枠内にある。東アジア人として連帯を通して各国の民主化を支援し、覇権主義に抵抗するためには国民国家の枠組みを越えなければならない。その前段階として、東アジア地域と文化に対する理解、国際市民としての主体性を涵養すべきという現実的課題を担保しているといえる。

〈東アジア史〉は、韓国が主体的立場で東アジアを認識するのではなく、客観的に地域構造を理解することを優先視している。「主体を新たにすること」を通して違いと多様性の認識を鼓吹する他者理解は、結局自己省察と自己革新を刺激することができなければならない〔李英孝　二〇〇六年〕。これをのりこえてこそ東アジアの歴史和解はもちろん、国際市民としての成長に寄与できるだろう。

# 3 授業の実践

## 1 題材について

### 独島の記憶とイメージ

盧武鉉前大統領は独島について、「独島はわが領土である。単に領土であるだけでなく特別な歴史的意味を持つわが領土であり、国民においては完全な主権回復の象徴である」とした。これは大統領個人の考えではなく、韓国国民が持っている一般的考え方である。「主権回復」という言葉は、独島が日本によって強制合併にあう過程で奪われ、解放とともに取り戻したという過去清算の問題である。

韓国では、正規教育を受ける以前に「独島はわが領土」という認識を持つようになり、独島が韓国領土であることは学校教育によらなくとも社会的にみなそう考えている。後に学校がそれを公認するのである。二〇〇八年、日本文部科学省が新学習指導要領の中学校社会科解説書に領土問題として竹島を取り扱うとしたのとは違いがある。日本の場合、国家が教科書に載せ、それを解説することによって竹島が日本領土であることを教えようとしているが、韓国の場合は教育以前に韓国領土であることを知っているのである〔山辺健太郎　一九六三年〕。

日本が独島領有権を主張する時、韓国人にしてみると、「また（是非を）言い始めた」というイメージとなる。日本の領土観には韓国と違った文化および価値観がある。近世までの、武力で領土を確保した武士の論理が歴史と文化の中でアイデンティティーを帯びるようになった。歴史的事実関係というよりは、必要であれば領土化に必要な措置を急いで新しい法的な根拠を確保し、これを土台に領土化を達成しようとする特性を持っている〔崔《チェ》長根《ジャングン》　二〇〇二年〕。

## 独島をめぐる状況

一九五二年一月、李承晩政府はいわゆる「李承晩ライン」を侵す日本漁船に対して臨検または拿捕を行った。日本もやはり巡視船を派遣し、独島に設置された漁夫の慰霊碑を撤去した。日本政府が独島問題を国際司法裁判所にともに回そうと提案した。韓国政府は一九五四年一〇月に覚書を送って、「紛争解決を国際司法裁判所に委託しようとする日本政府の提案は、司法的な包装にくるんで虚偽の主張を繰り広げようとする企図に過ぎない。韓国は独島に対して初めから領土権を持っているので国際司法裁判所にその権利を確認する理由がない」という見解を明らかにした（『中央日報』二〇〇五・八・二七）。

韓日協定締結当時、独島問題はアキレス腱として作用した。これに賠償請求権問題がからみついて、「四〇マイル専管水域維持」の立場を放棄し、漁業協力金の名目で九〇〇〇万ドルを受け取る代わりに一二マイル専管水域という日本案を受け入れた。韓国政府は、日本政府が「独島が自国領土」であることを主張しても、一貫して対応しなかった。一九八二年、植民地侵略を「進出」と表記した歴史教科書問題が深刻な外交問題に飛び火し、一九八四年二月安倍外相の「竹島は国際法上も歴史的に見ても日本領土」という発言で韓日関係が悪化した。現在、日本外務省の公式立場は「竹島は歴史的事実に照らしても、かつ国際法上も明らかに我が国固有の領土」という内容である。当時韓国では「独島はわが領土」という流行歌が国民愛唱曲となったが、日本政府の抗議でこの歌は放送禁止曲に指定された。

こうした状況の中で海を生活の基盤として暮らす漁夫らの生存競争は激しかった。日本では、一九七〇年代に入って韓国漁船が日本沿岸にまで来て稚魚までかき集めるという大挙操業をすることで日本漁業の生存権を脅かしている、とした。これに一九八〇年、一種の紳士協定といえる「操業自律規制措置」を初めて合意して、一九九五年までに五回改訂をしながら補完してきた。

一九九四年、国連の「新海洋法」が発効して、二〇〇海里の排他的経済水域（EEZ）

を設定できるようになった。ＥＥＺを設定できる起点（base point）問題が登場し、独島問題が再び水面上に浮び上がった。韓国と日本は一九九六年一月、排他的経済水域制度を採択すると発表して以後、交渉を展開して一九九八年に新韓日漁業協定が締結された。交渉が独島を中間水域に置いたことからマスコミの批判を受けた。他方では、漁業の側面で重要な大和堆漁場の五〇パーセント程度を中間水域に含めて漁場を確保したという評価も受けた〔李瑞恒《イソファン》　一九九八年〕。

## 独島問題解決のための方案の模索

二〇〇五年は韓日関係が歴史上最悪の年だったといえる。その年三月、島根県議会が「竹島の日」を宣言する条例を通過させた。ついで隣の鳥取県議会も竹島が日本の領土であることを確認した。二〇〇五年は「韓日友情の年」であり、日本が韓国の外交権を奪って閣議が独島を島根県所属にしてから一〇〇年になる年であった。

二〇〇四年三月一四日、島根県松江では漁業協同組合大会が開かれた。県内三〇余漁業団体組合員一〇〇〇余人は「竹島〈独島〉に関する特別決議」を採択した。そこで竹島の領土権確立、周辺海域における安全操業の確保、独島問題を管轄する国家組織の設置、「竹島の日」を国家が制定するよう要求した。彼らのデモは生活と関連したものといえる。したがってこの地域を境界として暮らす人々の問題として独島問題を解いていくことが重要だろう〔島根県歴教協松江支部　二〇〇五年〕。

芹田健太郎は両国の和解のために、「日本が竹島を韓国に譲渡または放棄し、韓国の竹島に対する主権を認め、同時に西日本海での漁業資源の保全のため日韓がそれぞれ資源管理を進めることができるように欝陵島と隠岐諸島を基点として排他的経済水域の境界画定を行う。そして、竹島は自然に戻し、自然保護区として一二カイリの漁業禁止水域を設け、すべての国の科学者に開放」するよう主張した〔芹田健太郎　二〇〇六年〕。

朴裕河《パクユハ》は「疎通の境界としての独島」を提案する。一〇〇年前にすでに欝陵島に韓国人と日本人がいっしょに暮らしていたことを指摘しつつ、独島を共有し、資源をともに開発し、「平和の島」として独島を共有しようと提案している〔朴裕河　二〇〇五年〕。一方、過去の日本の過ちにそのまま目をつぶって葬ることではなく、そうした不幸を起こしたからこそ、今は国際平和のために日本がどのような世界的貢献を行ったかを堂々と教えることが必要であるとする意見もある〔李修京《イスギョン》　二〇〇五年〕。

韓国人は、生まれながらに反日感情を持っているわけではない。日本が韓国侵略を正当化あるいは合理化する時に反日感情が生まれ、増幅する。だから、日本が植民地支配に謝罪をしたにもかかわらず、継続的に謝罪と反省を求められ、結果的に嫌韓の感情が生まれるのである。この構造を見ると、先に誰が手をさしのべるかは明らかである。自ら起こした戦争の責任のあり方が日本の未来を評価する基準になるに違いないだろう〔柳永烈《ユヨンニョル》　二〇〇〇年〕。これらを見れば和解のためにどのような努力がなされなければならないか、がわかる。

## 2 授業の目的と構成

### 授業の目的

二一世紀に入って韓日両国間では、歴史教科書と独島領有権問題とをめぐる尖鋭な対立が、政治的状況とかみ合わさって負の相乗作用をおこしている。こうした歴史認識の問題を克服し、和解を成し遂げる方法の一つは、侵略と抵抗という基本的認識から抜け出して問題の実状を正確に認識することから出発することである。和解のために東アジア像を描くには科学的な思考と多様な資料を分析し、表現する能力を育てることが重要である。「過去」の植民地支配の呪縛から解放されるためには過去に何があったのかを知ろうとすると同時に、「過去」に根をおろした憎しみと偏見がいまなお残っていることをまず知ることである。その上で、「過去」に根をおろした感情対立を解決するには譲歩と妥協が双方に必要である〔小菅信子 二〇〇五年〕。

こうした認識の伸張のために独島の授業は次のような方向で実施しようと考えた。

・歴史的事実を正確に伝える。
・両国の状況を自分と相手の立場で考える。
・問題解決の方案を模索する努力をする。
・両国に対する好感度を高め、相対化を可能にする。

第一に「歴史的事実を正確に伝え」なければならない。領土紛争の最も重要な論点は歴史的脈絡に始まるから、歴史的資料とその解釈の真剣な探求が行われなければならない。

合わせて提供可能な資料を客観的に提示し、学生自らが史料探求能力を培い、その過程で自らの判断力を持てるようにしなければならない。

第二に、「両国の状況を自分と相手の立場で考え」なければならない。独島問題が生じた背景は何か。現在なぜ問題が強力に台頭しているかに対して関心をもつことが独島を客観化させることになる。過去の歴史的事実や資料を通して歴史知識を習得することができる。これを土台に、日本は、韓国は、どうしてそう考えるようになったのか。こうした過程をふまえることで相手を理解できる空間を工夫できる。

第三に、「問題解決の方案を模索」するべきである。前の二段階を通じて独島問題のさまざまな状況と認識を習得することができる。現在の学生が、自分の立っている場で、どのような方法が問題を解決できるのか引き出さなければならない。これは歴史学習の基本態度であり、歴史意識を涵養する土台である。多様な解決方案は可能な討論を通して整えられなければならない。現実的に達成不可能な内容があったとしても、そうした内容をつくり出す過程自体が学習者の発展だからである。

第四に、「両国に対する好感度を高め、和解が可能に」ならなければならない。こうした過程を経るに従って韓国理解または日本理解を高めることができる。紛争の内容から相手を理解し、理解を土台に和解が模索されるようになる。紛争とその結果は両者を完全には満足させることはないことを念頭に置きながら、現在の状況から合理的な結論を導き出し、その過程で未来指向的な歴史和解が図られるだろう。こうした全般的な方向と目標を推進していくことによって「独島」は紛争を越えて「和解」の場に位置づけられるのである。

### 授業の構成

本授業の目的を遂行する主要課題は次の三つに圧縮することができる。

第一に、歴史的事実に対する探求力と批判力を育てる。

第二に、現状における問題点を探索する。

第三に、未来指向的な解決方案を探索する。

このような観点を授業で達成するために扱うべき内容や資料はさまざまである。しかし、限られた授業時間にすべての内容を扱うことはできない。したがって、それぞれの課題を達成するのに適切だと判断される内容と方法および資料は次の通りである（表1）。

それぞれの資料を通して、主に調査と本人の探求内容を発表する授業として展開しようとした。解決方案の模索としては、代表的な論点とそれに対立する案の双方を提示し、これらに関して討論を展開しようとした。

## 4 おわりに

現在まで独島問題の論争は両国政府は水面下に位置付けようと努力してきた。こうした過程で、海を根拠地として暮らしている漁民の利害が深刻に対立した。その結果、政治家によって問題が提起され、そのたびに麻疹にかかることが繰り返された。論争に関しては

表1　授業の内容と方法

| 課題 | 内容 | 資料 | 授業方法 |
|---|---|---|---|
| 事実に対する探求力と批判力 | 独島認知 | 韓国の独島認知（世宗実録地理誌、1432）<br>日本の竹島認知（日本輿地路程全図、1779） | 資料提示<br>学生自ら比較分析<br>発表を通して確認<br>問題点発表 |
| | 近代領土編入 | 米子町人に渡海免許発給（1618）<br>安龍福の渡日（1693）<br>幕府の渡海禁止令（1696）<br>大韓帝国の行政区域改編（1900、勅令第41号）<br>内閣決定で領土編入（1905） | |
| | 冷戦下の独島 | ＧＨＱ第677号（1946）<br>ＧＨＱ第1033号（1946）<br>李承晩ライン設定（1952）<br>サンフランシスコ講和条約（1952） | |
| 現状の問題点認識 | 独島の価値 | 露日戦争の時期<br>植民地の時期<br>冷戦の時期 | 資料の提示<br>問題点の確認 |
| | 漁業 | ＧＨＱ1033号の意味<br>1952年の李承晩ライン設定<br>日本の漁民 | |
| | 現在 | 天然資源が豊か<br>歴史紛争の存在 | |
| 解決方案の探索 | 解決方案の提示 | 領有権問題<br>独島の利用 | 論点別対立意見発表<br>意見に対する討論 |

韓国が自国領土であることを証明する資料を出し、日本側がこれを批判する形で進められてきた。

しかし、二〇〇八年、日本政府は文部科学省の新学習指導要領を通じて学校教育の現場に問題を拡大させた。また日本外務省はホームページで日本の公式主張を掲載した従来の方式を改めた。まず同年二月〈竹島—竹島問題の理解のための一〇のポイント〉という表題の一四頁のパンフレットを製作した。またこれを日本語のほかに英語、韓国語で製作・配布し、一二月にはさらに中国語をはじめ七か国語に拡大して各国に配布し、自国領土であることを主張している（内藤正中　二〇〇八年）。こうしたパンフレットの発刊は文部科学省の方針と軌を一にするものであり、領土問題への積極性を反映したもので韓国内の反発を呼び起こしている。これに対して韓国の独島研究所では、この論点を反論・批判する内容を掲載している（ホームページ参照）。したがって、筆者は現在の独島問題を理解する材料としてこの一〇の論点を中心に議論を展開するのが重要だと判断した。しかし、一〇項目すべてを授業に導入することは難しいので、上記で言及した三つの観点に立って該当資料を選別・提示することによって学生自らが判断し、独島問題を認識する契機にしようとした。

国家間で対立する問題を扱う場合、自民族中心主義に立脚して自己の意見に固執するかぎり、二つの誤りに陥る。一つは、戦略的に相手の主張を疎かにして論理的思考と主張を繰り広げることができないことである。第二は、未来指向的認識を提示できず、したがって国際社会の支持を失うことである。

特に、国際的視角の重要性は、グローバル化する地球環境の中で重視されなければならない。こうした視角とは、多様な価値観と世界観が存在することを知り、それぞれの特性と必要性を理解し、認める多元化された視角をいう。すなわち、自己中心的な世界観を脱皮して多様な世界観の共存を理解し、認める視角が必要なのである。また、これを通じて客観的に自分の問題点も把握できるだろう。

解決方案と関連して独島を自国の領土に含ませている両国の該当地方自治体である慶尚北道と島根県は、交流の努力が韓日国交正常化直後の一九六七年から実施されて一九八九年に姉妹都市として調印するに至った。しかし、独島をめぐる両国の対立は、二〇〇五年に島根県が毎年二月二二日を「竹島の日」とする条例制定を契機に中断された状態にあり、現在に至っている。しかし、島根県の独島研究所にこうした内容が掲示されていることは、解決方案と対話の可能性が存在することを示唆しているといえるだろう。

駐日韓国大使館　http://www.mofat.go.kr/press/hotissue/dokdo/index.jsp
駐韓日本大使館ホームページ　http://www.kr.emb-japan.go.jp/
東北亜歴史財団サイバー独島館　http://www.dokdohistory.com/
島根県竹島問題研究所　http://www.pref.shimane.lg.jp/soumu/web-takeshima/takeshima06

**参考文献**

参考文献

●『山陰中央新報』二〇〇八年一〇月二八日付
●『中央日報』二〇〇五年八月二七日付
●新木武志……「歴史の多元性と歴史への責任」、『二一世紀の歴史認識と国際理解』明石書店、二〇〇四年、二七〇～二七一頁
●荒井信一、金泰雄訳……『歴史和解は可能なのか』未来M&B、二〇〇六年、二四頁
●李修京……「日本の韓流現象と韓日交流の課題」、『比較文化研究』第一七輯、二〇〇五年一〇月、九〇頁
●李瑞恒……「韓日漁業交渉の経過と協定の主要内容」、『海洋政策セミナー資料集』一九九八年、七～八頁
●李英孝……「「私たち」と「他者」に対する歴史教室論議の分析」、『歴史教育』九八集、二〇〇六年、一六四～一六五頁
●李栄薫……「民族史から文明史への転換のために」、林志弦・李成市編『国史の神話を越えて』ヒューマニスト、二〇〇四年、三七～九九頁
●キム・ジュテク……「独島領有権の主張と歴史教育」、『歴史教育研究』五号、二〇〇六年
●小菅信子……『戦後和解』中公新書 二〇〇五年、二一一頁
●坂井俊樹……『現代韓国における歴史教育の成立と葛藤』御茶の水書房、二〇〇三年、二九九～三二四頁
●島根県歴教協松江支部……「「竹島」問題発生以後の島根県の動向」、『歴史地理教育』二〇〇五年一〇月、八五頁
●芹田健太郎……「竹島を消すことが唯一の解決法だ」、『中央公論』二〇〇六年一一月、二七二頁
●徐毅植……「ポストモダン時代の韓国史認識と国史教育」、『歴史教育』第八〇輯、二〇〇一年、二八頁
●池秀傑……「「民族」と「近代」の二重奏」、『記憶と歴史の闘争』サミン、二〇〇〇年、六三～七九頁
●崔長根……「漁業協定と独島およびEEZとの関連性」、『日本学報』第五〇集、二〇〇二年、三

一五頁
◉趙志衡……「新しい世界史と地球史」、『歴史学報』第一七三輯、二〇〇二年、三五一〜三五三頁
◉テッサ・モーリス＝スズキ
……『批判的想像力のために』平凡社、二〇〇二年、一七二〜一八六頁
◉内藤正中……「竹島問題の問題点」、『独島研究』四号、二〇〇八年、三六〜六六頁
◉朴振東……「歴史科選択科目改訂試案」、『社会科教育課程公聴会資料集』二〇〇六年、五七頁
◉朴振東……「教授要目による「隣国歴史」教科書の発刊とその構成」『歴史教育』一〇六、二〇〇八年、五頁
◉朴裕河……『和解のために』ソウル・根と葉、二〇〇五年、一八九〜一九一頁
◉藤岡信勝ほか
……『新しい歴史教科書』扶桑社、二〇〇五年、六頁
◉藤沢法暎……「韓国の「忠臣蔵史観」に」、『中央公論』二〇〇一年八月、一三二頁
◉船橋洋一……「過去克服政策を提唱する」、『いま、歴史問題にどう取り組むか』岩波書店、二〇〇一年、二〇四頁
◉山辺健太郎……『竹島問題の歴史的考察』、林英正訳『竹島問題の歴史的考察』景仁文化社、二〇〇三年、三六〜三八頁
◉ユ・ウォンジョク
……「〈東アジア史〉教育課程討論文」、『東アジア史教育課程試案開発報告書』二〇〇七年、一〇一〜一〇四頁
◉尹世哲……「世界史とアジア史」、『歴史教育』三二、一九八二年、二頁
◉柳永烈……「韓日関係の未来指向的認識」国学資料院、二〇〇〇年、一二〇〜一二一頁

# 語られたアイヌ像——記録と伝聞の間で——

浪川健治

## はじめに

「他者」としてのマイノリティと、社会の多数の存在としての「われわれ」との間で、実際に相互が関わり合った社会活動を通じて生まれ、変容し、継受されてきたものとしてアイデンティティや他者認識を捉えるならば、それは空間と時間、すなわち歴史のなかにおいてはじめて人間の主観としてもたらされることになる。それは、実体として絶対的に存在した空間や時間認識からではなく、人間あるいは人間集団の社会活動のなかに形成された相対的なそれらの認識のなかから形成されてきたものであろう。それらを歴史の対象として読み込もうとすれば事実と真実の「あいだ」(それは真実か)だけではなく、事実と「認識」(それはどのように捉えられていたのか)の、そして「認識」と「記憶」、あるいは「記録」(それはどのような変容をともないながら伝えられたのか)の「あいだ」にも踏み込むことが必要となってくる〔浪川健治　二〇〇五年〕。

それでは、そうした観点から近世人、とりわけ境界に接した世界に生きた人間からアイヌ社会を見たとき、それはどのようなものとして映ったのであろうか。この点については、さきに「民族文化と地域社会―「接界の地」からの視点」として触れたことがある〔浪川健治　一九九六年〕。そこでは、弘前藩士山崎半蔵が一七九九年（寛政一一）の東蝦夷地上知とそれに伴う勤番の任にあった一八一八年（文化五）までの見聞をまとめた「万里堂蝦夷日記抜書」[*1]を検討課題とした。同書には、文政から天保にいたるまでの追記がところどころに加えられているほか、たとえばその記事に付せられている年次など史料としての有効性を疑わせる、必ずしも信をおくことができない記述も含まれる。しかしながら、そうした記述などを単なる誤謬とすることなく、なぜそのような内容が伝達され、情報として共有化されたのか、それを受容した社会的な背景とその意味について検討することは、前述の視点に立つならば無視することができない意味をもってくるといえるであろう。

## 1 蜂起のなかで

### 1 クナシリ・メナシの蜂起

一七八九年（寛政元）、飛騨屋久兵衛が請負っていた、北海道東部のクナシリからメナシの場所で、クナシリ惣乙名サンキチの弟マメキリやクナシリ乙名ツキノエの子セッパヤに指揮されたクナシリのアイヌ四一人、メナシのアイヌ八九人、計一三〇人による蜂起が起こった。かれらは、クナシリでは、五月七日にトマリの運上屋を皮切りにマメキラエ、トウブイ、フルカマフ等の番屋を襲い、一三日には根室海峡の対岸のメナシ地方のうちシベツ、チウルイ、コタヌカ、サキムイ、クンネベツ、オロマッフ等の飛驒屋の場所の運上屋・番屋を襲撃した。蜂起に参加したクナシリとメナシのアイヌ側の「申口」は、飛驒屋の場所ではアイヌに対する過酷な扱いと脅迫、不公正な賃金の支払い、女性への虐待と性的暴行、越冬準備も不可能なほどの労働強化などが甚だしく、それを強制するための暴力が日常化していたことを伝えている〔「寛政蝦夷乱取調日記」・「蝦夷地一件」〕。蜂起によって、そうした虐待の先頭に立っていた七一人の和人が殺害された。

蝦夷地の場所の経営に新たに参入した飛驒屋は、アイヌ社会の慣習に依拠して形成・維持されていた、アイヌ民族と和人との間の相互規定的な関係秩序を理解できなかった。このため、「クナシリ島辺は別て不法の儀多く蝦夷共妻子等にて商人とも密通も有之」という状況であった。こうした「不法」に対しては、アイヌ社会では慣習として罪の償い、「ツクナイ」が要求される。しかし、それは飛驒屋側に拒否され、かえって「非分」を申し掛けられる結果となっていた。そのなかで、寛政元年春に「クナシリ惣乙名サンキチ」や「サンキチ弟乙名マメキリ」の妻の、毒殺を推測させる死亡事件が起こった。酷使や虐待・脅迫行為に加え、社会慣習を一方的に踏みにじる飛驒屋の行為に、クナシリだけでなくメナシまでのアイヌが地域的な広がりのなかで武力による制裁に踏み切り、各地の場所で和人を殺害した〔岩崎奈緒子　一九九八年〕。

## 2 助けられた和人―「跋姑」という存在―

しかし、和人のなかにはアイヌに救助された者もいた。菅江真澄は、紀行文『をふちのまき』寛政五年一〇月一八日条に次のように書き留めている〔『菅江真澄全集』第二巻〕。

ある夜のまどゐに北村伝七といふもの、過ぎしころ、久奈志理のゑみしら、あらぬすじにいかりの丶しりたる、その島をはじめ、禰毛呂にわたりて、七十人あまりの人を毒気の箭、ほこしてころしたるに、われのみはゑみし、としごろめぐまれたるむくひおもふにや、いのちまたくせよとて、舟してはるばるとおくりたり、

この北村伝七は「フルカマフ」で救助された「伝七」その人であろう。「あらぬすじ」、すなわち思いも寄らぬ事柄から騒動が展開したなかで、伝七のみは日頃、アイヌの人々に情けを掛けていたため、助命されたのだという。しかし、アイヌに親しみをもって接した伝七にとっても、アイヌの人々の怒りは「あらぬすじ」としてしか映っていない。

このアイヌの人々によって保護され、九死に一生を得た田名部の出身者について、盛岡藩領の田名部大畑村の村井源助によって書き継がれた『原始風土譿筆年表』のなかに、つぎのように記されている〔『みちのく叢書』6〕。

然る伝七・常蔵は久奈尻の豪夷月野威、此折に江泥府に在し故に、此か妾夷の跋姑《バッコ》と

云るに救れて江泥府へ渡助命也、されば近辺場処々より野津釜府迄遁集し人々も悪消迄は引取れり

ここでは、伝七と常蔵が、クナシリの首長ツキノエがエトロフに出掛けて不在であったために、「妾夷の跋姑」に救われ、エトロフのツキノエのもとに送られることで命を救われたといわれている。ツキノエは、寛政四年のラクスマンの来航に際して、「蝦夷の月の夜も赤人江一味」という流言が流れたほど、なお自立的な奥東蝦夷地アイヌの存在を象徴し、アイヌの人々の輿望を担った、最有力の首長である〔浪川健治　一九九七年〕。

さて、ここに記される一人の女性についてみていくことにしよう。「妾夷の跋姑」とされる人物である。ここで「妾夷」とされているように、ツキノエの後妻である。そして彼女とその前夫との間の子が重要人物の一人、イコトイである。彼女は当時、最有力の惣乙名であるツキノエの妻であり、イコトイの母という立場にあった女性である。寛政元年九月五日、松前藩側が「御味方蝦夷」と称し、蜂起の鎮圧に功があったと見なしたアイヌ首長四三人が松前に入り、一一日に藩主による謁見が行われている。このなかに、「キソケニ」（ヲツケニ）の名がある。この人物こそが「跋姑」である。

# 2　二つのフィクション

## 1　描かれたアイヌ像

「イコトイの母」は、蠣崎波響の『夷酋列像』にも「乙箇咄壱母　窒吉律亞湿葛乙《チキリアシカイ》」として描かれる。本来、それは顕彰と「夷人教化」のために作成された松前藩主道広によって企図されたものであった〔井上研一郎　一九九六年〕。それは、松前藩による異域としての蝦夷地支配、およびアイヌ支配の正当性の主張という政治的効果を、服従するアイヌ首長層の画像という可視的な媒体を使って表現することによって図ったものといえよう。

目に見えるかたちで、かつ象徴的なものになるようにいかに示すかという試みは、九月の松前への帰還行列におけるアイヌ首長層の行装のありかたにすでに始まっていた。

同年九月帰着之書付写

飯田孫三郎

先手（原文は二行分かち書き）「弓一張・鉄炮二挺」　鎧櫃口取二人　騎馬　若党二人「挟箱・槍」

二番同前　騎馬一人

三番鎧櫃口取二人　騎馬一人

若党二人「挟箱・槍」

四番同前　騎馬一人

五番首箱七ツ「五級入五ツ・七級入二ツ」　騎馬一人
六番鎧櫃口取二人　若党二人「挟箱・槍」
七番同前　騎馬一人
八番足軽三人　通詞三人大小引裂羽織
九番 長《オトナ》蝦夷十一人不残唐太ノ十徳着
十番中ノ蝦夷十一人宛二行「蝦夷綴を着す、唐木綿の由、至極美事成物也」
十一番通詞二人大小引裂羽織
十二番クナシリ月のいか祖母唐太の十徳着　手引一人六尺余の女蝦夷
十三番祖母の腰元女蝦夷七人不残唐太の十徳着
十四番足軽三人
押「弓一張・鉄炮二挺」　鎧櫃口取二人　蠣崎茂兵衛 騎馬　若党二人「挟箱・槍」
騎馬之輩は何れも小手脚当陣羽織
（略）
クナシリノ祖母へ松前侯より女中衣裳等被下候由

右は太田南畝の『一話一言』巻七のなかの「寛政元酉年六月蝦夷騒動の事」に記される帰還行列の様子である（『日本随筆大成』別巻1）。松前藩士の軍装に対して、アイヌ側がアイヌ社会における位置によって惣乙名層が「不残唐太ノ十徳着」、すなわち蝦夷錦（山丹錦）を、「中ノ蝦夷」とされる乙名層が「蝦夷綴を着す、唐木綿の由、至極美事成物也」、とアットゥシを着した姿で加わっている。

そうしたアイヌ側の装束について、「寛政蝦夷乱取調日記」の九月五日条には、次のように記される。

一、藤倉右源太御内々被仰付の儀有之来る。御目見得罷登候夷とも着類不宜候に付、十徳類持参内にて借為着候様申談す。

明らかに、この行列に従ったアイヌ首長層の装束は、松前藩から貸し渡されたものであることがわかる。なぜ、松前藩はそのようなことを行ったのであろうか。それは、「御目見得罷登候夷とも着類不宜候に付」ということの理解にかかっていよう。「不宜」というのは、この場合松前に集められたアイヌ首長層の着類がたんに粗末なものであったからではない。あえて蝦夷錦や「唐木綿」を用いたアットゥシを装束とすることで、異域に住む民としてのアイヌを演出し、自らがその十全たる支配者として確固たる位置にあることを強烈に主張するための意図からであろう。[*2]

## 2 フィクションの広がりと読み替え

『夷酋列像』は、クナシリ・メナシの蜂起ののち、松前氏に協力して蜂起の鎮定に功があったと見なしたアイヌ首長層を松前に招いた折に、蛎崎波響が藩主の命によってかれらの風貌を写し、翌一七九〇年（寛政二）に絹本著色の画帖として完成した。蛎崎波響は、寛政三年には藩命によって京都に赴き、『夷酋列像』を光格天皇以下の鑑賞に供した。寛政一一年には幕府に献上されたとされるほか、平戸藩主松浦静山が借り受けて模写したのをはじめ、数藩が同様にして自らの物としたことが確認できる〔井上研一郎 一九九六年、佐々木利和 二〇〇四年〕。

これらの描かれたアイヌ像の衣装が、彼ら自身のものではなく松前藩が貸し与えたものであることから、そこには意図的な構成があることは明らかである〔「寛政蝦夷乱取調日記」〕。それは、松前藩による異域としての蝦夷地支配、アイヌ支配の正当性の主張という政治的効果を、服従するアイヌ首長層を画像という可視的な媒体を使って表現することで企図するものであった。同時にそれら衣装が、いずれも樺太や唐の産物であることが強調されることで、その異域のイメージは増幅され、松前藩の蝦夷地支配が国家としての対外関係のなかに位置づけられるものであることを誇示することになる。その意味では、アイヌ首長を参加させた寛政元年九月に行われた鎮圧軍の松前帰還の行列はその皮切りであり、松前藩の一連の蝦夷地支配正当化のデモンストレーションが展開するなかで、その作成と利用という点で、最後に位置づけられるものが『夷酋列像』であった。

ここで太田南畝の『一話一言』から記事を引いたのは、九月の行装というものが松前藩の作為の結果として情報化され、江戸まで確実に伝達されていたことの確認をしようと思ったからである。異国趣味をそそる「不残唐太ノ十徳着」と「唐木綿」の「蝦夷綴」を着用したアイヌ集団は、松前藩への帰服を象徴するものとして、ここでは文字を媒体とすることで江戸においても意識化され受容されたのである。と同時に、このなかで太田南畝の興味を引いたものが、特異な扱いを受ける存在としての「クナシリノ祖母」であったことが、読み取ることができる。そうした特異な存在のゆえ、「万里堂蝦夷日記抜書」に書き留められた「クナシリノ祖母」を主人公とする風聞が生まれ、『夷酋列像』が狙ったのとは異なるアイヌ像がそこに仮託されていくことになるのである。

## 3 「イコトイの母」に託されたアイヌ像

### 1 「アッケシ神」の老母

「万里堂蝦夷日記抜書」は、このチキリアシカイについて、二つの項目で触れている。[*3]編者の山崎半蔵は、一七八九年（寛政元）のクナシリ・メナシの蜂起の際には、弘前にいたと考えられ、その後、蝦夷地に関わるなかで、この一件に関する風聞を書き記したと思われる。したがって、その記述は必ずしも事実を伝えるものではないが、一件に関わるどのような風聞が情報化されていたのか、和人はこの一件を通して何をアイヌ社会に見ようとし、アイヌ像を作り上げていったのか、を検討するうえで、適当なものと考えられる。

一つめの「アッケシ神《カムイ》 附夷乱之節老母解死人を連松前登の事」では、蜂起したアイヌの首謀者三六人を捕らえて松前に連行した際に「詰開き陳法」、アイヌ側の申し開きを行ったのは「アツケシ神と称する蝦夷東西嶋々の大酋長」である「イコトイの母」であると述べる。その要点は、次の諸点である。
❶運上屋詰の和人がアイヌを犬の如くに軽んじ、「夷人幼□の娘を奪い、或ハ徒の妻を我が召抱の妻も同様」にするという性的な横暴を繰り返したこと。
❷「言語に絶たり」というほど、総じて詰合の和人の素行が悪く、その上にアイヌの産物を恣意的に「取掠」め、交易の定法をまったく無視して、交換物である酒の半分は水で薄め、木綿類は一尺と言いながら実はせいぜい「六・七寸」に過ぎないという。
❸首長層は、どのような下級役人の指示も「松前神《カムイ》の差図」として随うようにアイヌの人々に言い聞かせてきた。「神の御掟ハ申も愚か、慥かなるへき」として「松前神」＝松前藩主―松前藩を肯定するものの、実際にアイヌに接する「場所詰」について「所為甚不筋也」と、両者を分別しながら後者の行為を非難する。
❹細かな事情を説明させ「双方証拠の為め」に、「村々の長、或いハ重立分の者共」からなる「三十六人の者を召連」てきた。それらの者は咎はないとはいえ、「内訴」しなかった点においては徒党も同然であるので縄下にして同道してきたが、蜂起の始まりから事情は詳しく聞き取ったので、今後の「御締の為御吟味」をくださるよう申し述べる。
❺以上を臆するところなく申し述べ、「子細は仮令色事・怨事、如何取巧ムともウタレの者たり共、筋目を糺し約定を守りて一同に□きらハ、か様の変に及ふへき様なし、祖母か子孫の埒なきにハ困り果し」と言い残し退出した。この剛毅な振る舞いに感じ入らない者はなかった。

ここでは、三六人を「村々の長、或いハ重立分の者共」としている。明らかに、寛政元年九月五日、松前藩側が「御味方蝦夷」と称した、蜂起の鎮圧に功があったと見なしたアイヌ首長四三人が松前に入り、一一日に藩主の謁見が行われた事実によっているが、それがチキリアシカイの影響下にある「村々の長、或いハ重立分の者共」で、かつ事件の詳細取調のため、同行された存在として描かれていると考えることができよう。そして、キチリアシカイの言葉に仮託された主張は、「松前神」である松前藩主とその分肢としての松前藩士と、「所為甚不筋」な「場所詰」とを分別している。その際には、すべてのアイヌに対する圧政の根源は、「場所詰」に集約されることになる。

また、松前藩と自らの関わりは、「御締の為御吟味」を行うものと受けるものの立場に単純化され、「村々の長、或いハ重立分の者共」はアイヌ集団間の紛擾を「内訴」することが義務づけられた存在である。こうした構造は、それのみを見れば単純に近世の本州社会の構図を当てはめたものと理解できよう。民衆の生命にすら危機をもたらす「悪」は「場所詰」に比定されるものの、上訴によらず、実力行使による排除については否定すべきという理解が成り立っている。もちろんそれは、本質的なものではない。しかし、こうした近世日本社会のあり方と意識に添わせることによって、本州社会に受け入れられやすく変容した内容をもって伝達されていたことが分かる。

## 2 「天然自然の重立、烈婦」

しかしながら、二つめの「三十六人松前ニて裁許之事」になると、「松前神」をはじめとする和人の所為がとうていアイヌにとって理解を得られるものではないことが示される。❶証人として同道した三六人は、「イコトイか母」には知らせず、全員、「建石野」で処刑されてしまう。

❷「老母」に重罪のため死刑に処された旨が供の女を通じて知らされる。「老母」は悲嘆にくれ、奉行所に出向き、「シシヤムハ口巧者「(虫損)」向いてハ斯計へ給ふへしとハ思はス」、と「口巧者」の和人に罪を着せられ、「又乍恐松前神、何の御面目有へきそ、彼者共前にて御役人へ陳し申度多有り、衆夷名代、後々締合の為にこそ成れり、臨終にハ何程か残念せん、理非の訳に依り被殺なハ誰か不便・無念の有へきかと泣恨て言い申」と殺された者の無念さとを合わせ、「松前神」の「面目」の失墜を指摘する。

❸役人は、吟味の結果、重罪としたのであり、「老母」に知らせず詮議したのは、大儀と思ってのことと言い逃れる。

❹これを聞いた「老母」は高笑いし、「シシヤモの斟酌ハ華邑の習へか、稀有也、其意を得難し」と述べて、その欺瞞的なあり方を非難、自らも殺すように言う。

❺役人らは持て余し、こそこそとその場を去る。「松前神」への一両日中に出立の暇乞いを申し述べる。その際に、願いとして「自今以後夷人への応接旧例を守り、交易方先々定之通り堅く約する条、改而一冊戴き土産に致たし、此儀共神へ立奉願」として、交易

に関わる約定書の下賜を乞う。
❻二日ほどして、さまざまな下賜品とともに、この「一札」を給わった。
❼下賜品は供の者に分け与え、「一札」は自らの物として、城からの再度の目通りについても所労を理由として断り帰郷していった。この一連の振る舞いを見て「雄弁理筋所作といへ天然自然の重立、烈婦也と誉ぬ者」はなかった。

❶の部分は、「村々の長、或いハ重立分の者共」からなる「三十六人の者を召連」という記述が、先に松前藩側が「御味方蝦夷」として松前に召したアイヌ首長四三人との混同であることを指摘した。ここではさらに、恭順の意を示したクナシリのマメキリやシトノエら蜂起アイヌの頭取層三七人全員を七月二一日にノッカマップで処刑した一件との混同があると考えられる。「万里堂蝦夷日記抜書」をまとめた山崎半蔵が蝦夷地に渡ったことが確実なのは、寛政一二年三月、幕府調役藤本徳三郎の先触れとともに蝦夷地渡海を命ぜられ、「者頭下役」として「蝦夷地持場廻郷往来付添手近の差図を受」けるよう指示されたことにはじまる。あるいは、弘前にいたときにすでにこうした風聞を耳にしていたとも考えられるが、他の記事との関連からすれば、やはり松前・蝦夷地に渡海したときに同地での風聞を書き留めたと考えるべきであろう。その時点では、一件はかなり歪曲された状態で伝聞されるようになっていたことがわかる。

ただし、ここで検討しようとするのは、一件に関するこの風聞の事実性の追求ではなく、あくまでも、この一件が流布するなかで、和人に対して何が最終的に訴えかけるものとして変容していったのか、そのことがこの風聞を情報として受け取った人間がどのような異文化集団としてアイヌの人々に対する認識を生み出していったのかという歴史性を問うことにある。こうした視点から見ると、この風聞が描き出すものは、「所為甚不筋」な「場所詰」、不法かつ姑息な松前藩の役人、「面目」を失した松前藩主という和人群像であり、対置されるアイヌ像は「雄弁理筋所作といへ天然自然の重立、烈婦」としての「イコトイの母」であった。

この九月段階では、もっとも有力かつ必ずしも松前藩に従順であったとは見なされていないツキノエもイコトイも松前には来てはいない。両者に、もっとも近い関係にあるチキリアシカイは、その意味ではアイヌ側にとっても松前藩側にとっても極めて微妙な政治的立場にあったといえよう。「万里堂蝦夷日記抜書」に書き留められた風聞は、そうしたチキリアシカイの位置を際だたせて描くことで、なお自立的でしたたかなアイヌ像を投影させるものととらえられよう。客観的に見れば、それは蝦夷地支配の本質的な問題を場所請負人の個性にすり替えてしまうだけのものであるとしても、山崎半蔵が「万里堂蝦夷日記抜書」に書き留めた風聞は、それとは逆にアイヌ首長層の自律性と正当性、さらには交易に対するしたたかなまでの要求と主張を示すものであろう。

## おわりに―風聞の歴史的意味―

このテーマをめぐって、二つのフィクションが存在したことを見てきた。一つは、松前藩による九月五日の帰還に伴うアイヌ首長層の演出に始まり、蠣崎波響による「夷酋列像」の作成とその利用に見られる、可視的な作為によるアイヌ像である。そしてもう一つは、「万里堂蝦夷日記抜書」に記された「イコトイの母」に見られる風聞としてのフィクションである。この二つのフィクションを成り立たせているのは、前者は松前藩によるアイヌ支配正当化のための情報操作としての可視的方法を駆使した作為にもとづくものであり、これに対して後者では、「万里堂蝦夷日記抜書」に記録される「蝦夷の主人」たるイコトイが「アツケシ神」として、「松前神」に対置され、かつ自立を図るアイヌの人々のしたたかな意思を体現する者として描き出されていることに関連する。

山崎が「万里堂蝦夷日記抜書」として風聞を書き留めた時点、寛政一一年には幕府は東蝦夷地の仮上知をおこない、場所請負制の廃止、改俗政策をとるようになっていた。その意味では、松前藩による諸政策、またクナシリ・メナシの蜂起の要因を作った場所における和人の横暴が否定的に捉えられていく背景がつくられつつあったろうことは否定できない。しかしながら、寛政一一年以降もなお、イコトイを首長とする地域が「改俗」という民族文化の破壊を断固として拒否し続けている事実が存在していた。

「万里堂蝦夷日記抜書」が書き留めた「イコトイの母」に仮託された風聞は、松前藩によって意図的に画像化され記録されたフィクションを読み替えるものであった。そして、現実のアイヌの人々のあり方を投影した別のフィクションとして寛政末年に至っても流布していたと言うことになろう。たしかにそれはアイヌ支配の実態や歴史的本質を問うものではなかった。とはいえ、たとえ風聞・流言の域を出るものではないとしても、あるいはフィクションだとしても、伝聞は和人社会のなかに、「イコトイの母」に象徴される、本性において和人に比して劣ることのない存在としてのアイヌ、および確固として自立的なアイヌ社会がなお存在していることを知らしめていくのである[＊4]。

**注**

＊**1**…内容は大きく「蝦夷日記抜書」とされる前半の七一か条と「蝦夷記抜書　蝦夷記日記之部」とされる後半の五一か条からなる。仮綴じされた表紙には、「岩見」の署があるほか、後半の部分に岩見の印があり、函館市立中央図書館に架蔵される以前は、弘前の岩見常三郎の蔵書の一部であったことが分かる。

＊**2**…この二つの衣装はその社会集団における身分秩序を、この行装を見物したであろう和人に可視的に示す役割を果たしている。近世日本では、いわゆる奢侈禁制と単に見られがちではあるが、衣服の材質、色、形態によって可視的に身分を判別させようとする身分統制策に他ならない。こうしたアイヌに対する衣服による身分の分別は、その適用に他ならないであろう。

＊**3**…「アツケシ神　附夷乱之節老母解死人を連松前登の事」は「万里堂蝦夷日記抜書」の後半第三四条、「三十六人松前ニて裁許之事」は同じく第三五条。

＊**4**…後に『毛夷東環記』としてまとめられた山崎の「東蝦夷地紀行」には、「英名夷地に輝き、四方の夷、甚敬仰」する「アツケシのシリニシハ」イコトイが率いる自立的、主体的なアイヌ社会があることが記述されている。また、一八〇六（文化三）年四月一三日、幕府からエトロフ詰合増員の命令を受け取った弘前藩により派遣された勘定小頭斎藤蔵太は「衛刀魯府志」のなかで、「夷」＝「禽獣」観を否定し、自らの生活文化と深くつながりを持つ地として蝦夷地とアイヌの人々を観察している。ただし、斎藤の眼差しは儒教文化による教化を当然とするものであり、異文化理解への直接的な道を開くものではなかった。しかし、かれらの視点は両者が合冊された『毛夷東環記』長利家本にみられるように、やがて北奥の神官や豪農たちによって書き継がれ、自らの生活文化との共通性を持ちながらも、なお「今将軍家の威にも屈せす、如本書、卓爾として独立する」アイヌ社会が存在することが、北奥の民衆世界には確実に伝えられていった（浪川健治　一九九六年）。

## 参考文献


●井上研一郎……「《夷酋列像》と現代」 北海道・東北史研究会編『メナシの世界』 北海道出版企画センター 一九九六年

●岩崎奈緒子……『日本近世のアイヌ社会』 校倉書房 一九九八年

●佐々木利和……『アイヌ絵誌の研究』 草風館 二〇〇四年

●浪川健治……「民族文化と地域社会」 岩田浩太郎編『新しい近世史』⑤ 新人物往来社 一九九六年

●浪川健治……「北方情報とその伝播」 岩下哲典・真栄平房昭編『近世日本の海外情報』 岩田書院 一九九七年

●浪川健治……「多文化主義と歴史認識」 河西英通、浪川健治、M・ウィリアム・スティール編『ローカルヒストリーからグローバルヒストリーへ』 岩田書院 二〇〇五年


## 資料


●『一話一言』〈1〉 『日本随筆大成』別巻1 吉川弘文館 一九七八年

●「蝦夷地一件」 『新北海道史』第七巻史料一 北海道 一九七九年

●「寛政蝦夷乱取調日記」 『日本庶民生活資料集成』第四巻 三一書房 一九六九年

●『原始風土謾筆年表』 青森県文化財保護協会編『みちのく叢書』6 国書刊行会 一九八二年（ただし、マイクロ・フィルムにより一部を訂正）

●「万里堂蝦夷日記抜書」 函館市立中央図書館蔵

●『毛夷東環記』 『弘前大学國史研究』第九六号～第九八号 一九九四年～一九九五年

●『をぶちのまき』 『菅江真澄全集』第二巻 未来社 一九七一年


## 付記


本稿は、二〇〇八年～一一年度科学研究費補助金基盤研究(B)「近世日本社会における中国情報の摂取と北方観の形成」（代表 浪川健治 課題番号二〇三二〇〇九八）による研究成果の一部である。

# 地域史と国家史の関係
## ―一九三〇年代の沖縄における琉球史と国史―

國分麻里

## 1 はじめに

二〇〇七年から二〇〇八年にかけて、住民の集団自決に関して沖縄の投げかけた教科書叙述のあり方は、不十分と言われながらも教科書検定制度の変更をうながしている。住民の集団自決に軍の関与があったか否かという問題の根底には、沖縄の歴史と日本歴史との関わりのあり方、すなわち地域史と国家史の関係が横たわっている。ただ現在の歴史教科書が国家による検定制であることを踏まえると、地域史のありようは自ずと限定されよう。

それでは近代に入って日本に包摂された沖縄は、歴史教科書にどのように描かれているのであろうか。現在の小・中学校の社会科教科書や高校の日本史教科書の多くは、日本という枠組みの中で沖縄の独自性や多様性を叙述している。ここでは、高校日本史B教科書の中で占有率の高い山川出版社『詳説日本史』の沖縄に関する叙述を例にとる。

『詳説日本史』において一九五〇年代から現在までの沖縄に関する叙述を年代的に整理してみると、一九八〇年代の教科書が大きな転換期となっていることがわかる。一九七〇年代までの叙述は、室町時代の琉球商船の活躍、明治時代の沖縄県誕生、アジア太平洋戦争末期の沖縄本島攻撃、一九七二年の「祖国復帰」であった。これに対して一九八〇年代の教科書には、前近代における「琉球王国」や明治の「琉球藩」の存在が加わり、さらに教科書の最後には「主題」テーマの一つとして沖縄の歴史が通史的に紹介された〔井上光貞・笠原一男・児玉幸多他　一九八四年〕。あくまでも日本という枠組みの中であるが、沖縄の歴史に関する叙述分量の増加と並行する形で、その独自性や多様性に目が向けられるようになってきたのである。[*1]

しかしながら、戦前には、地域の独自性や多様性を沖縄が封印していた時期があった。それは明治初期と一九三〇年代である。その違いは、前者が沖縄県以外の教育関係者により進められたのに対して、後者は沖縄県出身の教師自らが行なったところにある。特に後者の一九三〇年代は、満州事変を契機とした対外侵略の本格化に伴う皇民化政策の強化があり、「日本人化」が推し進められていく時期でもあった。郷土教育に言及した田港朝昭は、沖縄の郷土教材は主に教授の手段とされ、皇民化教育が強調されるとその方向に沿う郷土題材だけが取捨選択され、皇民化教育への従属傾向があったことを指摘している〔田港朝昭　一九七七年〕。それでは、それまで沖縄独自の郷土史とされてきた琉球史を、沖縄の教育関係者は国史との関係においてどのように考えるようになったのであろうか。本稿の目的は、一九三〇年代に沖縄の教育関係者によって論じられた郷土史教授の内容ともに、琉球史と国史の関係を明らかにすることである。このことにより、沖縄における「国民統合」の一手段としての郷土史教授の役割を明確にすることができるだけでなく、現在の地域史と国家史のあり方を考える素材を提供することができよう。なお、次節からは当時の呼び方に従って地域史を郷土史、国家史を国史と称する。

## 2 郷土史教授の特性と沖縄

国家が郷土史を教育に組み込む場合、郷土を学習することで郷土愛を育成し、それを愛国心に繋げていくという郷土愛—愛国心の連続を主張する場合がたびたび見られる。これは郷土の持つ主観的・感情的側面を強調したものであり、特に日本では、一九三〇年前後の郷土史教授においてその傾向は如実に現れた。しかし、郷土史はそのような国史の一部となる反面、その郷土独自の歴史も含むという性質を有している。[*2] この郷土独自の歴史は、国家の歴史とは関係が薄い場合も多い。このような郷土独自の歴史という性質も持つ郷土史を、国家はどのように教育の中に取り込んでいくのか。このような郷土史と国史の関係が明確となるのは、近代以降に日本の領土となった、その地域の王朝史と国史との関係である。例えば、「韓国併合」により日本の植民地となった朝鮮では、朝鮮人児童に歴史教授を始めた一九二〇年代より朝鮮王朝史を日本の郷土史と位置づけ、それを朝鮮総督府編纂の歴史教科書において日本歴史の中に断片的に挿入している〔國分麻里　二〇〇六年〕。

沖縄における郷土史教授の歴史も、やはり平坦なものではなかった。一八七九年に廃藩置県が実施された後、一九一〇年代くらいまでは、郷土史を教えるべきではないという風潮が沖縄では主流であった。これは、国史とは異なる沖縄の歴史は国民統合においては排斥されるものと考えられていたからである。このような論を広めたのは沖縄の人間ではなく、「本土」からやってきた人びとであった〔比嘉春潮　一九七一年〕。しかし、このような論に異議を唱える沖縄人が現れる。沖縄出身の知識人、伊波普猷である。伊波は沖縄の郷土史は国史となんら抵触しないこととして、日本内での各郷土の「個性」を大事にすることを主張した〔伊波普猷　一九一一年〕。一九二〇年代になると、柳田國男や折口信夫など当時発生期状態にあった日本民俗学を主導する人士がたびたび沖縄を訪れた。こうして、沖縄では、一九二〇年前後からの自らの郷土史に自信を持ちつつ、国史との関係を模索するようになった。一九三〇年前後になると、「本土」と同じように、沖縄においても郷土教育は盛んに唱えられ、郷土史教授についても多くの意見が交わされるようになっていた。しかし、第一次世界大戦後の不景気に加え、世界大恐慌の影響を受けて、沖縄は「ソテツ地獄」と言われるほどの大不況の波に襲われた。失業により生活のできなくなった多くの人々は、職を求めて他府県に出稼ぎに出たり、あるいは中南米や南洋地域へ移住したりした。さらに、満州事変や上海事変など軍部による海外侵略の動きは、国内においては国家主義的な傾向を強化する役割を果たした。次節では一九三〇年代の琉球史および琉球史と国史との関係を、三名の沖縄教育関係者の論より検討する。

## 3 沖縄における郷土史教授論と琉球史

本節では、沖縄出身の著名な教育関係者三名、東恩納寛惇、島袋源一郎、名嘉山盛茂の、一九三〇年代の郷土史教授論を分析する。[*3] 分析軸は、琉球史を中心として、(A)郷土史教授における郷土史の内容、(B)授業における郷土史の目的・方法である。

### 1 東恩納寛惇

一人目は東恩納寛惇である。那覇東町に生まれ、儒者である祖父寛宜の漢学の影響を受けて成長し、那覇尋常高等小学校を経て沖縄県立中学校に入学する。中学校では伊波普猷の四年後輩にあたる。このころ、歴史学を専攻する決心をしたという。東京帝国大学文科大学史学科において近代ドイツの実証主義を学んだ。卒業論文は「琉球方面ヨリ見タル島津氏ノ琉球政策」である。一九一六年より東京府立第一中学校教諭になり、一九一三年から一九二三年まで明正塾(沖縄県学生寮)の舎監となる。一九二九年から東京府立高等学校教授、一九四九年には拓殖大学教授となる。研究業績としては『尚泰侯実録』『琉球人名考』など前近代を中心とする歴史研究が中心だが、文化に関するものも多い(富島壮英「一九八三年」)。このように、東恩納は東京を活動の主な舞台とするものの沖縄を代表する知識人である。沖縄教育会の機関紙『沖縄教育』の郷土史教育特集号では巻頭に講演記録が載せられている。「本県郷土史の取扱に就いて」と題されたこの講演において、東恩納は特殊な日本の国体を充分に理解させることが国史の役割であり、日本国民としての国民性を涵養するところに国史教育の重点があるとする。そして、琉球史と郷土史および国史の関係を説いていくのであるが、注目すべき点は、琉球史は郷土史から除外されるという認識である。

> 沖縄の郷土史と琉球史とは全然別々のものであることを注意されたい。この二つを混同すると、飛んでもないことになる。「郷土史の取扱ひ方に就いて」結論を急ぐことにするが、琉球史と郷土史とは、別々に、考へるべきである。琉球歴史即ち郷土史とは言へない。それは、なぜかと言ふと、琉球史は、向象賢以後に組み立てられたもので天孫氏二十五紀を置いて王国史の体裁を整へ王国としての変遷を書いたものである。然しながら郷土史は、國史の一部分であって、従つてその教授によつて、期する所の目的及び結果は、全体のそれと抵触してはならない筈である。各部分、部分で分担して、國史教育の目的を成しとげると言ふ事が、郷土史教授の任務であらねばならぬ。国史教育の目的は言ふまでもなく国民性の涵養である〔東恩納寛惇　一九三三年　三頁〕。

以上のように東恩納は、郷土史は国史の一部であるのに対して、琉球史は琉球王国の変遷史であり郷土史ではないとする。そして、郷土史については、国史の体系を損なわない郷土史教授が必要であるとし、国史と郷土史の主従関係を述べている。それでは、東恩納における郷土史教授とは何を指すのか。まず、東恩納は「要するに、結論からいふと大八洲島国と南方の島々とを一団と見たい。沖縄自体ではなく、大八洲島国の一番南の島の一部である」と全体の中で郷土史を見ていく視点を示す〔東恩納　一九三三年　三六頁〕。そして、神武天皇が九州を出て東を治め、奈良時代から鎌倉時代までは南島を統治するに至ったため万葉の言葉が今でも沖縄に残り、氏姓制度も現存することを述べる。これは、沖縄の優秀性を日本と関係の深い文化や制度的な側面に求めるものである。このように、東恩納は琉球史を郷土史から取り除いた上で、沖縄には昔の日本の文化や制度が残存していることを逆手にとり、それが日本と沖縄との古代からの繋がりを示すものであり誇示すべきものであると主張した。琉球史は郷土史とは異なるとしてものとして、琉球史と国史との連続性は否定されたのである。

次に、一九三〇年当時、県教育会主事であった島袋源一郎の論を探る。

## 2 島袋源一郎

一九三〇年前後、沖縄においても郷土教育が推進されたが、その主体となったのは県教育会、師範学校、師範学校付属小学校であった〔田港朝昭　一九八九年　二〇七頁〕。当時、県教育会主事という要職についていたのは、島袋源一郎である。国頭郡生まれの島袋は、一九〇七年に沖縄県師範学校を卒業し、国頭郡の小学校で教鞭をとった後、県の社会教育主事、郡視学、県視学を勤め、一九三一年より県教育会主事となった。郷土史研究家でもあり、『沖縄県国頭郡志』『沖縄善行美談』『琉球百話』などを著している〔比嘉春潮　一九七三年）。島袋は、『沖縄教育』に「本県郷土史の重点」という論考を寄せている。島袋は、画一教育の反動として郷土教育が提唱され、民衆史・生活史である郷土史により国史教科書を補充したり、愛国心の基礎となる愛郷心を涵養したり、郷土文化を知らしめてその発展に努めることが現在主張されているとする。そして、郷土教育と国民教育との関係を次のように述べる。

しかし如何に郷土教育が高潮されても国民教育が中心であり、根幹であり、全体であり、出発点であつて郷土教育なるものは枝葉であり部分であり国民教育に帰結することを忘れてはならぬ殊に本縣の如き僻地の土地、しかも永く孤立してゐた地方に在りては餘程注意して郷土材料を取は扱ないと部分的、分立的封建的に堕して仕舞ふ所がある若し之が為めに地方的感情亦は排他的思考を誘発するが如きことあらんか是れ国民教育の大方針と背馳するものである（島袋源一郎　一九三三年　三九頁）。

このように島袋は、中心・根幹・全体・出発点である国民教育に対して、郷土教育は枝葉・部分であり国民教育に帰結するものとする。郷土教育は国民教育に従属しているという認識である。そして特に沖縄については、僻地であり永く孤立していたという条件により、郷土教材の取扱いに気をつける必要を述べる。取扱い如何によっては、郷土が「部分的」「分立的」「封建的」となり、これが国民教育と異なる「地方的感情」「排他的思想」を誘発する恐れがあるからである。島袋においても、沖縄の郷土教材には国民教育とは相容れない異質なものを抱え込んでいるという認識を吐露していることが読み取れる。このような性質を持つ沖縄の郷土教材は、国民教育の関係においては取り扱う側の認識によって教授内容や方法が左右されやすい。国史科において、教材選択の恣意性は地理科よりも顕著なものとなる。島袋によると、地理における初歩教授よりも国史教授における郷土史は史的材料を提供してその理解を助け、国民的思想の涵養を第一義の目的とする。これに加えて、郷土文化発展の状況を知らせて郷土創造の信念を育てることで、郷土愛―愛国心を養うべきであるとする。しかし、この郷土史料はどのようなものを選択してもよいというのではない。国史に関係のない多くの郷土史料を授業に盛り込むことには反対する。それは、国民教育を第一に考え、郷土史による郷土認識育成よりも国史に付随させて教授することが最も大事だからである。さらに琉球史については、貿易のために長い間中国と冊封関係を結んでいたこと、琉球国は独立した小国家ではなく「我が国封建時代の一藩国」〔四二頁〕であったという解釈を示す。

その一方、島袋は琉球史の性格と絡めて沖縄人の先祖は勇敢で幅広く貿易を行いながら外国の文物を取り入れ、琉球語やオモロなど独自の文化を創り上げた偉大な民族であったことを強調する。即ち、「古琉球の人々即ち吾等の祖先は勇敢にして偉大なる素質を持ってゐたことを児童の脳裏に刻むこと」「結論として吾々は大に自重発奮して此の偉大なる民族性の甦生を図らなければならぬ」〔四〇頁〕とする。大和民族の中に含まれつつも、自分たちの祖先は「偉大なる」素質や民族性を有していたことを児童に知らしめることが郷土史教授の骨子だとする。このように島袋は、琉球史も含めた郷土史は国史の一部でありながらも、祖先は優秀であったということを児童に知らしめることが沖縄の郷土史教授では大事だと考えていたのである。

最後に、沖縄師範学校附属小の現職教師であった名嘉山盛茂の論を探る。

## 3 名嘉山盛茂

名嘉山は一九〇四年に沖縄県具志川市字田場に生まれた。一九三〇年には、立正大学専門部高等師範科歴史地理学科を卒業し、一九三二年に沖縄師範学校の訓導になる。一九四四年には沖縄県立首里高等女学校教諭となり、敗戦を迎えた。名嘉山の学問的業績として、「のろ調査資料」「多良間の民俗」といった沖縄の歴史や民俗に関する成果がある。その学風は良い意味の実証主義であったという〔照屋善彦　一九八〇年〕。名嘉山の名前を有名にしたのは一九六九年に完成した『琉球史辞典』の編纂である。名嘉山によると、沖縄県師範学校において郷土史教授を初めて行ない、一九四八年からは教員の短期養成機関である沖縄文教学校において教頭となり、ここで一週二時間の沖縄文化史の概説を講義した。さらに琉球大学に移ってからも琉球史を担当したことが、名嘉山に琉球史辞典の必要性を痛感させたという〔名嘉山盛茂　一九六九年〕。そして、この『琉球史辞典』の功績により一九七〇年には沖縄タイムス社の「文化賞」を受けた。沖縄の戦前戦後において、琉球史の教授を実際に行なった人物であると言えよう。

ここでは、名嘉山の郷土史教授への最初の取り組みである戦前の沖縄師範学校附属小学校訓導時代の考えを分析する。まず、名嘉山盛茂における郷土史とは何を指すのか。それは、主に琉球史である。ただし、琉球史をそのまま郷土史として教授に用いるのは名嘉山にとっても難しく、冊封・王という号・中国思想など中国との関係を指す内容や、沖縄にもある創造神話の取扱いに注文をつけている。名嘉山の論文の大部分は、こうした趣旨のもので占められている。ここでは、琉球史の独自性と関係が深い冊封と琉球史で用いられる王号について検討する。

中国と琉球が冊封関係にあったという意見があることに対して、名嘉山はその関係を中国の歴史書の分析から始める。国史上、琉球は明と冊封関係を結び貿易を行ったが、これを日本国王を名乗った足利義満と比較する。これにより、琉球の冊封が「生活のため又国土保全の意味よりなされた」貿易関係であり、義満のように私利私欲で行われたものでないと説明する。これと関連して、琉球では王という名称が使用されてきたことについて、この王号の使用により沖縄は日本の一部ではないという説に異議を唱える。沖縄と日本は一時その関係が中断された時期もあったが、推古天皇の時代より現在まで日本の中央政府との関係は続いており、経済的関係である支那以上に、皇室とは精神的につながっているとする〔名嘉山盛茂　五一頁〕。そして名嘉山は、日本の皇族とまぎらわしいために、王号から国主という名称に変更することを主張する。こうして、前述の島袋と比べてより琉球史の独自性を問題として、名嘉山は次々と国史に合わせる形で琉球史を読み替えていく。さらに郷土史と国史の関係については次のように述べる。

郷土史は教育上より見れば国史の一部である。国史と郷土史は全体と部分の関係があり、国史と云ふ本流に流れ込む領域の一部でなければいけない。従つて国史が主であり、郷土史は従であることは勿論である。こゝに於て国史教育の本来の目的たる「日本歴史ハ国体ノ大要ヲ知ラシメ、兼ネテ国民タルノ志操ヲ養フヲ以テ要旨トス」といふ大眼目の背いてはいけない。又反していけないばかりでなく、更に進んで、その目的の達成に務むる様に取扱はなければならない。(中略)郷土史を取入れることにより一層此の大眼目のために徹底せしむるようにしなければならないのである〔名嘉山盛茂　四七頁〕。

このように、国史にとって郷土史はその一部・部分であり、国史教育の目的を達成するための手段として考えられている。名嘉山は島袋と同じように国史の枠に合わせた形での琉球史の読み替えを主張したものの、琉球史自体の優秀性に触れることはなかった。

## 4　一九三〇年代の沖縄の郷土史教授と琉球史・国史の関係

以上、三名の沖縄教育関係者の郷土史教授に関する論を紹介した。ここでは、二つの分析軸にしたがい三者の比較を行なう。

まず、分析軸(A)となる郷土史教授における郷土史の内容についてである。ここでの焦点は琉球史が郷土史か否かという点にあった。琉球史が沖縄の王朝史であるとして郷土史に含めないのは東恩納であり、島袋・名嘉山両者は琉球史を郷土史の範疇としている。郷土史教授の際にこの琉球史を郷土史に含めるか否かについては、『沖縄教育』の郷土史教育特集号に意見を載せた他の者も含めて、ほぼ全員といってよいほど琉球史を郷土史に含めている。このことを考えると、東恩納の意見は沖縄の教育者の中では異質である。

次に、分析軸（B）の授業における郷土史を用いる目的・方法について考察する。琉球史を郷土史教授から除外している東恩納を含めて、三名とも国史を学ぶための教材としての郷土史教授の必要性を述べている。東恩納と島袋は郷土史を学ぶことで郷土沖縄に対する自負心の育成も試みようとした[*4]。教授上、郷土史と国史の関係については、三名とも郷土史は国史の一部であるとしてその主従関係を強調する。その中で、島袋と名嘉山は、国史と関係のある郷土史だけを教授すべきであると述べる。それでは、郷土史とした琉球史をどのように教授するのか。島袋・名嘉山両者とも今のままの琉球史を郷土史として教授するのは適切でないと考えていた。それは、琉球史は中国との関係が深い上に独立性が強いからである。そのため、両者とも国史に合わせる形で琉球史の読み替えを行なうことを主張した。具体的には、琉球は王国ではなく日本の一藩国であったり、中国との関係は貿易関係のみであったりということである。これらは、古来から沖縄は日本の領土であったことを主張するものであった。

前述したとおり、一九三〇年前後「本土」で言われていた郷土史は、小学国史中心の郷土史とその郷土独自の郷土史の二種類があった。前者の小学国史中心の郷土史は国史との関係が直線で結ばれているのに対して、後者のその郷土独自の郷土史料は国史との関係が必ずしも明確ではなかった。このような郷土史料を用いて行なう郷土史教授において、沖縄の教育関係者の間で郷土史は国史の一部であるという認識を共有しながらも、沖縄独自の王朝史である琉球史については異なる対応を見せた。琉球史は、先ほどの分類にしたがえば沖縄独自の歴史であり、後者の性格を持つ郷土史料である。「本土」であれば、この琉球史の類もその郷土の歴史として郷土史の範疇として教授できたであろう。しかし、沖縄においては琉球史のその独自性がより際立つために、現在の姿のままで郷土史として教授することは国史の性質を損なうものとして考えられた。東京帝国大学の国史学科教授であった黒板勝美は、「日本」の歴史を通史・一般史とすることに対して、明治以降に領土となった沖縄・台湾・朝鮮や樺太の歴史を「地方的特別史」と捉えていた（黒板勝美 一九一八年）。これは、明治以降の領土になった土地に対しては、地方という言葉で日本に包摂したことを示しながらも、歴史の上では日本としての一般性よりも特別史としての独自性が際立っていたことを認めていたものである。このような沖縄の歴史に対して、東京在住の歴史研究者である東恩納は琉球史を郷土史として教授しないという選択をした。しかし沖縄在住の島袋や名嘉山は琉球史を郷土史とみなした上で、国史に関係のない郷土史は教授しないという主張と合わせて、国史に合わせる形での琉球史の読み替えを行なおうとした。これは、当時の現状では琉球史が国史と相容れないものであることを示すとともに、国史の一部となるような形に琉球史自体の性質の変更を狙ったものである。

それでは、琉球史が郷土史か否かについて、どうして東恩納は島袋や名嘉山とは異なる意見を見せたのであろうか。これは今後の研究課題ともなるのであるが、現在のところ筆者は、東恩納の琉球史研究者としての立場と居住地などが関係しているのではないかと考えている。具体的に言うと、東恩納が東京で国史研究を専門とする中で、琉球史の独自性をより実感していたこと。これとは反対に沖縄教育界の内部では、国民統合のために琉球史の性質を変えてまでも統治に利用しようとする必要があったのではないかということである。[*5]

## 5 おわりに

教育現場においても、この琉球史の国史化とも言える傾向が教師養成の機関である沖縄県師範学校で現れた。沖縄師範学校では、一九三一年と一九三四年に合計五九六〇円の補助金を郷土研究費として文部省より受け取り、資料収集や郷土室の設置および『郷土教育施設概要』という冊子の刊行を行なっている。この冊子では沖縄歴史の特殊性について、沖縄は独立の国家ではない、対支関係は冊封関係ではなく貿易関係であった、日本古来の文化が現在も沖縄に残存していることなどを解説している〔沖縄県師範学校郷土室　一九三三年〕。このような内容は、沖縄が古来より日本の一部であったことを主張するものであり、東恩納や島袋、名嘉山の論と共通するものである。また、琉球史の教授についてはここでは直接触れられていないが、国語・国史に関する郷土調査事項一四項目の中には県史と国史との相関事項を問う内容があり、国史との関係の中で沖縄の歴史を学んでいたことがわかる。

本稿では、一九三〇年代の沖縄の郷土史教授を琉球史と国史の関係に焦点を当てて検討し、沖縄在住の教育関係者から郷土史は国史の一部分と位置づけられ、郷土独自の歴史である琉球史は国史に合う形で変更させられていく様相を明らかにした。黒板により「地方的特別史」と称された沖縄の歴史において、上からの国家主義的な傾向が次第に強まっていく一九三〇年代には、琉球史の「個性」は余計なものとして扱われるようになる。そして東恩納のような一部の主張を除いては、琉球史も国史に沿った形で読み替えられ下から国民国家を支えていくようになるのである。

## 注

＊1…大串は、沖縄の集団自決に関わる問題に言及する中で、地域の個性を領域内の多様性だけでない新たな見方をする必要があること、人的流動性も含めた地域の叙述を歴史教科書が行なう必要があることを述べている（大串潤児　二〇〇八年）。

＊2…郷土史と国史との関係に注目したのは、岩橋小彌太である。岩橋は次のように述べる。「郷土史は一国の歴史の一部である。郷土史と国史とは部分と全体の関係にある。併し国史と郷土史との本意はそれぞれ相違するから、国史を部分々々に切離したものが郷土史と成る訳ではなく、又郷土史の総和がそのまゝ国史とは決して成らない」（岩橋小彌太　一九三一年）。岩橋は国史と郷土史が部分と全体という形で重なり合うことを示しながらも、元来の意味において両者には違いがあることを述べている。

＊3…城間の論文では、沖縄の教育者である豊川との比較において、東恩納と島袋の郷土史教授論に簡単に触れている。

＊4…この島袋の姿勢について、安里進らは島袋が沖縄人のアイデンティティに配慮しながらも「基本的には政府＝県当局の歴史隠滅政策に呼応していた」と指摘する（安里進他　二〇〇四年）。

＊5…東恩納の、琉球史は郷土史に含めないという意見に対して、島袋は「国史に何等の連絡なき郷土史料を盛沢山に詰め込むが如きは深く遠慮すべきことである。東恩納教授が『琉球史と郷土史

は別々に考ふべきものである』といはれたのは亦かういふ見地からであると察する」と述べている〈島袋源一郎　一九三三年　四〇頁〉。自分の論理に引きつけて東恩納を理解しようという島袋の様子がうかがえる。

## 参考文献

〔資料〕
◉伊波普猷……「琉球史の趨勢」『古琉球』三協印刷株式会社、一九一一年、二六頁
◉岩橋小彌太…「郷土史と史料」、『郷土史研究講座第二号』雄山閣版、一九三一年、二八頁
◉沖縄県師範学校郷土室
……『郷土教育施設概要』沖縄書籍株式会社、一九三三、三〜五頁
◉黒板勝美……『国史の研究総説の部』文会堂書店、一九一八年訂正版、二二九頁
◉島袋源一郎…「本縣郷土史の重点」（『沖縄教育』一九九号、沖縄教育会、一九三三年）
◉名嘉山盛茂…「あとがき」（『琉球史辞典』琉球文教図書株式会社、一九六九年）
◉名嘉山盛茂…「郷土教育としての郷土史取扱上の難点」（『沖縄教育』一九九号、沖縄教育会、一九三三年）
◉比嘉春潮……『比嘉春潮全集第四巻評伝・自伝篇』沖縄タイムス社、一九七一年、一七七頁
◉比嘉春潮……「島袋源一郎」物故者紹介『比嘉春潮全集第五巻日記他』沖縄タイムス社、一九七三年、五六四〜五六五頁
◉東恩納寛惇…「本県郷土史の取扱に就いて」（『沖縄教育』一九九号、沖縄教育会、一九三三年）

〔論文他〕
◉安里進他五名
……『沖縄県の歴史県史四七』山川出版社、二〇〇四年、二九二頁
◉井上光貞・笠原一男・児玉幸多他一〇名
……『詳説日本史』山川出版社、一九八四年
◉大串潤児……「教科書検定問題と歴史教科書叙述」、『歴史学研究』増刊号八四六号、青木書店、二〇〇八年、一八七頁
◉國分麻里……「一九二〇年代植民地朝鮮の普通学校における『朝鮮事歴』教授」、『社会科教育研究九七号』日本社会科教育学会、二〇〇六年
◉城間有………「豊川善曄論――「個」の行方――」琉球大学大学院修士学位論文、二〇〇〇年、五一〜五四頁

◉高良倉吉……『沖縄歴史論序説』三一書房、一九八〇年
◉田港朝昭……「郷土教育」（『沖縄近代史辞典』沖縄県史別巻、沖縄県教育委員会、国書刊行会、一九八九年、二〇八頁、ただし元版は一九七七年）
◉照屋善彦……「三先生を偲ぶ」（『琉大史学』琉球大学法文学部史学科、一九八〇年）、一頁
◉富島壮英……「東恩納寛惇」（『沖縄大百科事典』沖縄タイムス社、一九八三年）、二八三頁

# 第2章

# 地域

## 営みの場の広がりと人間

# 昔のくらしとまちづくり―地域に残る文化財・生活―

井山貴代

## はじめに―小学校中学年の歴史認識とは？―

「歴史学習を、公民的資質を育てるものとして機能させたい。」歴史の学習は、その時代時代を生きる人々誰もが地域のまちづくりの担い手であり、そこに暮らす人々がまちづくりに向けた工夫や努力を重ねたことが地域の歴史となって「今」につながる形で残っていることや、歴史を今学んでいる自分たち一人ひとりもそうした役割を担っているのだということを気づかせることによって、歴史に学び、自分たちのまちの「これから」を考え、行動する、「公民的資質の育成」につながっていくと考える。

四年生「昔のくらしとまちづくり」の実践は、集落の神様である道祖神が集落の人々をつなぐ役割を担い、その道祖神を中心にすえて集落の人々がよりよいくらしを求めて協力し合ってまちづくりを進め、それが現在の地域づくりにつながっているという「今につたながる歴史的遺構」としての存在意義と、昔の人のまちづくりが今の地域の自治や市政への市民参加にも通ずるものがあることを気づかせることをねらって授業をスタートさせた。

本実践で扱った道祖神は、今も子ども達が暮らす地域に子ども達の目に触れる形で残っている文化財である。その道祖神に関わることがらは、子ども達の祖父母や父母からの聴き取りや写真などの記録が入手可能な歴史に関わる学習材である。子ども達にとっては、じかに触れることのできる今につながる昔であり、そうして知った昔の人々の思いや願い、暮らしがあったから今の暮らしがあるということを実感できるものである。そうした実感があってこそ歴史を学ぶことの意義が子ども達に理解されていくと考える。

中学年は、ものごとの認識に客観性が生じてきたり理論的裏づけを求めたりするころである。「道祖神」ならばそれに関わる人々が実在し、あるいは子ども達が昔とあまり変わらない形で道祖神に関わる祭りを継承している所もある。石碑からできるだけ多くのもの（彫ってある文字資料）を見つけ出し、書籍や古い写真で調べ、関わりある人々に聴き取り調査をするといったように体験的に歴史を学ぶことができる学習材である。

このように歴史に「触れる」ことで、客観性や理論的に裏づけられた実感を伴った歴史認識がこの時期に芽生え、育ってくれることを願い、本実践を行った。

# 1 伊勢原市・竹園学区の文化財・歴史的遺構

## 1 学区の文化財・歴史的遺構

県内でも数多くの文化財を有する伊勢原市。市内には、縄文から近世まで何かしらその時代を代表する文化財が指定文化財として存在する。鎌倉時代には鎌倉武士の拠点としての役割も果たし、戦国時代の城跡や館跡も存在し、現在も発掘調査中のものもある。市の北西には「大山詣り」で有名な大山がそびえ、「大山道」といわれる昔の街道の名残が道標と共にいくつも存在する。

伊勢原市の南、平塚市と境を接して竹園学区はある。[*1] 竹園学区にも、国指定文化財として石器時代の住居跡と、市指定文化財として鎌倉武士の居城跡が存在する。ほかに八幡神社や菅原神社、そして庚申塔や馬頭観音像、道祖神像などがある。市文化財課の職員いわく、「竹園学区は市内でも文化財の少ない地域」だそうである。しかし文化財の少ない地域であっても、学習のきっかけにできる遺跡や遺構、旧街道などが存在する。歴史の授業を進めるにあたっては、恵まれた地域である。

## 2 道祖神について

今回扱った道祖神は、集落の境界や道の辻に建てられ、無病息災、旅の安全、豊作や家畜を守るなど、人々の生活を丸ごと見守ってくれる神様として祀られてきた。道祖神信仰が廃れつつある地域でもいまなおお供え物やお賽銭《さいせん》が置かれていたり、正月が近づけば注連縄《しめなわ》がかけられたりするなどその信仰心は消えずに残っている。

小正月の道祖神信仰の現れである行事のどんど焼きに関して、導入に使った地元の道祖神については次のようないわれがある。道祖神に供える物の一つにその年の一年間に悪いこと（一九八〇年発行の教育委員会『道祖神調査報告書（上巻）』によれば、悪事）をしてしまった子どもの名前を一つ目小僧（同、目一つ小僧）が書いた帳面がある。その帳面を道祖神にお供えした一つ目小僧は、「今度来た時に、この帳面をもらっていこう」と言って帰っていく。一つ目小僧が現れるのは二月八日の事納めの日（正月行事をすべて終える日）である。帳面を持っていかれては一年間の悪事を払う（祓う）ことができない。そこで小正月のどんど焼きでその帳面も燃やし、一つ目小僧に帳面を持っていかれないようにしたという。

これには、市内全域に同じ話がある。このあとの単元「わたしたちの県のまちづくり」で、大磯の「左義長」を調べたグループの調査にもよく似た目一つ小僧の話が報告された。県内の近い地域で似たようないわれがあることは、地域間の交流を考える点で大変興味深い。

# 2 四年生「昔のくらしとまちづくり」の指導

## 1 教材について

「昔のくらし」を学習することで「人々の生活の変化や地域の発展に尽くした先人の働きについて理解できるようにし、地域社会に対する誇りと愛情を育てるように」(『小学校学習指導要領　第2節　社会』)したい。それならば、人と人とをつなぐ民俗資料や文化財を使って学習を進めたい。またそこに子どもが関わりを持つものを扱うことで子どもたちの身に引き寄せることができるのではないか――そう考えて、本実践で選んだ学習材が道祖神である。

子どもたちとは、三年生の頃から自分たちの生活を支えてくれる地域の人との出会いを大切にした社会科の学習を進めてきた。「昔のくらし」の学習を進めていくうちに、今度はこの地域を支えてきた先人たちと出会うことができたらいい。そんな思いも道祖神を選んだ理由である。

選んだ道祖神は、クラスの約三分の一の子どもたちが登下校で目にする場所にある一体と、その近くにあるもう一体であった。日ごろ目にすることはあってもあまり意識されていないものであり、学習材として取り挙げることでその意味が強く意識されると考えた。実際に二体の写真を見せた時に、「見たことがある」という声が子どものほうから挙がってきた。「何気なく目に映っていたもの」が「意識に上ってきた」ことの現れであろう。

## 2 社会科学習における児童の実態

社会科では、地域の「人・もの・こと」との出会いと交流を大切にしながら学習を進めてきた。三年生では、果樹栽培に携わる農業従事者と給食の食材として子どもたちも口にしたことのある豆腐を作り販売している個人商店の店主――この二人の方と出会わせ、見学と交流を通して、生産や販売に関わる仕事への気づきや自分たちの生活を支えていることへの気づきを促した。四年生では、学区のごみ拾いを通して川や道ばたの現状に気づき、「もっときれいな川やまちにしたい」「少しでも無駄を減らす生活を呼びかけたい」という願いを持ってチラシ作りを行い、家の人や近所の人々に、学習を通して生じた自分たちの願いを伝える活動を行ってきた。

単元がスタートすると、子どもたちの中には、疑問に思ったことを自主的に調べてきたり、直接出かけて交流を深めたり、授業時間では得られなかった新たな発見をしてきたりする児童が必ずいる。またこうした放課後の自主学習の輪は、友人関係を通してこの単元に至るまでに確実な広がりを見せている。学習したことを生活の中で生かそうとする様子もよく見られる。放課後や休日、出かけた先で授業と関連する発見があったと報告を受けることもしばしばで、「人・もの・こと」との出会いを楽しみながら社会の授業に臨んでいる子どもが多いことが窺える。

## 3 単元計画

一二月初旬から二月初旬にかけて「昔のくらしとまちづくり」の単元で本実践を行う。

単元のねらいは、次の二点である。
・地域に残る文化財や年中行事について調べ、地域の人々の生活の変化や地域のまちづくりに寄せる人々の願いに気づくとともに、先人の生活向上の努力があって現在の生活が成り立っていることを知る。
・生活の変化や願いを共感を持って理解し、その意思の力や知恵、地域の発展や共同体としてのまとまりに気づくとともに、人々の生き方に触れ、地域に対する誇りと愛着を持つ。
これらのねらいを達成するため、左の単元計画を立てた。

第一次＝身近にある道祖神の写真や実物を見て気がついたこと、疑問に思ったことを出し合い、学習の見通しを持つ。

第二次＝疑問に思ったことや道祖神についての調べ学習を行い、地域に昔から伝わる年中行事の存在や道祖神に込められた人々の願いを知る。

第三次＝道祖神に込められた人々の願いについて、その意味を身近な人への聴き取りや話し合いを通して考察し、昔の人々が地域の発展や共同体としてのまとまりを持つために道祖神を拠り所にしていたことに気づく──→学習のまとめへ。

これは学習がスタートする前の計画案である。学習が進めば子どもたちの気づきや疑問に沿って、単元のねらいを達成できるよう学習資料を見直し、計画は変更される。事実、地図を使った学習活動（後述）は、当初筆者の計画には全くないものだった。子どもたちの「もっと深く竹園の昔を知りたい」という気持ちが新たな単元計画を生み出し、その結果、より深い昔のくらしへの理解につながった。

# 3 授業の実際と子どもの変容・歴史認識の形成

## 1 授業の実際と子どもたちの学習に向かう姿勢や変容

### 導入から学習の見通しを持つまで

二枚の道祖神の写真を示し（資料1）、「この石は何だろう」という投げかけから学習をスタートさせた。初め、その形の面白さに惹かれていた子ども達の関心はやがて石の表面に書かれている文字の発見とその文字が何という文字なのかを探ることへと移っていった。不明瞭な線を鉛筆でなぞり見つけた文字は「道」「祖」「神」の三文字。この段階ではこれら三文字でなんと読むのかさえわかっ

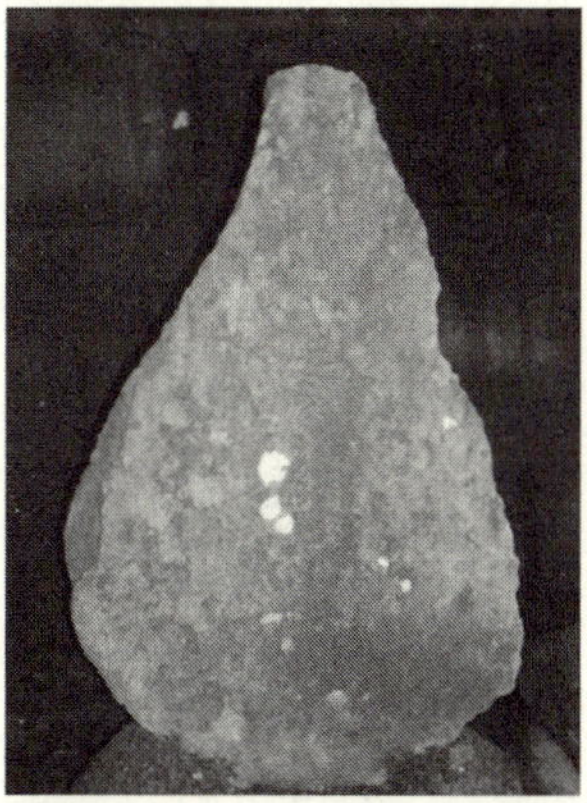

資料1…導入時に提示した道祖神の写真

ていない。しかし、どちらの石碑にも同じ文字が書かれてあることから、この二つの石碑は同じ意味を持つものであるらしいと推測する児童が現れた。また見たことがあるという声もきかれ、これらの石碑は通学路や遊びに行く時の道の途中にあることにも気づく。すぐに行けるところにある、では実際に見に行こうということになる。場所を知っているという子どもたちを案内役にして見に行く。石碑が建っている場所の確認や石の裏側に書かれた文字の発見があった。

直接見ることで得た発見や疑問、知りたくなったことは以下の通りである。

・同じようなものがなぜ二つもあるのか
・なぜこの場所に建っているのか
・「道祖神」「氏子中」「石工」などの漢字で書かれた言葉はなんと読むのか
・何のために建てたのか、何かの神様に対する人の気持ちの表れか、何かのお祝いのしるしか
・昭和時代に建てられた石碑であり、一つは昭和一一年、もう一つは二七年と、建てられた年は違うが日付がいずれも一月一四日になっている
・一月一四日は何の日なのか
・人の名前が書かれてあるが、それはこの石碑とどういう関係がある人なのか
・名前の一つは向かいの農家の苗字でありその家の誰かが建てたものではないか
・「伊勢原市」ではなく「伊勢原町」と書いてある
・同じものがもう一つあると聞いたことがある

・前に住んでいたところにも似たようなものがあった
　これらの疑問や発見からでも道祖神が何のために建てられ、どういう意味を持ったものかを考えるのに充分なきっかけになる。ここで出てきた疑問について人から話を聴いたり、調べたりして問題を解決しながら学習を進めることを子どもたちに告げ、学習を開始した。

## 調べ学習を通して――「道祖神」って何だろう

　この時発見した名前の一つが道の向かいの農家の苗字と同じということから、直接その方に話を聴きたいと希望した児童が三人いた。先方に子どもたちが道祖神の聴き取りをしたいことを伝え、子どもたちにその方の連絡先を教えたところ、早速実行に移し、自主的に調べて学習を進めていった。他にも下校途中に交通指導員の方に話を聴いたり、家で同居の祖父母や父母に話を聴いたり、書籍やインターネットで調べたりと、学習の見通しが立った次の時間から子ども達の自主学習はさまざまな形で実行に移され、その調べたことを出し合っていった。

　その結果わかったこととして、
・道祖神とは道や旅人を守る神であり、子どもの、そしてこの地域では牛の無病息災を願う神、農業の神など、地域に暮らす人々や旅人のようにその地域にかかわったり立ち寄ったりした人々の幸せを願い、守る神様である
・「氏子中」の「氏子」とはその地域の氏神をまつる人々のこと
・石碑の裏に書かれた名前は道祖神をつくった人（出資した人）の名前

・地域ごとの神様であるためあちこちに建てられている
・一月一四日は、小正月でせいのかみ祭り＝どんど焼きを行い、一年間使ったものや悪いことをした子どもの名前を書いた帳面、団子を焼き、これからの一年の健康を願う日である

など、道祖神にかかわることについて、短い時間の中で予想以上に理解を深めることができた。子どもたちの報告の中に「道祖神の建っている場所が今と昔とで少し違う」というものがあり、「大事な神様をあちこちに移動させていいの?」という素朴な疑問が挙がったが、この疑問がその後の現代に至るまちの変化と大いにかかわりを持つ。

こうした授業中の調査報告は他の児童を刺激し、放課後や休みの日に聴き取りをしたり、目にとまったりという報告やノートへの学習感想がしばらく続く。自分の家の敷地に道祖神のある児童が父親から、個人の家の敷地にあっても勝手に移動したり壊したりしてはいけないほど道祖神は大切であるということや、休みの日に見かけた道祖神がやはり個人の家の敷地を一部使う形で建っていることから、どれほど今の時代にも大切にされているかを実感したということ（資料2）。また今まで見てきた道祖神とは違う形のものを発見したこと、改めてどんど焼きのことを祖父母から聴いて道祖神や小正月の行事について理解したことなどなど、昔のくらしへのイメージを持つことができたようである。

このあと学校は冬休みに入り、授業としての学習活動は一時中断となったが、子どもたちの関心はとどまることなく、冬休みが明けるとともに新たな報告がきかれた。

冬休みに入ってすぐに見た道祖神には注連縄《しめなわ》がしめられていたこと、自分の地区のどん

ど焼きの案内が回覧板に入っており、そこには道祖神やどんど焼きのいわれが書かれていたこと（ちらしのコピーを授業に持ち込みクラス全員で内容を確認した）、道祖神かどうかは定かではないが出かけた先で注連縄をしめた石碑を見つけたので写真に納めてきたという報告。また図書館で市の道祖神に関する調査報告書を借りて道祖神やどんど焼きについて自分で調べ直しをした児童もいた。この報告書には、三〇年ほど前の子ども

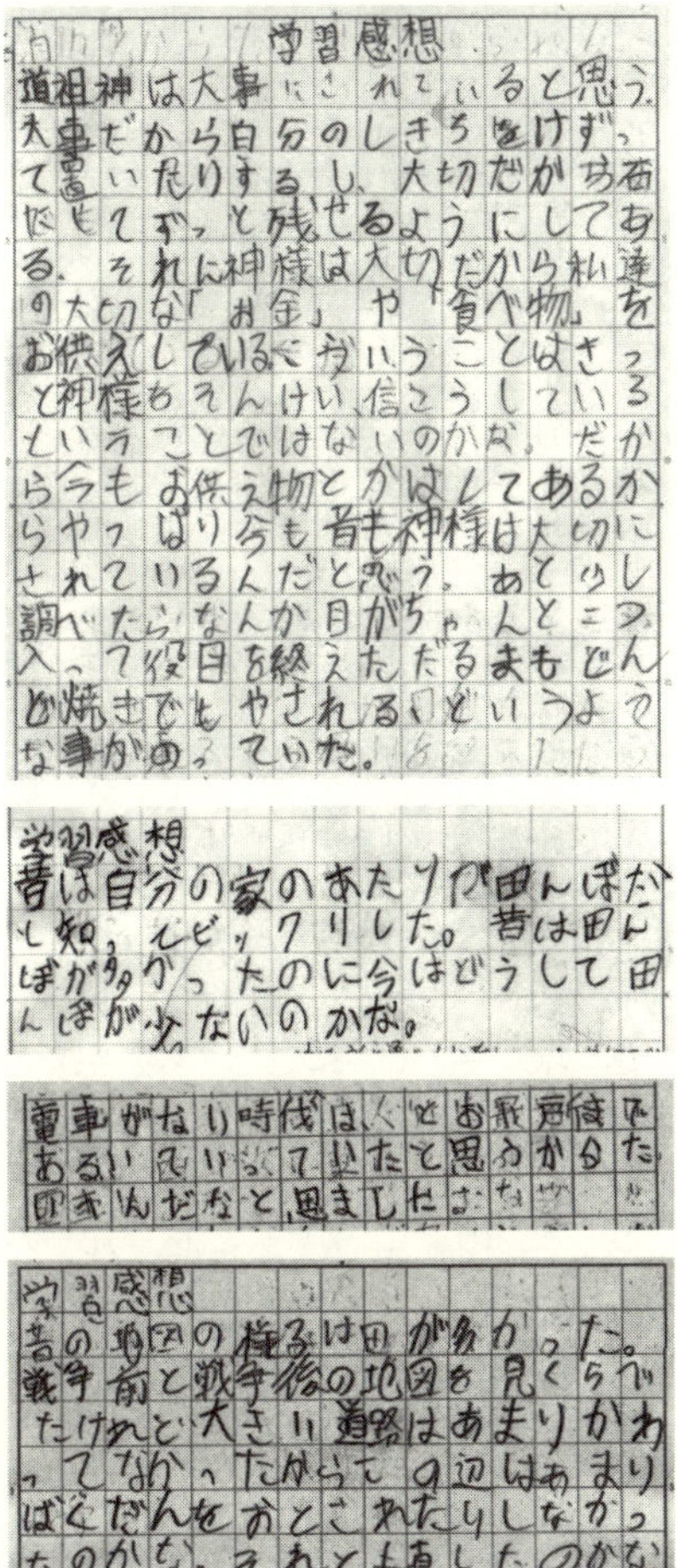
学習感想
道祖神は大事にされていると思う。大事だから自分のしきちをけずってまでいたりするし、大切だから石にもてずっと残せるようにしてある。それに神様は大切だから私達の大切な「お金」や「食べ物」をお供えしているということはきっと神様をそんけい信こうしているということではないのかな。だから今もお供え物とかはしてあるからやっぱり今も昔も神様は大切にされているんだと思う。あと少し調べたらなんか目がちゃんとこつ入って役目を終えただるまもどんど焼きでもやされるというような事が書いていた。

学習感想
昔は自分の家のあたりが田んぼだと知ってビックリした。昔は田んぼが多かったのに今はどうして田んぼが少ないのかな。

電車がない時代ほんとお祭 [illegible]

学習感想
昔の地図の様子は田が多かった。でも戦争前と戦争後の地図を見くらべたけれど大きい道路はあまりかわってなかったから、その辺はあまりばくだんをおとされたりしなかったのかな。それとも直したのかな。

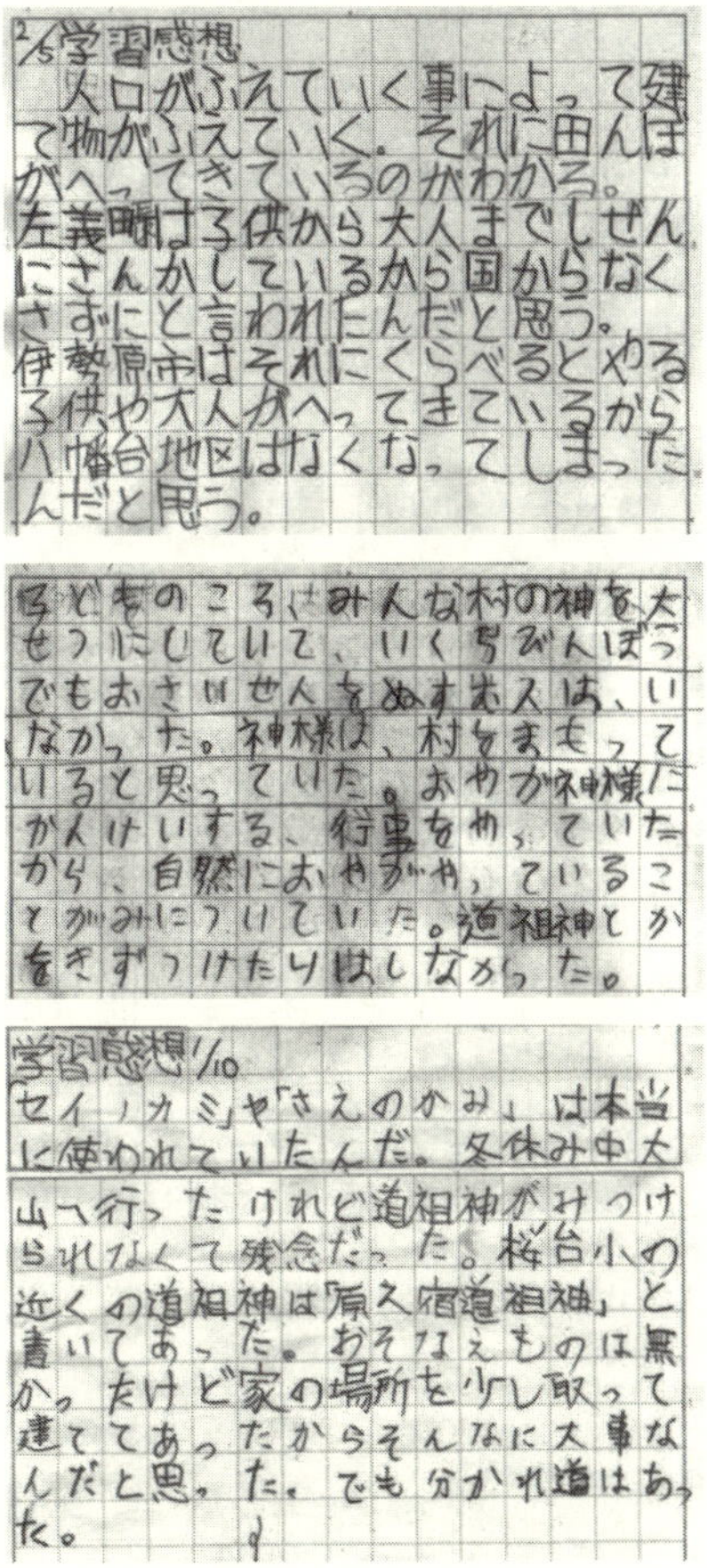
2/5 学習感想
人口がふえていく事によって建て物がふえていく。それに田んぼがへってきているのがわかる。左義長は子供から大人までしぜんにさんかしているから国からなくさずにと言われたんだと思う。伊勢原市はそれにくらべるとやる子供や大人がへってきているから八幡台地区はなくなってしまったんだと思う。

子どものころはみんな村の神を大せつにしていて、いくらびんぼうでもおさい銭をぬすむ人は、いなかった。神様は、村をまもっていると思っていた。おやが神様にかんけいする行事をやっていたから、自然におやがやっていることをみにつけていた。道祖神とかをきずつけたりはしなかった。

学習感想 1/10
セイノカミや「さえのかみ」は本当に使われていたんだ。冬休み中大山へ行ったけれど道祖神がみつけられなくて残念だった。桜台小の近くの道祖神は「扇え宿道祖神」と書いてあった。おそなえものは無かったけど家の場所を少し取って建ててあったからそんなに大事なんだと思った。でも分かれ道はあった。

**資料2**…毎時間授業後に子ども達が書く学習感想

たちが中心となってお仮屋を造りどんど焼きを行っている写真も載っていて子どもたちのどんど焼きへの関心も一気に高まっていった。数日後はどんど焼きの日である。このどんど焼きを「見てくる」（参加とは言わなかった）という児童が数名いて、前出のちらしの地区のどんど焼きを「見学」した。

その「見学」報告で、子どもたちは、子どもの祭りであるはずのどんど焼きに子どもがほとんどおらず祭りを仕切っているのはお年寄り（自治会役員と思われる）が中心だったこと、団子は家から自分で持ってくるというしきたりがあることなどを報告し、「子どものお祭り」という自分たちが思い描いた商業色の強い華やかな祭りのイメージを壊されたことが伝わってきた。でも祖父母にどんど焼きのことを聴くと「楽しかった」と返ってくる。自分たちと祖父母の間にあるものごとへの感じ方の違いは何なのか。また一人の児童が「おばあちゃんが『今は神社の賽銭箱《さいせんばこ》に鍵がしてあるけれど、昔は賽銭泥棒なんていなかった』って言っていた。神様を信じて（人々が）生きていた時のほうが世の中は今より穏やかだったみたい。」という（資料2）。自分たちは充分に調べ聴き取りをして道祖神や道祖神をめぐるものごとを知った気でいた。でも昔のくらしというのは、今までの学習を通して描いてきたものとはどうも違うらしい。子どもたちは今までの自分たちが進めてきた学習が表面的であったと自ら気づいていった。指導者としても、今と昔の祭りのあり方の違いから充分に昔の人の思い、願いが共同体を成り立たせ、生活を改善していったということをつかめるものと考えていた。しかし子どもたちの「知りたい」は、道祖神に限定せず、「竹園の昔のくらし」をより詳しく知りたいというものに変わってきたことが伝わってきた。

「道祖神」という教材をいったん保留して、竹園の昔を伝えるものを準備する必要が生じてきた。

## 地図から竹園の昔を探ろう

地域の昔を調べる際、市教育委員会が出す調査報告書は有効だが、四年生の子どもたちが読みこなすには、専門用語が多いなどの難度が高くて、読むだけで精いっぱいになってしまう。その点、地図ならば、見て何があるか、土地はどのように利用されているかなどが一目でわかり、また年代ごとの変化も比較しやすい。教育委員会文化財課に相談したところ、学習の意図に沿うよう、一八八二年、一九二一年、一九三七年（以上迅速図）、一九

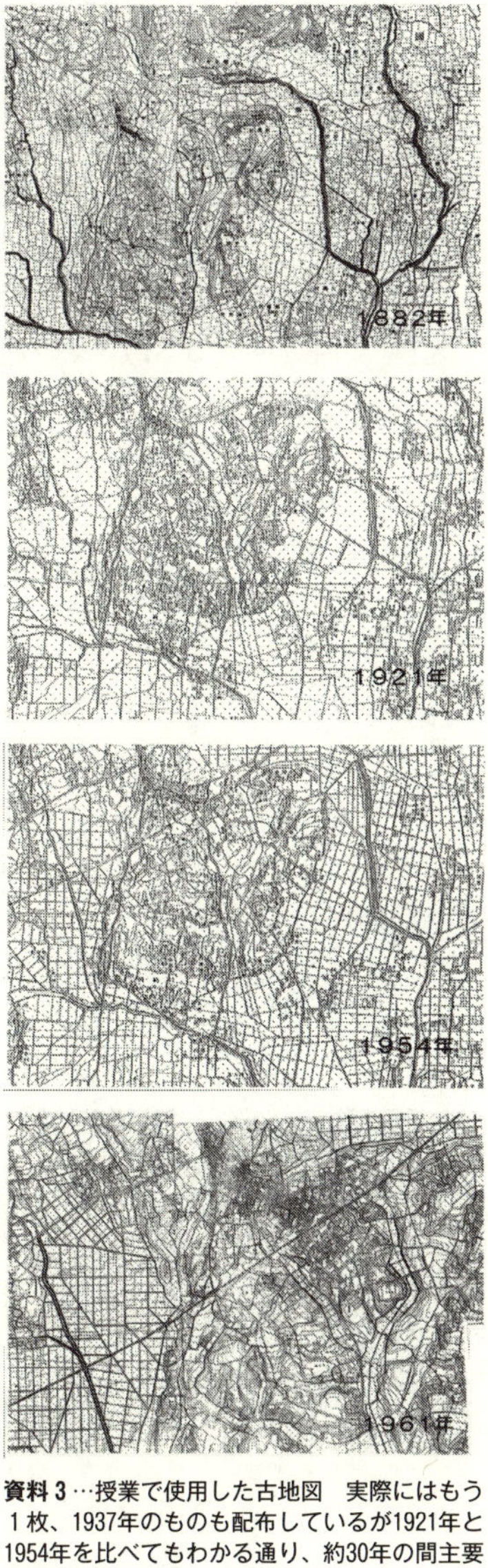


**資料3**…授業で使用した古地図　実際にはもう１枚、1937年のものも配布しているが1921年と1954年を比べてもわかる通り、約30年の間主要道路や宅地に大きな変化は見られない。

五四年、一九六一年の地図を用意していただいた。地図が古いほど等高線や記号がこまごまと描かれており、旧字体の漢字も散見される。四年生でどこまで読み取ることができるか。個人差も考慮して、地図を配ったあと、子どもたちに気づいたことを出し合ってもらい、事実をまず共有することにした（資料3）。

子どもたちは竹園学区に当たるところをそれぞれの地図から見つけだし、土地利用のしかたや道の変化など時代の移り変わりを実感した発見をいくつもしてくれた。

・昔は「田んぼの中に家」という感じで田んぼがとても多い
・「村」が多い。今の住所の名前（小字《あざ》名）に「村」がついている
・全体的に小高い場所が多く、竹園小学校の場所もその中にある
・一八八二年と一九二一年を比べると一つひとつの田んぼが大きくなっている
・一九三七年までは大きな道路よりも小さな道路が多い
・小田急線開通は一九二一年と一九三七年の間（開通は一九二八年）
・一九五四年の地図とそれ以前の地図を比べた時に、大きな道路の変化はあまり見られない＝戦争の被害が少なかったためか（資料2）
・一九五四年に大きな道が増えている

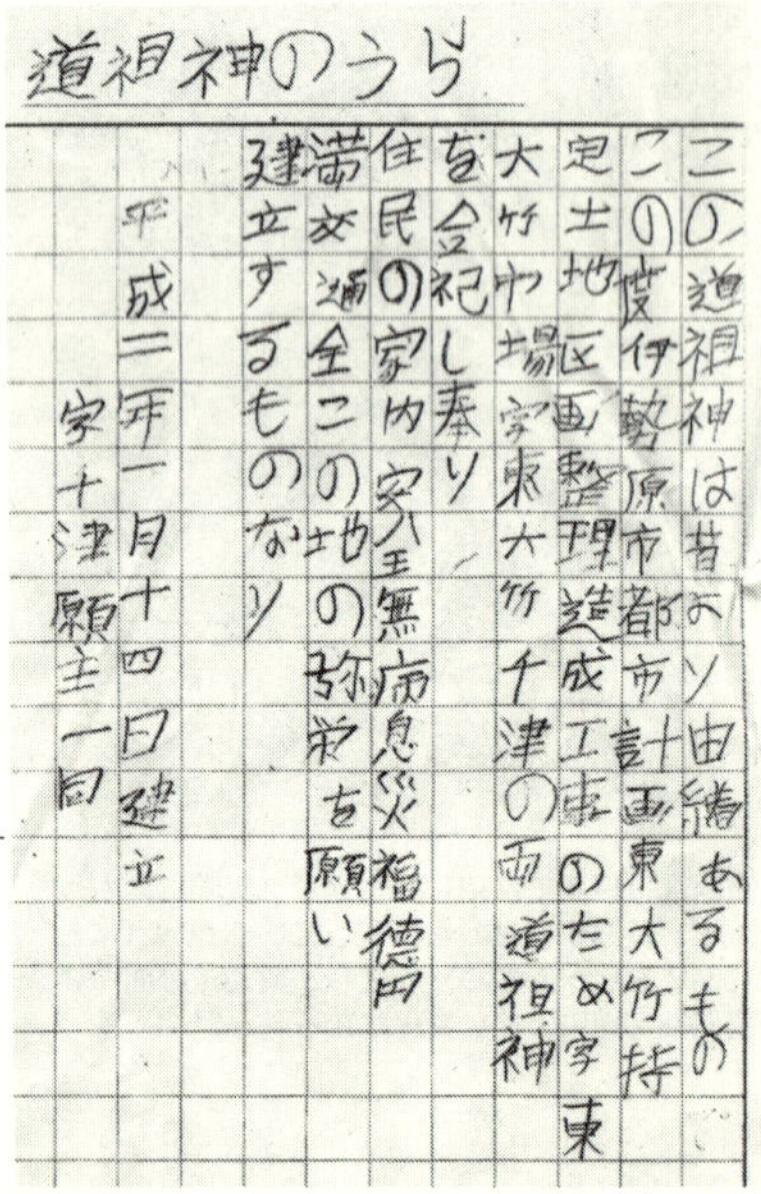


資料4…公園の一角に集められた道祖神にあった説明文を書き取った子どものノート

・一九六一年の地図で急に田んぼが減って家が増えた＝人口が増えた
・道路が大きく変化＝道祖神の役割を考えると道祖神は移動して当然

地図を通してまちの変化を追いながら、子どもたちはその変化について考察した。道祖神を移動させる必然性や高度経済成長に伴うまちの劇的な変化にも気づいている。また鉄道が通っていない頃の地図を見て、「このころの人たちは、どこへ行くにも歩いたんだろうな」と、当時の生活の様子をかなり具体的にイメージする児童や、「自分が今住んでいるところは昔は田んぼだった」と気づいた児童もいた（資料2）。また同じ地名が飛び地で二カ所あることを発見した児童は、公園の一角に集められた道祖神とその説明から都市計画による集落や道の変化の文章を示し（資料4）、道祖神の移動は時代の必然ということがクラス全体で理解された。

地域や身近な人々への聴き取りからはじめて、地域に伝わる年中行事を意識的に見る、参加するという学習活動があったからこそと思われるが、地図で竹園の昔を探る活動は、歴史的変化に気づかせるとともに、今とは違うくらしが今自分のいるところにあったということを実感させ、昔のくらしのイメージをふくらませていったようである。

## まとめ——竹園の昔を残したい

地図による学習の後、子どもたちは、もう一度自分が暮らす地域のどんど焼きに立ち返り、なぜ昔のように子ども中心の祭りとして残っていかないのか、昔から続いているものを残していきたい、またそれはどんど焼きに限らず、人が願ったものや道具など、昔の人の思いやってきたことが後世に伝わるようにするべきではないのかという思いを持ち、昔のものごとを残す意味について話しあっていった。

この話し合いで、「人口が増えると人は急いで生活しなければいけなくなるから昔のものを残すのは難しい」と、話し合いの流れにいいかたちで竿を差してくれた児童がいた。この意見を受けて、昔を残すことに素直に賛意を示している多くの児童は、根拠の弱い反論を繰り返していったが、それに対しその児童は、「(どんど焼きなどの行事が)なくなった所もあるのは、残さなくてもいいからなくなった」「(道祖神を)信じるからやる意味がある」「(今の時代)無病は病院が引き受けてくれる」と、「今」という時代を鋭く分析した意見を次々出してきた。

この児童に、筆者の方から「そういう時代だから昔のものごとを残す必要はないと考えているの」と訊ねたところ、「ぼくも残った方がいいとは思っているけれど、無理だと思う」という回答が返ってきた。残したいという多くの子どもたちも、残すのは難しいという児童も、昔の人々の願いや昔のくらしにかかわるものごとを「残したい」「これからにつないでいきたい」という思いは同じである。どんど焼きが子どもにとって楽しかった時代、貧しくても賽銭泥棒などいなかった穏やかな時代、神様に安心なくらしを願い、地域の人同士の気持ちを一つにした時代。大人たちの語る「昔のくらし」は、地域の人々が互いにつながりあい、協力して生活やまちの発展を願う、まちづくりの本来ある姿として子どもたちに認識され、「うまく言葉に表せないが後世に伝えたいよさ」として受けとめられたのではないだろうか。

この学習のまとめとして、「昔のくらし」の学習を通してわかったこと、感じたことを作文に残してもらった（資料5）。「残したい」という意見の児童のほうはうまく言葉にできていない。しかし道祖神が人の心をつなぐ力を持っていたことへの驚きや、残したい、

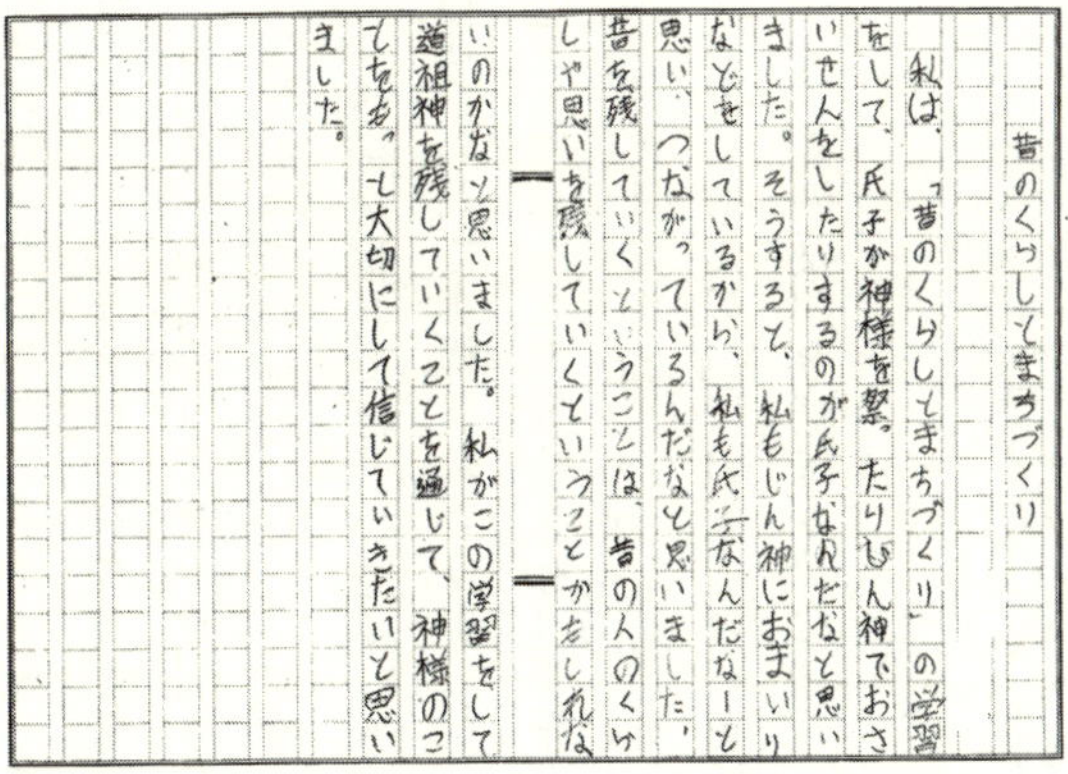

昔のくらしとまちづくり

私は、「昔のくらしとまちづくり」の学習をして、氏子が神様を祭ったりじん神でおさいせんをしたりするのが氏子なんだなと思いました。そうすると、私もじん神におまいりなどをしているから、私も氏子なんだなーと思い、つながっているんだなと思いました。

昔を残していくということは、昔の人のくらしや思いを残していくということかもしれないのかなと思いました。私がこの学習をして道祖神を残していくことを通じて、神様のことをもっと大切にして信じていきたいと思いました。

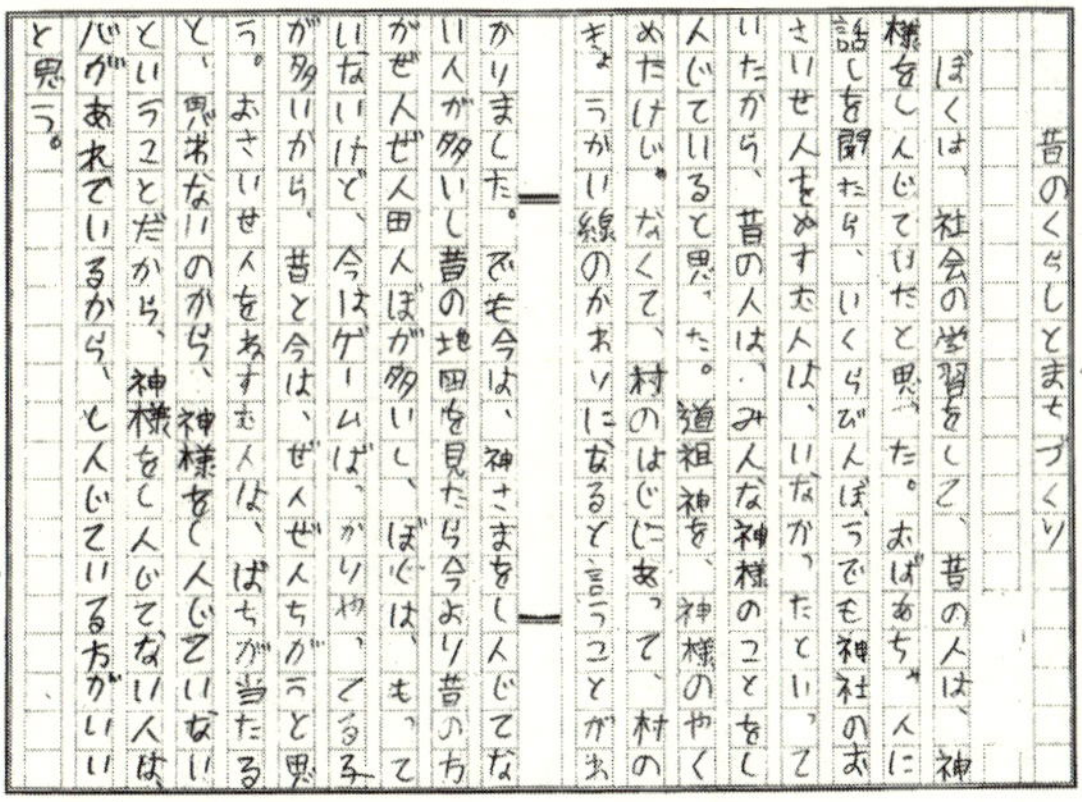

昔のくらしとまちづくり

ぼくは、社会の学習をして、昔の人は、神様をしんじていたと思った。おばあちゃんに話しを聞いたら、いくらびんぼうでも神社のおさいせん人をぬすむ人は、いなかったといっていたから、昔の人は、みんな神様のことをしんじていると思った。道祖神を、神様のやくめだけじゃなくて、村のはじにあって、村のきょうかい線のかわりになると言うことがわかりました。

でも今は、神さまをしんじてない人が多いし昔の地図を見たら今より昔の方がぜん人ぜん人田んぼが多いし、ぼくは、もっていないけど、今はゲームばっかりやってる子が多いから、昔と今は、ぜんぜんちがうと思う。おさいせん人をぬすむ人は、ばちが当たると、思わないのから、神様をしんじていないということだから、神様をしんじてない人は、バチがあたっているから、しんじている方がいいと思う。

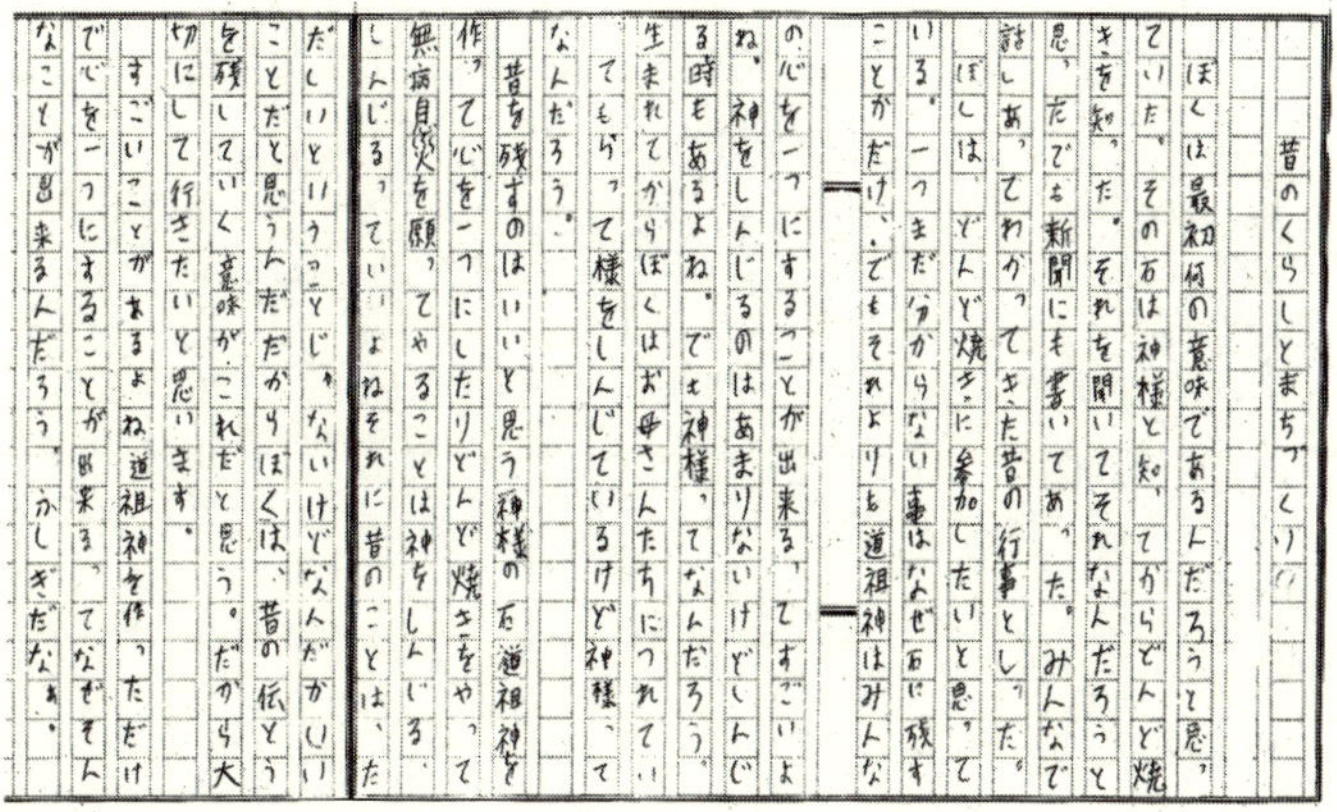

昔のくらしとまちづくり(1)

ぼくは最初何の意味であるんだろうと思っていた。その石は神様と知ってからどんど焼きを知った。それを聞いてそれなんだろうと思ったでも新聞にも書いてあった。みんなで話しあってわかってきた昔の行事としった。ぼくは、どんど焼きに参加したいと思っている。一つまだ分からない事はなぜ石に残すことがだけ。でもそれよりも道祖神はみんなの心を一つにすることが出来るってすごいよね。神をしんじるのはあまりないけどしんじる時もあるよね。でも神様ってなんだろう。生まれてからぼくはお母さんたちにつれていってもらって様をしんじているけど神様、てなんだろう。

昔を残すのはいいと思う神様の石道祖神を作って心を一つにしたりどんど焼きをやって無病息災を願ってやることは神をしんじる。しんじるっていいよねそれに昔のことは、ただしいということじゃないけどなんだかいいことだと思うんだだからぼくは、昔の伝とうを残していく意味がこれだと思う。だから大切にして行きたいと思います。

すごいことがあるよね道祖神を作っただけで心を一つにすることが出来るってなぜそんなことが出来るんだろう。ふしぎだなぁ。

**資料5**…学習のまとめとして書いた作文

未来に伝えたい思いは誰もが感じている。中には、なくなりつつあるからこそ残すべき、なくなってしまえば今につながる思いやものごとが全くわからなくなってしまうというものもある。お宮参りの意味を引きあいに出し、自分も氏子であるならば、昔の人々と自分はつながっているととらえた児童もいる。「残すのは難しい」と言っていた児童は「もう少し神様を信じてほしいです」と結んでいる。一人の児童は、「僕たちは小さい頃から親に連れられて神様にお参りいに行くけれど神様って何だろう」「(道祖神という)石を信じて心を一つにしたり安心を願って祭りをしたりすることはよくわからないけれどいいこと」と、もやもやした心の内を語っている。この児童は、後の「わたしたちの県のまちづくり」で、あえて「昔のものごとを残す意義」をテーマにすえて文化財課の職員に質問状を出し、この疑問を解決させた。

## 2「わたしたちの県のまちづくり」につないだ学習

この学習の後、「わたしたちの県のまちづくり」に入る。先にも書いたが、この子どもたちとは、三年生から自分たちの暮らす「竹園学区」の「人・もの・こと」との出会いを意識して学習を進めてきた。この単元からフィールドは神奈川県へ広がっていくのだが、ここでの学習を竹園学区や伊勢原市と切り離した形で行うことはこれまでの学習との継続性から考えると違和感が生じる。そこで指導計画を立てる際、伊勢原市とつながりのある県内の他地域と比べて、伊勢原市の持つよさや今後のまちづくりにおいて伊勢原市が見習うべき他地域のよさに気づくことができるような学習になることを意識して、子どもたち主導の調べ学習として計画を立てた。

単元一時間目。二年間の学習を振り返り、今まで学習してきたことと県内の他地域とのつながりについて考えてもらった。思いがけないことに、子どもたちの口からは、阪神大震災の救助のことや、清掃工場で出た灰を一部他県に引き取ってもらっていることなど、県をとびこえて他地域との関わりを考える意見も出てきた。こうした声に混じって、指導者が関わりのある地域として考えていた大磯町の「左義長」のことが多く挙がる。竹園学区のどんど焼きは、その多くが消えつつあるのに、大磯町ではなぜ「左義長」が新聞に載り観光客が訪れるほど今でも盛んなのか。その秘密を知り、伊勢原市がなくしかけている伝統行事を戻していきたいという。またペルー人を母親に持つ児童からは、「信仰生活の国による違いや共通点を知りたい」という声が挙がった。さらには前節でも触れた、他の地域との関わりにつながるものではないのだが、「昔のくらしとまちづくり」に影響を受けたものとして、「人間は未来に向かって生きていくのに、なぜ昔のものごとを知ったり大切にしたりしなければならないのか」という疑問や、「道祖神が関東地方に多いのはなぜか」という疑問が挙がり、これらも調べ学習のテーマとして成立させた。ただし、「道祖神が関東地方に多いのはなぜか」というテーマについては明確な解決が図れないことが考えられた。実際に調べ学習に入っても、子どもたちが期待したような回答は見つけられなかったので、指導者の方で道祖神やどんど焼きについて世代間の意識の違いを調べてみるよう指示し、自分たちの親や祖父母等に聴き取り調査を行った。

「左義長」のグループは、大磯町役場と郷土資料館へ問い合わせをし、関係資料を送ってもらい、その資料を使って調べ学習を進めていった。それにより、子どもたちが聴き取って知った竹園のどんど焼きにまつわる民話によく似た「目一つ小僧の話」が存在することや、大磯町の「左義長」も担い手不足の危機にあったところを町立中学校の生徒にも祭りの一部を担ってもらうことをまちぐるみで決定することで廃止をまぬがれ、昔ながらの大掛かりな方法を実施できるようになったということを知った。

「なぜ今に生きる人々は歴史を大切にしなければならないのか」という疑問を掲げた児童は、市教育委員会文化財課に質問状を書き、回答をもらう。その回答を読むと、歴史というのは今に至る、人々のよりよいくらしを求めた願いや工夫の積み重ねであり、そうした積み重ねがあるからこそ今のくらしがあることを今に生きる人々は自覚し敬わなければならない、そのために歴史を学び昔を伝えるものを大切にするのだということが書かれてあった。郷土の歴史に深くかかわる人ならではの真実性を持った言葉である。「歴史に学ぶ」とはどういうことか、歴史を学ぶ意義を丁寧に説明してもらい、質問状を送った児童は「すっきりした」と納得。この児童は、「大切にしなくてはならないことはわかるのだけれど、『なぜ』なのかがどうしてもはっきりしなくて……」とさかんに筆者に疑問をぶつけていた。近くにいてその疑問の深さを感じていたので、「そのことに携わる地域の人」に語ってもらったから納得したのだ、とみている。

「道祖神はなぜ関東に多いのか」を調べようとして行き詰まりを見せたグループについては、先にも書いた通り、道祖神に対する世代間の意識調査に変更するよう促した。その結果、世代間の特徴がはっきりと表れた。子どもたちの祖父母は一九三〇年代後半～一九四〇年代生まれの現在六〇代～七〇代の方々、また父母は一九六〇年代～一九七〇年代生まれの現在三〇代後半～四〇代の方々である。道祖神のことをどれくらい知っているか、どんど焼きへの参加は？　という質問で比較したところ、祖父母世代はそろって道祖神にかかわるものごとが生活の一部であったことが伺える回答を得られたのに対し、父母世代になるとそのかかわりがあった方と、ほとんどなかった方とでは差が生じた。このことは、子どもたちが地図の比較をする学習活動で発見したこと、すなわち一九六〇年代に一気に人口が増えたことで、「人口が増えると昔のものを大事にしながらゆっくりと生活することができなくなると思う」という一人の児童の考察と合致する。このグループの調べ学習はくらし方の変化が人々の意識の変化につながることを示してくれた。

母親の国であるペルーの祭りを調べるという場合、四年生が利用できる書籍資料は、国を代表する祭りの「インティ・ライミ」に限定される。この祭りは豊作を願う農業の祭りであったから、この児童には、一年間の豊作を願う道祖神の祭りでもあるどんど焼きとの共通点に気づかせることで、調べ学習をまとめさせた。自然の状況に任せていた時代の農業は、自然を超越した力にすがって安定した収穫を願う。どこに暮らしていても人々の共通の願いが見えてくる調べ学習であった。

# 4 おわりに――地域の文化財、生活文化を大切にする歴史の見方を育てるということ

実際に授業を進める中で、中学年の歴史認識について気づかされたことがある。地図を見比べる授業を行った日の感想のひとつに、「ぼくのうちのあるところは昔は田んぼだったんだ！」と、その驚きが伝わるものがあったことはすでに書いたが、この「自分たちが暮らすところには今と違う過去の姿がある」ことについて、昔から存在するもの――ここでは道祖神――に触れさえすれば子どもたちの中に自然に認識されるものと思っていた。しかしそうしたものとの出会いだけでなく、そこから始まる調べ学習や資料の読み取りや考察というくつかの過程を踏まえなければ、自分たちが暮らすところに過去の姿があったという事実も、それがどんなものであったのかとイメージすることも難しい。したがって、このような歴史認識ができていなければ、六年生になってトータルに歴史を学ぶようになっても、それぞれの時代のイメージを持たせたり、その時代を生きた人々がよりよい生き方を求めてくらしを創っていったりしたことを理解させるのはとても難しいのではないだろうか。

時代のイメージといった時、それは政治の実権を握った者や政治的変化の背景だけを指すのではない。名も無い市井の人々もまた、自分が生活する場で共にくらしをつくる人々と協力したり、隣接する地域と争ったり、あるいは折り合いをつけたりしながらまちづくりをしていったのだ。そうしたそれぞれの地域の歴史についても同様にイメージを持てるところまでを言い、この認識なくしては公民的資質につながる歴史学習を展開し、また子

どもたちがこうした資質を獲得するのは難しいのではないだろうか。そう考えたとき、中学年において「自分たちが今いるところに昔、やはり人々がいてその時代のくらしをつくっていた」という時間的イメージを持てるようになることは、六年生の歴史学習への橋渡しという点から考えても重要ではないかと考える。

歴史を真に認識するためには、概説と各論を行き来する必要がある。ここで言う概説とは教科書に書かれるような歴史であり、各論は、地域が持つ固有の歴史や個人が経験した歴史である。例えば「戦争の歴史」と言う時、その全体像をつかむことは大切なことだが、それだけでは歴史に学び平和を願う気持ちは育たないだろう。どこでくらし、どのような立場で生活してきたのか――それぞれ異なった「戦争の時代」を生きてきた一人ひとりの体験や思いを知ることによってその時代のイメージが具体性を帯び、そこからこれからの時代がどうあるべきかを願うことができるのではないか。今回の実践で子どもたちが昔のまちづくりのよさを実感したのは、地域の昔調べやそこに暮らす人々への聴き取りにより、伊勢原市竹園学区の昔にくらしを創ってきた人々の思いも含めて理解を深めることができたからこそだと思う。地域の歴史を学ぶ意義は、歴史に学び、学んだことを自分の今、そしてこれからの生活に生きる歴史認識を形成できることであると考える。

注

＊1…竹園学区

神奈川県のほぼ中央に位置する伊勢原市。その南端に竹園学区は存在する。学校は人口増加による分離で開校から三〇年余りの歴史の浅い学校である。開校当初三〇〇人程度の児童数は大きな変化もなく推移したが、開校二〇年目、学区再編成により学区が北側に延び、児童数は一気に五〇〇人を超えた。その後県営住宅の新設や宅地造成により人口が流入、児童数が漸増している。学区再編成を経て自治会が分割されてしまった地区が一部ある。古くからその地区に暮らす人々にとっては「有難くない学区再編成」であり、反対運動も盛んだったと聞いている。その後味の悪い余韻は今も年配の人たちに若干残っている。

しかし自治会が壊れることでなくなってしまった子供会も、PTA組織やその地区に暮らす保護者の努力により、形を変えて子どもたちのつながりを大切にする集まりができつつある。市内全体を見ると今後新たに住宅地に変わるところはいくつもあり、学区再編に伴う自治会の再編成も考えられないことはない。長く自治会に依存した人々のつながりも、今後は公立学校を中心にした新しい地域コミュニティづくりによって変化していくことも充分に考えられる。

参考文献

◉『伊勢原の民俗——伊勢原・岡崎地区——』 伊勢原市 一九八八年
◉『道祖神調査報告書(上下巻)』 伊勢原市教育委員会 一九八〇年

# 鉄道の敷設と地域の変貌
## ―江戸・東京の発展と武蔵野―

坂井俊樹

## はじめに――伝統と変化の地域の歴史

地域の歴史は、地域固有の風土性や地理的・自然的条件に規定されるとともに、歴史の各段階で主流となる政治・経済・社会・文化・対外関係などの大きな動向に組み入れられ、その流れに沿ったり、抵抗する人々を中心に描き出されてきた。地域像といっても、固定された普遍の事象ばかりではなく、揺らぎ変動し現在に至る事象が多いであろう。新たに形成された街並みや景観もいずれは伝統文化となり、新たな全国的な産業構造によって地域の特産物や地場産業などが誕生する。

今日、地域に残る遺跡や文化財、史跡、開発跡、または多くは神事や地域の共同労働に付随した伝統行事は、変化を遂げながら有形・無形文化として存在してきた。私達はこうした地域文化を受け継ぎ保護し、時には途絶えたものを再生・復興することで地域アイデンティティを形成するのであろう。つまり地域の学習は、単に過去を知る学習ではなく、将来の地域文化創造と結びつくという現実性を内包している。歴史教育が小・中・高を中心とした地域の学習で取り扱われるのも、こうした地域文化の創造という視点から過去を振り返る学習と見ることができる。

その際に、従来見落とされがちな地域の結集性から一定の排除を受けてきた人々に対する地域認識の問題がある。彼らにとっては、地域社会はかえって抑圧装置としての役割を果たしてきた。私達は、抑圧の視点、階層性を排除した広い意味での多元性を包摂した伝統文化の形成を考える視点が重要である。

本実践では、以上の視点から東京西部に広がる武蔵野地域、とくに小金井市や国分寺、小平市、多摩川に接する調布市や府中市を対象範囲として、中学生の学習を取り上げる。中学生の歴史教育にさいては、日常的、具体的に接している地域の歴史事物を手がかりにして、武蔵野地域の特色となる歴史を読み解く授業が重要と考えられる。取り上げるのは東京学芸大学附属小金井中学校一年生の授業である。

## 1　小金井・国分寺周辺地域の歴史的概観

東京都の小金井市や国分寺市では、市域の中北部一帯が武蔵野台地上にかかっている。武蔵野台地上には、江戸時代に、多摩川上流の羽村堰から取水して四谷大木戸まで開削された玉川上水が西から東に流れており、江戸市中の上水道として活用されていた。享保以降には周囲への分水が認められて新田開発（畑地）が相次ぎ、台地上には八〇か村以上に及ぶ新田村が誕生した。新田村や台地南側の平坦な地域一帯（親村）は、江戸時代後半には大消費地江戸の食糧生産地（小麦生産・野菜栽培など）としての役割を担い、水車稼ぎや多種の農閑余業の機会が拡大した。たとえば玉川上水両岸に植樹された小金井桜は、江戸に四か所ある桜の名所の一つに数えられ、春には多くの花見客が来訪し、地域農民層の余業拡大の機会となった。このように江戸の地回り経済圏の中心に位置づけられたのである。

近代に入ると、一八八九年（明治二二）甲武鉄道（現中央線）が敷設され、絹織物の集散地である八王子に近い立川と新宿との間に鉄道が開通することになった。また国分寺駅には、やはり商業中心地であった埼玉県川越と所沢を経由する川越鉄道（現西武新宿線・国分寺線）が開設された。こうして武蔵野台地上を東京と埼玉、山梨方面を結ぶ交通網が整備されることで、東京近郊の商品や農産物生産が安定した物流システムに組み入れられていった。さらに一九二三年（大正一二）の関東大震災で帝都が壊滅的な打撃を被ると、帝都再建のための資材として多摩川からさかんに砂利が採取される一方で、震災に被災した施設や人が移動してくるなどして、後背地としてのこの地域の性格も徐々に変化してきた。採取した砂利運搬のために、中央線に接続する支線が複数敷設されることにもなった。

昭和期にはいると、近郊で交通網が整備され、また土地に余裕のあった関係から、帝都を支えるための各種工場や学校の移転等があった。とりわけ中島飛行機会社とその一連の系列工場は中心をなした。他にも軍需工場や軍事施設がつくられた。その結果、戦争末期には多くの空襲被害を受け、今日もなお地下壕など戦争の傷跡が多く残されている。このように武蔵野地域は、江戸・東京と結合した形で歴史的変化を遂げてきたという特質を持っている。

## 2 地域教材と歴史学習の接点

小学校の「開発」単元では、地域に残存する石碑（地蔵仏・庚申塔、道標など）と旧農家の屋敷林、玉川上水の開発やこの地域の開発に貢献した川崎平右衛門などの人物が取り上げられる。六年生では、徳川吉宗に関連して新田開発や小金井桜のことが取り上げられる。また、中学校の歴史分野において、小金井・国分寺周辺に関しての地域教材を江戸期以降に限って考えると、次のような題材が挙げられる。

①玉川上水・新田開発と地域――江戸前・中期
②小金井桜と農村の発達――消費地江戸と生産活動
③多摩の幕末と自由民権運動
④鉄道の敷設と生活の変化
⑤関東大震災と地域の変化――産業と人々
⑥軍事工場と戦争被害

## 3　実践としての取り組み

　ここで取り上げる実践は、大学院の授業として取り組んだ内容である。ここでは二つに絞って教材研究・授業を展開した。②と⑤である。生徒たちの多くは、JR中央線や私鉄西武線を利用して近隣地域から通学しており、武蔵小金井駅と国分寺駅のいずれかを利用する点から、交通には関心が高い。以下実践の概要を報告するが、②については簡単に触れ、⑤についてはやや詳細に紹介したいと思う。いずれも扱いは一時間（五〇分）である。

②小金井桜と農村の発達――消費地江戸と生産活動

　本授業では、（イ）小金井桜を中心とした民衆の暮らし（新田での生産・身分制など）と文化を理解する。（ロ）江戸時代の文化を浮世絵・出版物などを通して知る。（ハ）その上で、「お花見」を通じて農民たちの余業（現金収入）機会が生まれ、農民の生活も変化しだしたことを予想できる、といった目標を掲げた。東京学芸大学附属小金井小学校出身者が多くを占める生徒たちは、すでにこの地域の体験活動を頻繁にしており、地域イメージは描きやすい。使用する資料は、『名勝小金井　桜絵巻』（小金井市教育委員会　一九八九年）、桜井信夫『名勝小金井桜の今昔』（ネット武蔵野　二〇〇一年）、『小金井市誌Ⅱ歴史編』、その他小金井桜関連の史跡資料などである。

　一八四三年、老中水野越前守忠邦の花見見物に際しては、前もって道路の清掃や補修に延べ四九〇〇人の庶民が動員されたことや、一八四四年の将軍の息子（後の一三代将軍家定）の見物に際しては警護のための「お達し」が出されたことなど、資料から伺える身分制の厳しさや江戸社会の秩序・ありようを生徒たちは学習する。それらをふまえた上で、資料の「錦絵」（小金井桜の花見）を用いて、さまざまな人々が訪れ、そのにぎわい振りが伝えられる。飲食業の繁盛、店で働く人々、これらから酒造を始めとする諸生産活動が相当の現金収入の機会となっていることが想像される。身分制と反対に自由な経済活動を想像させるような農民の生活が見て取れるのである。さらに近現代になると、花見客のために中央線武蔵小金井駅が開設されたり、中央線と村山鉄道（現・西武新宿線）とのあいだで、乗客獲得のための宣伝合戦が繰り広げられたりするなど、桜は人々の生活と密着していたことが理解できる。

生徒は、江戸末期の農民の厳しい規制（後の家定の見物に際しての注意書き資料から）から、「武士と農民の差がとても大きいと感じた。」「とくに四．五．七番目のものは差別としか言いようがないと思います。乱心者（資料中—坂井）も生まれた人なのだから協力してあげるべきだと思います。」という身分制や人権配慮の視点も語られていた。

以上が②授業の概要である。次に⑤を取り上げる。

# 4 ⑤関東大震災と地域の変化——産業と人々

## 1 多摩川の砂利採取

砂利を大量に運ぶのに大きな役割を果たしたのが鉄道である。明治以降大正初期までは砂利の運搬はほとんどが馬車で行われ、近距離は手押し車であった。東海道本線や東北本線などの基幹線においても砂利運搬は少量であった。一般には、関東大震災までは砂利の運送は、採算上から五〇キロメートル以内とされており、当時日本で第一の生産をあげていた多摩川の砂利が、京浜地域の需要の大部分を賄っていた、といわれる。多摩川砂利については次のように指摘される。

〈資料①〉

こうしたなかで一九〇七年（明治四〇）に、玉川鉄道（後に東京急行電鉄に合併）が道玄坂・二子玉川間に開通し、砂利の輸送を始めた。さらに一九一〇年には東京砂利鉄道（後の国鉄下河原線、一九七三年廃線）が、中央本線国分寺駅から府中市の下河原まで開通し砂利を輸送した。次いで一九一七年（大正六）には多摩鉄道（現西武多摩川線）が中央本線武蔵境駅から多摩（現多磨霊園駅）まで通じた。多摩鉄道は多摩川辺りの豊富な砂利に着目した当時の多磨村長の尽力もあって計画が進んだが、不況の影響を受けて着工は遅れ、ようやく一九一七年の開通にこぎつけたものである。一九一九年には常久（現競馬場前）まで通じ、一九二二年（大正一一）には是政まで開通した。この間本線から何本ものトロッコ線が敷設され、大量の砂利が採取され、東京方面へ輸送された。〔『多摩川誌』一九八七年〕

## 2 学習にあたって

授業を構想するにあたって、次の三つの柱を考えた。（イ）近代建築物とコンクリート・砂利、運輸手段としての鉄道などの技術を実感できる。（ロ）地図をもとにした地域変化の読解ができる。（ハ）地域の変化と近代化（東京の発展）の関係性を理解できる。

以上を踏まえて、次の本時の目標を考えた。

### 本時の目標と展開

・地形図から多摩地域の変遷（住宅地化など）を読みとる。
・下河原貨物線と西武多摩川線が担っていた砂利運搬という役割を通して、砂利が支えた近代化を関連づけて考える。
・地域の歴史や変貌について関心を持ち、調べようという気持を持てる。

### 授業の概要―記録から―

〈展開――地図の比較から〉　前半部分では、はじめに地形図を配布し次のように指示した。「大正一〇年頃と昭和七年頃の二枚の地形図です。それぞれの地図はＡＢＣＤの四つに分割してあります。予め決めておいたグループをこのＡＢＣＤにふり分けたいと思います。ワークシートに書いてあるように、二枚の地形図を比較して、変化した点や変わらなかった点を書き出してみましょう」。その問いかけに従って各グループは、Ａ～Ｄのそれ

| 時間 | 学習内容 | 主な発問 | |
|---|---|---|---|
| 導入 | 1　近代化ってどういうこと？ | ○小学校までの勉強から連想することはありますか？<br>※生徒の「近代化イメージ」を明確にする。 | ・板書する |
| 展開 | 2　大正七年頃と昭和七年頃の地図を使って小金井市周辺の地域変化を考えよう。 | ○それぞれ四つに分けた二つの時期の地形図内の地域を比較して、読みとれる違いや変わらないところを発見してみよう。<br>○調べてわかったことを記入用紙に書き込もう。 | ・地形図を予め四つに分割し、グループで四人一組比較しやすいようにしておく。<br>・記入用紙（変わった点と変わらなかった点） |
| | 3　地形図の比較を発表 | ○グループで調べたことを黒板に書き出し、発表する。<br>・鉄道が一本から二本になった。<br>・…… | ・生徒の発表をスクリーン画面で教師が確認する。 |
| | 4　下河原線と砂利運搬 | ○下河原貨物線に注目して、下河原貨物線は一体なにを運んでいたのだろう？<br>・予想――魚・木材・鉱山（石炭）などの運搬<br>△・資料①を読んで、砂利を運んでいたことを理解する。<br>・砂利がどういったルートでどこに運ばれていたかを把握する。 | ・下河原軌道＝今に残る跡の写真を提示する。<br>・多摩川と下河原線の位置関係をもとに、運んだ物をイメージさせる。<br>・多摩川の流域周辺の写真を見せる。 |
| | 5　多摩川砂利と近代化（特に震災後の都市の復興） | ○多摩川の砂利は、一体なにに使用するために取っていたのだろうか（誰が砂利採取をしたか）<br>・土に敷く、鉄道線路用、池の底に敷き詰めるなど。<br>※砂利が建築物や道路を造るために使われていたことを理解する。<br>※近代化を建築資材や道路をつくることに結びつけて理解する。 | ・実物教材（コンクリートの廃材）を見せる――建設用材として重要なことを伝える。<br>・JR 上野駅の写真 |
| まとめ | 6　次時への予告 | この地域ではどのような人々が生活し生産を担ってきたのか、新たに生活する人々と変化を学習することを予告する。 | ・新たに地域の構成員として加わるようになった人々のことを考える |

それの分担箇所について、「変化した点」と「変化しない点」を調べ、その結果を順次黒板に板書していった。それをもとに各班が内容説明をおこなった。

例えばAグループは、「小平学園ができた――昭和七年の方の、この四角い部分がそれ」と地図に場所を示す。これが変化の一点目とし、次に「電車が一本増えた」ことを紹介している。作られた電車はいまの西武―多摩湖線である。次に変わらない点として、「地図

下河原鉄道跡の遊歩道（府中市）

の左下の桑畑が変わってない」と指摘した。桑畑は養蚕と関連していたこと、また、それがかなりの地域を占めながら変化していないことに着目している。

Ｂグループは、「変わった点として浄水場（武蔵境）の貯水池が二つ増えたこと、他に浄水場の北あたりの変化」を指摘している。そして「変わらない点としては、地図全体が変わっていない」ことを指摘している。ほかのグループも同様に、あまり変化しない点を指摘したが、全体としては鉄道の変化が大きく、中央線につながる下河原鉄道と多摩川鉄道（中央線武蔵境駅につながる）の敷設を指摘している。

以上の発表を通じて、南の甲州街道沿いの街並みや玉川上水周囲の畑は、江戸時代後半以来の街道と農業地域であり、あまり変化していないことを感じており、昔のままの景観（江戸時代の学習との連続面）が継続していること、他方では、点的と線的ではあるが断片的な変化軸である鉄道や学校、浄水場、諸施設などを理解している。徐々に変化を予想させる地域像と捉えられたと考えられる。授業としては時間があれば、「変化しない事象」と反対に「変化を遂げる事象」との関係性についても追究できればよかったと考えられる。

〈下河原鉄道の敷設と関連して〉授業の後半では、鉄道、とくに下河原鉄道を中心に、「何のために国分寺まで敷設されたのか」を投げかけた。生徒たちの反応は、移動のための「人を運ぶ」という見方が大勢であった。しかし、多摩川流域まで線路が到達し、そこが終点になっていることに疑問を持つようになった。考え込んでしまったが、結局導き出された回答は「水」「石」「貨物」「魚」を運ぶためという意見であった。ユニークなものでは、「船で運んできた石油」という答えがあった。そこで教師から用意しておいた写真資料「多摩川の河原」を提示し、砂利の多さに気づかせた。といっても、砂利を採取することまではわからなかった。ましてや、砂利を何に使うかは皆目検討もつかない状態であった。予想していたことではあったが、用途としては庭の玉砂利・濾過用・植物用といった自分たちの生活の中で見える砂利利用を答える程度であった。そこで教師側から建物の壁で使用されていた「コンクリート片」(廃材)を提示し、そこにたくさんの砂利が含有されていることを指摘した。その上で、これらは建物や建造物に使われていることを解説したが、生徒たちは改めて驚いた様子を示した。

再度「なぜこの二つの時期で、砂利を運ぶ鉄道がつくられたのか?」を問うた。生徒たちは、年表と教科書から関東大震災が発生し、東京でたくさんの死者と建物の倒壊があったことに気づいていった。関東大震災とその後の帝都(東京)の復興が、この地域に新たな産業と変化をもたらしたことを理解する。なお最後に、砂利を採取する方法と担い手、とりわけどのような人々が働いたのか?という問いを投げかけて授業は終了した。

## 3 実践を通じて考えたこと

授業を通じて小金井周辺の歴史的変化について考えることができた。また本授業を通じて以下の点が、歴史教育を進める上で課題であると知ることができた。

第一は、時間がより多く必要であり、地域に根ざした教育実践が展開できるカリキュラム研究が求められる。

第二は、技術史という観点から、教師と生徒のあいだにいくつもの壁があると感じられる。コンクリートが実際に何であり、何に使われたか（砂利とセメント）、そしてトラック輸送が一般的な現在、鉄道は人間（サラリーマンや工場労働者など）を運ぶ物で、貨物等の運搬という認識が不十分（特に都会の生徒）であった。生徒は、具体的な理解を欠いたまま、言葉だけで砂利採取や鉄道のことを扱ってしまう可能性が考えられる。具体的なイメージを欠いた理解は、結局は生徒にとって理解したことにはならないであろう。地域の歴史は、史跡や事物が身近にあり、その点で深く実感できる可能性を秘めていることが改めて確認できた。

## 5　実践の発展として―多元的な地域像の形成―

本実践は、砂利について取り上げたが、砂利採取を実際に行った人々のことには本時では触れなかった。多摩川流域の砂利採取事業は、盛んな時期には大手の砂利採取事業者と個人・家族労働の小規模な採集者が手作業で行っていた。関東大震災後の砂利の需要増のもとで、朝鮮半島から労働者として移住してきた人々が個人規模の採取を支えていた。かれらは、神奈川県側の砂利運搬のために敷設された南武線の沿線、および調布や府中など、多摩川の両岸に居を構えて生計を営んでいた。そうした人々は、政府の大事業主にだけ河川流域の採掘を認可したことに対する闘争を展開したが、結局、河川より少し離れた場所（旧河川跡）で採掘を行わざるを得なかった。これらは在日の歴史家朴慶植氏によって明らかにされた。植民地支配による朝鮮半島経済の打撃が、こうした地域の砂利採取という過酷な労働に反映していった。その後、さまざまな経緯のもとで多摩川流域周辺に定住した人々が日本の社会を構成することになった。同じく現代の外国人労働者も地域の変化や活性化を促し、いわば新たな伝統文化を構築していく動きと理解できる。これらの実践については、改めて別の機会に扱っていきたいと思う。

**参考文献**


参考文献

◉手塚成隆……『子どもの地域意識を生かした地域学習』　東京学芸大学教育学研究科修士論文　二〇〇六年度

◉小金井市役所……『小金井詩誌Ⅱ歴史編』　一九七〇年

◉建設省関東地方建設局京浜工事事務所・財団法人河川環境管理財団……『多摩川誌』　一九八六年

◉물레の会編……『多摩川と在日朝鮮人―地域に見る近代の在日朝鮮人生活史（市民講座の記録）』（朴慶植氏講演記録）　一九八四年二月


［附記］本実践の授業部分は、東京学芸大学教育学研究科（修士課程）『学校教育フィールド研究（歴史的領域）実践報告書』（二〇〇四年）をもとにした内容で、石出法太、島田哲弥、井上相太朗、上野敬弘、中妻雅彦、それに坂井が参加した。授業展開部分は、石出と上野が担当した箇所を坂井の責任のもとに執筆した。

# 「荒廃」の地域像
## ―「農村荒廃」現象から見える百姓の生業選択と資源活用―

平野哲也

### はじめに

私は毎年、高校の日本史の授業で、江戸時代の学習の前に、生徒から百姓に対するイメージを聞いている。生徒の答えには共通性があり、大まかにいうと「貧乏で、働きづめの地味な暮らしをし、重い年貢を負担している」とまとめられる。「一生懸命に努力し、過酷な労働に励んでいる」と敬意を示す意見が出ることもあるが、「その割りに生活は苦しく、報われない」という否定的な印象が付随してくる。「家が汚く狭い」「着物がボロボロ」「飯が貧相」など、とくに衣食住の面で百姓の貧しさが印象づけられている。時代劇で悪代官に虐げられる場面が多いせいか、生徒の百姓像にはマイナスイメージが根強い。時代劇日本史の教科書では、江戸時代の農業技術・生産力の発展や村社会の機能の充実など、百姓と村の力量を高く評価する記述も多い。ただしその一方で、江戸時代後期の常陸・下野では、農村の「荒廃」が強調されている。この記述のもとになる学説として「関東農村荒廃論」がある。その一つの典型として研究が集中したのが下野国芳賀郡である。

芳賀郡は畑作優位の関東にあって相対的に水田率の高い地域であった。その地域特性は、江戸時代前期の米価高騰に反応した百姓が米作を生業の主軸に据え、米穀生産・販売で地域経済を活性化させたことに由来する。ところが、一八世紀中期以降一九世紀前半にかけて米価が長期的に低迷すると、米作を軸とする地域経済が著しく不利になった。ちょうどその時期、芳賀郡では、手余荒地（耕作放棄地）が増大し、百姓の離農・離村（村内人口の減少）が進む。この現象が「農村荒廃」といわれ、研究史上、百姓の困窮、村の疲弊状態として理解されてきた。その原因としては、関東全体の農業生産力の低位性・後進性、商品貨幣経済の未発達、小百姓の経営基盤の脆弱性、領主による過重な年貢・諸役収奪、江戸の問屋商人や豪農の収奪、商品貨幣経済への他律的な参入強制、自然災害や凶作の追い打ちなどの悪条件が挙げられている。しかも、主穀生産地帯の芳賀郡は、他に有力な商品をもたず、社会経済上の矛盾・悪循環が最も顕在化した地域と捉えられている。そういう悪条件の重なる中で、持高が少なく、生産条件も劣悪な下層の百姓から順に困窮が募り、没落を余儀なくされ、潰《つぶれ》百姓となるという、力ない受け身の百姓像が描かれてきたのである。

しかし、実際に芳賀郡の村々を歩いてみると、「農村荒廃」期に建てられた壮麗な寺社建築を目の当たりにし、村々の古文書からは百姓の活力を見出すことができる。そこで本稿では、まず、百姓の暮らしの具体像を、その消費行動に着目することで明らかにしたい。また、田畑の耕作をやむを得ず放棄したといわれる百姓が、生きるためにどのような稼ぎ・仕事（生業）を行っていたのか追究する。それにより、時代状況の変化に対する百姓の主体的な判断・行動、対応力を解明する。そのさい、田畑に限らず自然環境全般や労働力などまでが貴重な地域資源であったと考えて、それらの資源を百姓がいかに利用したかという点に留意して論を進めていきたい。

なお、本稿の大部分は拙著〔平野哲也　二〇〇四年〕の内容に基づいている。詳細な史料や論証過程については、そちらを参照されたい。

# 1　活発化する百姓の消費行動

## 1　芳賀郡の百姓の奢侈風俗

百姓と村の困窮が極まったと理解されている一八世紀中期以降、芳賀郡では、百姓の暮らしぶりに大きな変化が起きている。以前と比べて、百姓の風俗が華美になり、奢侈に興じる風潮が目立ってきたのである。実際、年中行事や冠婚葬祭での贈答・接待を派手に行い、儀式を壮麗化し、華美な衣装に金を費やす百姓、脇差はもとより大小を差して袴を着る百姓、手の込んだ美麗な細工・彫刻を施し、家作を拡大する百姓など、金をかけて贅を尽くす百姓の姿、百姓の旺盛な消費欲・消費行動を物語る史料が多数現存する。帯刀する百姓の増加は、江戸時代後期の百姓剣術の流行と軌を一にしている。また、百姓は、若者組を中心に、旅芸人を村に招き、芝居や諸芸（手品・浄瑠璃・曲持・曲馬・手踊狂言・弓矢・新内渡世・幸若舞・軽業・物真似）を興行した。そうした場所には、村の内外から、見世物を楽しむ見物人が、上層百姓と小百姓の別なく、大勢集まった。同時に、群集の購買力に期待して、商人（香具師商人）も集まった。さらに当該期には、寺社参詣や物見遊山、湯治に旅立ったり、武芸を嗜んだりする百姓も増えてきた。領主に対して窮乏を訴える一方で、百姓は、自らの娯楽・生活文化のために積極的に金銭を投じていたのである。そこからは、ある程度余裕のある百姓の暮らしぶりが見えてくる。

芳賀郡の東水沼村（以下、本稿で記す村は、とくに断らない限り、すべて芳賀郡である）では一八世紀後半、米穀商いを営む村方地主のもとに、同村および周辺村々から数多くの百姓が白米を買いに来ていた。「下層隷属農民」といわれる前地も白米の購入者となっていた。彼らの多くは、年間を通して、継続的な購入を行っている。小百姓の間に、白米を買おうとする需要が存在したのである。たとえば、東水沼村の文七（女房・長男との三人暮らし）は一年間に、総額七貫一八四文の代銭で合計一石三斗一升八合の白米（自家飯米用）を買い続けている。文七は、新米が出回り、米価が最も安値となる八～九月に買い入れを集中している（年間総購入量の五割）。有利な時期のまとめ買いである。ちなみに、文七の持高は一七三八年（元文三）当時、わずか一石弱にすぎず、持高階層の面からみると極貧の下層零細農民とみなされてしまう。しかしその実態は、季節的な米価変動に機敏に反応し、白米を恒常的に購入する、経済感覚の鋭い百姓であった。

東水沼村岡田家の一七七四～七六年（安永三～五）の「大福帳」をみると、同村周辺の小百姓たちが、脇差をつくったり、煙草を買ったり、宇都宮で着物を調えたりする目的で借金をしている。これらは、生存に関わる必需品ではなく、嗜好品・奢侈品である。他にも、冠婚葬祭を盛大にするための費用や寺社参詣の費用を借りる者があった。江戸時代の百姓の借金証文には、「困窮」や年貢滞納などの常套文句が記される。困窮による借金は、一面の真理であったろう。しかし史料を丹念に見ていくと、百姓が自らの消費欲を満たすために行う借金も数多く確認できる。手持ちの現金がなければ、借金をしてでもよりよい物を購入しようとする百姓が存在したのである。百姓の借金は必ずしも貧しさの指標ではなく、金銭遣いの活発化の証左、豊かな暮らしに対する欲求の強さを示すものであった。

こうした事例の数々は、「農村荒廃」現象を百姓の貧困・生活難に直結させる理解に疑問を投げかけ、没落の危機に瀕したという「貧窮農民」像に修正を迫る。

## 2 『百姓無手物語』が語る暮らしの変化

芳賀郡と同様、水田優位の米作地帯であった下野国塩谷郡において、桜野村の瀧澤又兵衛（魚肥商売を行う地主）が一八二九年（文政一二）、『百姓無手物語』（氏家町史編さん委員会二〇〇九年）という書物を著している。そこには、当時の百姓の暮らしぶりや世相が以前と比較してリアルに描かれている。そのいくつかを紹介しよう。

①昔は、次男や三女を分家して百姓家を増やすことが「農家のほまれ」「手柄」とされた。しかし今は、次男は町で店奉公させ、三女は旅籠屋に出して給金を取った、などと言って喜ぶ親が多くなった。子供も「町の風俗」に憧れ、店を持ったり、茶屋の妻となった

りし、親もその方が楽でよいと歓迎するようになっている。そのため「御百姓」の家数が徐々に減少し、近村を見渡すに、潰百姓が増えるばかりである。とかく近年は、「御百姓」が「商人よりも算用之事のみ心かけ、本業之農行（業）を情（精）ヲ出さす」（丸括弧内は筆者による。以下同）という状態で、香具師仲間に入ったり、町で煮売りを始めたり、暮市で牛蒡・人参を売ったり、春には玩具を売ったり、子供までが役者の文を売ったりと、「銭をもふけるくめん斗り」に心を奪われている。田地の耕作は控えて駄賃を稼げ、木挽きをしろと言って、五月の最中（田植時）にもかかわらず、稼いだ金の多少を競い合い、「先酒をかへ（買え）、それ肴ヲかへ、かゝものめと小遣遣へ、悦ひ居ル」ありさまである。

②昔は、粟と米を入れた御飯をごちそうとしていたが、ここ三〇年ほどの間に米ばかりの飯を当たり前に食べるようになった。その間、日雇銭も一五〇文ほどだったものが、二〇〇文にまではね上がっている。田植えに飲む酒は、かつては片白であったが、諸白（酒米・麹米ともに精白米を使用した酒）を飲むように変わってきた。

③蓑こそが百姓の着るべきものなのに、近年は、夏でも桐油のついた合羽を着て、大汗をかきながら嬉しがっている。蓑を下品と思い、合羽を上品と考える気持ちがあるからだ。女性も、阿弥陀如来の後光のようなこうがいやかんざしを差している。

④鰻の蒲焼きは昔はうまいものとも思わなかったが、最近は値段が高値になり、一貫匁で金一分二〇〇文もしたと言って食べ、スッポンも一貫匁で銭二貫文だと言って食べている。値段の高いものこそうまいものと考えて、米一升が五、六〇〇文もすれば、どれほ

どか嬉しがり、うまいうまいと食べている。稗・麦は馬の食い物だと言う者まであるという。仏様への供物にしても、自ら作った農作物では飽きたらず、宇都宮へ飛脚を使わし、レンコン・クワイ・湯葉・わさびなどの珍物を買い集めている。――

瀧澤又兵衛は、こうした百姓の暮らしぶり・風俗を批判し、田畑耕作への精励、質素倹約に努める理想の百姓像を説いているが、彼の眼前には奢侈・華美に流れる百姓世界が広がっていたのである。当時の百姓が、農耕を忌避し、銭儲け（より多く現金を稼げる仕事・生業）に勤しみ、高価な食料・衣装を追い求めていた様子がよくわかる。

# 2 新たな生業を求めて

## 1 労働力販売への積極性

一八世紀中期以降の芳賀郡では、米価の長期的低迷の中でも百姓の消費行動は衰えなかった。従来の米穀生産にのみ頼っていては、百姓の家計の収支不均衡は増大するしかなかった。そこで百姓は、暮らしの水準を維持するために、農耕（とくに米穀作）以上に稼げる生業を探し出した。そうした百姓は、村に住みながらも、小商いを営んだり、技術を身につけて職人稼ぎを始めたりと、農耕以外の仕事で現金収入を得ようとしていた。米穀の値段は下がっていたから、自家で米穀を作らずとも飯米を安く購入することができた。

小百姓が村で営んだ職種の例として、酒の小売や居酒屋が挙げられる。東水沼村で酒造業を営んでいた岡田家は一七九四年〔寛政六〕当時、芳賀郡内の町・河岸場や村々に三八人もの売り子（小売人）を抱えていた。東水沼村だけでも、四人の百姓が売り子となっていた。天明期には、酒の小売を主業とする百姓も現れている。また、百姓の帯刀風俗や百姓剣術の流行と連動して、芳賀郡内で多数の研職が活動していた。給部村では寛政期、村方地主綱川家のもとに抱えられた前地が、隣村の百姓宅を借りて「研屋商売」を営んでいる。地域の百姓の消費行動の高まりが、小百姓に新たな稼ぎ口を提供していたのである。

百姓の中には、『百姓無手物語』が指摘するように、町場へ出て稼ぎを始める者もあった。芳賀郡の周囲には、宇都宮・烏山・結城・下館などの城下町や真岡・谷田貝・益子・茂木・祖母井《うばがい》・市塙《いちはな》などの在町が点在し、商業を発展させていた。百姓は、そうした町場へ出かけ、地借・店借によって小商売に従事した。一八二七年〔文政一〕一〇月には、芳志戸村の百姓家族が居村を去り、はるばる都賀郡鹿沼宿まで行って借家商売を始めている。

芳賀郡の百姓、とりわけ若者を引き寄せる力をもつ町場として、江戸を無視するわけにはいかない。芳賀郡は街道や河川水運を通じて江戸に直結しており、江戸に移動しやすい地理的環境にあった。江戸には巨大人口の暮らしを支える多種多様な雑業があり、就労機会は拡大していた。しかも江戸の雑業は、元手に乏しく、専門の技術をもたない地方出身の百姓にも容易に始められるものであった〔斎藤修　一九八七年〕。一八世紀後半から一九世紀前半にかけて下野に顕在化した人口減少は、江戸という大都市の周辺地域ならではの現象であったといえる〔阿部昭　一九九九年〕。また、百姓にとって江戸には、武家奉公人となって給金を得る道もあった。武家奉公は、高い給金を得、江戸の文物に触れることができ、奉公期間中は帯刀が許可されるため、自ら志願して奉公に出る百姓もあった。

領主は、百姓の出奉公を基本的に禁止している。同じように、村や村役人も、百姓の村外（とくに町場への）流出を阻止しようとしていたと考えられている。しかしその一方で、村が百姓の出奉公を後押しする事例も見受けられる。東水沼村では当該期、名主・組頭が、村内のある百姓家族全員の出奉公の許可を領主結城藩に願い出ている。借金の嵩んだ百姓家が借金を返済し、年貢を上納するためのやむを得ない判断だと強調しているが、重要なのは、領主に禁じられている出奉公を村役人ひいては村が容認したという点である。こうした出奉公は、百姓家の問題としてみれば、生業に占める農耕の比重を下げ、労働力を有利な給金獲得（当該期の芳賀郡では奉公人給金が二〜三倍に上昇）に振り向けるという、家族労働力の効率的な配分を意味するものであった。同時に村の問題としてみても、村自体が労働力市場の変化に迅速かつ柔軟に対応し、不利になった米穀作の規模を縮小し、余った労働力をより需要の高い奉公、有利な稼ぎへと押し出していることを示す。村では、百姓を過剰に抱え込むことを避け、村外の出奉公で稼ぐ意志のある百姓については、その判断と行動を支援したのである。これはすなわち、百姓と村が限りある労働力資源をより有効に活用したことに等しい。村は合わせて、領主に対して米穀作の縮小に応じた荒地公認・年貢減免を願い出、村全体の負担を軽減することにも努めている。

江戸時代の鬼怒川は、水運によって奥羽・下野国東北部と江戸とを結ぶ、物資輸送の大動脈であった。鬼怒川上流部左岸には、塩谷郡の阿久津河岸を遡航終点として、その南、芳賀郡内に板戸・道場宿《どうじょうじゅく》・鐺山《こてやま》などの河岸が連なり、それぞれに奥州や下野国北部・東部からの諸街道が集中していた。これらの河岸場には、江戸に向かう廻米・領主荷物・商人荷物や江戸からの諸荷物が集中し、その揚げ降ろし、輸送のための船頭や付子・馬方、日雇人夫といった交通労働者が大量に必要となった。その労働力需要に飛びつき、河岸場に集まったのが周辺村々の百姓である。また、人馬や旅人で賑わう河岸場には、宿屋・茶屋・居酒屋など諸種の営業が可能となり、そこにも百姓が引き付けられた。

江戸時代中後期になると、鬼怒川の後背地において商品生産が大きく進展し、旧来の河岸の輸送能力を凌駕するようになる。そのため、鬼怒川沿岸に新河岸が次々誕生し、引受荷物をめぐる新旧の河岸間の争論が激しくなってきた。領主荷物の江戸廻送が優先される鬼怒川を避けて、領主の交通規制の少ない那珂川水運を利用する荷主も増えてくる。こうした動きは、物資輸送に関わる労働力需要の総体を押し上げ、河岸間の労賃の引上競争をもたらしたと思われる。鬼怒川と那珂川に挟まれた芳賀郡の百姓にとっては、増大する労働力需要に即応し、新たな稼ぎ口を獲得できるという点で歓迎すべき事態であった。陸運でも同様の事態が生じていた。商品流通の活発化の影響で新たな脇街道が幾筋も生まれ、旧来の街道との間で荷物引受競争が激化し、賃金が上昇を続けていた。人足の雇用は明らかに売り手市場となっており、人足稼ぎ・駄賃稼ぎが有利性を増していたのである。

## 2 真岡木綿生産の隆盛とその担い手

米穀生産の停滞とは対照的に、一八世紀中期以降の芳賀郡で新たに盛り上がってきた特産物がある。集散拠点の真岡の名前が冠された「真岡木綿」である。「真岡木綿」は、安永・天明期以降に生産量・取引量が急増し、江戸市場において名代の産物となり、最盛期の文化~天保期には年間三八万反もの生産量を誇った。

この木綿の織り出しを担ったのが、村々の百姓家の女性である。西高橋村の名主吉右衛門の娘みと(二〇歳)の身上に関する一八〇四年(文化元)の申上書には、「縫物糸はた出情(精)仕、真岡木綿月ニ三四反ツヽも折引」けることが特記されている。綿布の織り手としての女性の能力が高く評価される時代が到来していたのである。西高橋村では一八一九年(文政二)当時、村内の百姓九六軒のうち七七軒の女性が木綿織りに従事し、年間、銭三貫~五貫四〇〇文ほどを稼ぎ出していた。文化・文政期は、芳賀郡の米相場が極端に落ち込んだ時期である。同時期の米相場と木綿相場を比較すると、西高橋村のみとのように月に三、四反も織り出せれば、それだけで米一石分に相当する現金を獲得できた。女性の綿布生産は、それぞれの百姓家を支える重要な収入源となっていた。

「真岡木綿」生産には、畑における木綿栽培や機織りだけではなく、綿繰・綿打・糸引・晒しなどの加工工程が伴う。商品としての木綿生産が隆盛するにつれて、問屋のもとで「真岡晒賃取」に励む百姓や、地主家に雇われ、綿繰や糸引で賃銭を得る百姓の子女が増えてくる。とくに、目立つのが、綿打渡世に励む百姓の姿である。西高橋村の百姓仁右衛門家では一八一三年(文化一〇)当時、惣領息子の友五郎が技術を身に付け、綿打稼ぎに没頭し、それまで精力を傾けていた米作が疎かになっている。友五郎は、高い肥料代をかけても価格安で採算の合わない米穀作を見限り、より収入を安定させられる生業として綿打を選び取ったのである。文政期の東沼村では、百姓幾右衛門がまず単身村を出て専業的に綿打稼ぎを始め、やがて村に残っていた家族全員を自分のもとへ呼び寄せている。百姓家の当主の綿打稼ぎが軌道に乗り、東沼村からの挙家離村が生じたのである。天保期の実際の綿打賃銭は、領主に指示された公定賃銭額をはるかに超えて、高額だった。綿打職人の需要は、それほどまでに高まっていた。さらに、綿作農家を回る綿打百姓がやがて綿の仲買を始めているように、百姓は木綿の流通にも稼ぎ口を見出した。

芳賀郡に真岡木綿という産業が育ち、新たな労働力需要が生まれると、そこに周辺村々の百姓が一気に引き付けられていく。米穀生産への関心を弱めた百姓の目には、木綿のもたらす生産・加工・流通過程が、きわめて有力で魅力的な稼ぎ口と映ったのである。真岡木綿の生産発展と百姓の米穀作放棄とは表裏一体の関係にあった。

従来、百姓の行う諸稼ぎは、「農間余業」の言葉が示す通り、「農業」の合間に補完的・副業的になされる仕事と位置づけられてきた。しかし、「農耕専一」を理想とする領主の思惑とは反対に、江戸時代の百姓は、農耕と諸稼ぎの二つの仕事を結合することで一家の生業を成り立たせていた〔深谷克己・川鍋定男　一九八八年〕。百姓の生業の内容は、それだけ幅の広いものであった。また芳賀郡の百姓は、生計を維持するためには、農耕をやめ、田畑を手放し、村を離れることも辞さなかった。米穀の生産・販売に安定が見込めればそちらに重点を置くし、米穀の価格が低落し続ければ農耕の手を緩め、他に稼げる働き口を探し出す。経済状況の変化、さまざまな市場動向を見極め、暮らし向きの安定・向上を求めて生業を自在に選択・変化させていく百姓の力量がみてとれる。

# 3 地域資源の結合・活用・保全

## 1 村方地主の酒造り

東水沼村の名主で持高一五〇石余を誇る村一番の地主でもあった岡田家は、一七八五年（天明五）から酒造業を始めている。酒造株高は自家の持高を越える二三五石一斗であった。以前より米穀商売を営んでいた岡田家が、自家作徳米以外に、他所から酒造米を仕入れて大規模な酒造業を企図していたことがわかる。岡田家にとっての販売市場は芳賀郡であり、郡西部一帯に抱えた多数の売り子を通して、地域の百姓の清酒需要に応えていた。岡田家は、米価低迷期に販売益の落ちた米を可能な限り有利に売るために酒造業を開始した。それは、市場との関係が密接で、情報収集力や資金力を兼ね備えた岡田家だからこそできる経営の打開策であった。

ただし、当時は、百姓の清酒需要の高まりが追い風となって、芳賀郡とその周辺で「無株」の酒造家が続出し、酒造・販売の競争が激しさを増していた。そのため、「正株」（公式の営業権）を有していた岡田家の酒造業も、後発の新規酒造家との競争のなかで不振を余儀なくされていた。しかし、岡田家は酒造業を廃止しなかった。岡田家は、一七九四年（寛政六）より酒蔵を近江商人や伊勢商人に貸与して実際の酒造と経営を委ね、自らは株主＝酒蔵の所有者となって、資金を提供しながら、東水沼村での酒造りを存続させた。岡田家が酒造から完全に手を引くのは、米価が上昇に転じ、同家が再度米穀生産・販売に重きを置くようになった嘉永期のことであった。

村方地主の酒造業は、地域資源の活用という点で広大な裾野をもっていた。そもそも酒造業は、米を主産物とする芳賀郡において、それに付加価値を付け、有利な商品に変える、最も有効な加工業であった。酒蔵の労働力としては、専門の杜氏・蔵人集団の他に、一部に近隣の百姓が雇用された。芳賀郡内の小百姓が売り子となり、そこへ酒を運んで駄賃を稼ぐ百姓も現れた。これは、地域の労働市場を拡大し、百姓に労働力資源の活用の場を与えたことに他ならない。芳賀郡の村々には、麹を売る百姓も存在した。彼らの麹は、百姓家の濁酒・味噌造り用としても使われたろうが、製造規模の大きな酒造家も大口の販売相手としていた。酒造業の盛行は、麹商売の機会も生み出したのである。また、大量の酒造米を精米するために、芳賀郡では水車業が広がっている。維持・管理に費用がかかり、用水権との調整も必要となる水車業は、用水慣行上の特権・信用や資金力を有する村方地主が主に担うことになった。水車の普及は、酒造業に限らず、米麦の脱穀・調整の手間を削減し、人手不足の緩和にも役立った。岡田家は広大な山林を所持しており、同家の酒造業には、燃料用の薪を自家の山林から調達できる（経費節減）という利点があった。酒造業が、地域の山林資源に新しい利用方法を加味したのである。さらに、酒造の過程でとれる米糠や酒粕は岡田家の商品となって地域の百姓の手に渡り、地域農業に還元されていった。

村方地主の酒造業は、米・水・山林資源や労働力・流水エネルギーなど、多種多様な地域資源を有機的に結びつけて付加価値をもたらす農産加工業であり、そこから酒と数種類の副産物・商品を生み出す資源活用の場であった。岡田家の酒造業も、同家の経営安定のみにとどまらず、他国商人の経営能力を生かしつつ、主産物の加工と地域資源の利用の場を確保し、地域経済を安定・発展させる積極的な意義を有していたのである。

## 2 山と川が生み出す商品

芳賀郡には、八溝山地や丘陵部はもとより、鬼怒川・五行川・小貝川流域の平地でも、雑木や杉・檜などの林が存在した。平地林は屋敷や田畑を囲う形態が多く、大部分が入会山ないし百姓林となっていた。百姓は、こうした林から自家用の肥料・燃料・生活資材を採取していたが、一八世紀中期以降、山林資源に商品価値を見出し、代金を得るべく、山林や立木を売買するようになる。百姓は、雑木林から薪炭を作り、杉・檜は建材として売買した。一八世紀半ばに江戸の材木需要が鬼怒川流域を杉・檜の育成林業地帯に編成している〔加藤衛拡　二〇〇七年〕が、芳賀郡の村々にとっても林産物の最大の需要地は江戸であった。文政期、鬼怒川左岸の板戸河岸では、後背地とする芳賀郡の村々から林産物〔板・貫・竹木・薪・炭〕が集まり、鬼怒川下流方面とくに江戸市場に向けて移出されている。鬼怒川左岸に位置する芳賀郡の平場農村には、河川水運で江戸に直結するという利点があり、これが林産物の商品化という新たな生業展開を支える条件となった。

山林の売買の中核となったのは、山林地主でもあり、育林・伐採・加工・搬出・移送などの経費も賄える、資金力ある村方地主であった。数十町歩に及ぶ山林を持っていた東水沼村の岡田家は、林産物売買でも数十両、百数十両規模の取引を行っていた。同家は、江戸時代後期の「関八州田舎分限角力番附」において、「東の方」二三位に「山持　野州和泉　水沼八兵衛」として登場する。こうした村方地主の山林経営のもとで、技術を身につけた小百姓が木挽職人として材木生産に勤しんだ。芳賀郡での山林資源の商品化は、地主に富をもたらすばかりでなく、木こりや木挽、材木輸送など、多くの就労機会・収入源を百姓に提供し、地域社会全体の経済に活力を与えていった。

さらに芳賀郡の百姓は、植林や育林も進めた。一八一三年（文化一〇）一二月、給部村の地主・名主である綱川家が手彦子村の武右衛門との間で、植訳《うえわけ》林の約束を取り交わしている。綱川家が所持する山林を武右衛門が預かり、樹木の植付・育成を請け負い、売木後は代金を両者で折半するという取り決めである。山持ちの綱川家による林産物の商品化で創造された労働力需要に、周辺村々の百姓が呼応しているのである。同時に綱川家は、雑木の炭生産にも力を入れ、村の内外から炭焼職人を雇って炭を生産し、高価な椚《くぬぎ》炭を中心に、道場宿河岸から鬼怒川水運を使って江戸市場に移出していた。主な顧客は領主である旗本や他の武家・寺社層であったが、江戸市場で炭値段が上がれば、領主へ送る分まで炭問屋に販売している。一八六〇年（万延元）一二月には、当時の当主綱川大八が、下野国芳賀・那須・塩谷・河内の四郡から三万俵の炭を集め、鬼怒川水運で江戸市場に送り出す「御国産炭」の生産・販売計画を立てるに至る。こうして綱川家は、広大な持山のうちから、雑木中心の炭焼山と杉・檜中心の建材生産の山を区別し、長期的なサイクルで伐採と植林を持続し、持山の有効活用をはかっていった。なお植林が、山林資源の保護・育成、ひいては村や地域の生産環境を整える効果を発揮していたことも見逃せない。

地域の自然環境を生かして商品を生み出す動きは、内水面利用のあり方からもうかがえる。東水沼村第二位の地主小林家は一八三九年（天保一〇）九月から一八四六年（弘化三）正月にかけて、たびたび鰻を売り、金一〇九両を手にしている。他にもスッポンや鯰を販売している。小林家は、東水沼村の小百姓が川や用水路で獲った鰻やスッポンを買い取り、それを商品として販売していたのである。保存のきく「塩鰻」への加工例が見られることから、周辺の町場あるいは江戸へ移送・販売した可能性が高い。また、『百姓無手物語』が記すように村々の小百姓の鰻需要も高まっており、小林家が地域市場への販売をにらんで鰻の商品化を進めていたことが考えられる。

資金力をもち、町場の市場とも深く関わっていた村方地主は、山や川の資源と小百姓の労働力・技術とを結びつけ、新たな商品生産を実現し、米穀の生産・販売で停滞した地域経済を別の生業で底上げする役割を果たした。地主と小百姓の協同によって地域資源に新たな価値が見出され、地域経済の安定・向上に寄与する稼ぎが生まれたのである。

## 3 荒地の林畑利用

西高橋村の百姓は、開発意欲が高まった一七世紀後半から一八世紀初頭にかけて、土壌条件・土質の悪い傾斜地や低湿地までも無理に開墾して、合計三〇町余もの新畑を造成した。ところが、農耕意欲が減退した一八世紀中期以降、そうした新畑の多くが荒畑に変わっている。西高橋村の百姓は、所持地の中でも、地味や水利条件のよくない田畑、耕作に不便な田畑など劣悪地を選び、いち早く耕作を放棄していった。そもそも西高橋村では、一七世紀末の段階で開発が過剰気味となり、採草地を減少させ、本田畑の生産条件を掘り崩すという生産環境の悪化が生じていた。

芳賀郡の百姓は荒畑を増大させたが、それを無為に放置していたわけではなかった。山林資源の商品価値の高まりに応じて、荒畑に木を植え、林畑をつくっていったのである。一八一九年（文政二）二月、稲毛田村の名主・組頭は、年来荒地としてきた畑地二反四畝歩余の利用方法を協議し、そこに杉や松を植え、「成木仕候節売木」することを取り決めている。また、当該期の芳賀郡の山質地証文をみると、もとは畑地、しかもより生産性の劣る下々畑が山となっている例が多い。かつて農作物を栽培していた畑地、とくに耕作者を失った荒畑に樹木を植え付け、人為的に平地林を生み出し、新たな商品生産の場として利用し始めたのである。百姓は、畑作物と林産物の収益を秤にかけ、山林の商品価値に期待したからこそ畑地に植林した。百姓による土地利用の転換である。

荒畑での平地林造成には、商品生産以外にも、多様な機能・効用が見込まれた。西高橋村の百姓は安永期から天保期にかけて、地味が薄く、村はずれにあった荒畑を繰り返し「松杉雑木林」に仕立てている。西高橋村には、一八世紀前期までの過剰開発で丸裸状態になった畑が多く、冬から春の北西風によって麦が肥料・表土とともに吹きさらわれる事態が深刻化していた。そこで荒畑に防風林を造成したのである。これは、荒畑をもとの林野に戻すことで平地林と水田作・畑作との調和を取り戻し、新田畑開発の行き過ぎによって崩れた生産環境の回復をはかるものであった。しかも雑木林の場合、五〜一〇年も経てば落ち葉の効果で土壌が肥える。西高橋村の百姓は、地力が増した後、再び畑地に起こし返すことまで企図していた。さらに、平地林として利用した方が、畑地よりも年貢減免の割合が大きく、肥料・燃料材の自給（支出の抑制）、林産物の商品化などで利点があった。管理労働力も省力化でき、その分他の仕事に力を入れることができた。西高橋村の百姓は、農耕意欲が減退し、農業生産を縮小している状況下で、多大な労力を要する起こし返しを無理に急がず、生産環境の保全まで意識し、多様な機能・価値をもつ平地林の育成を推進したのである。

## おわりに

一八世紀後期から一九世紀前半にかけて下野国芳賀郡で顕在化した「農村荒廃」現象は、必ずしも百姓の暮らしの荒廃や村の疲弊を意味しなかった。当該期の百姓は、より豊かな生活水準を求め、活発に消費行動をしており、暮らしの安定・向上をはかるために、生業の主軸を米穀作から諸稼ぎへ主体的に変化させていた。市場経済・社会状況の変動（米穀価格の低迷、諸稼ぎ・就労機会の増大、労賃の高騰など）に的確・機敏に対応し、より有利な生業のあり方を選択していたのである。主産物である米穀の価格が低迷する時期に農耕を縮小し、それ以上に有利な稼ぎに身を移すことは、労働力の有効活用の手段として評価し直すべき事柄であろう。百姓の生業は、多様性・複合性をもつと同時に、年代によって家族労働力の配分方針を変え、農耕から諸稼ぎ・賃稼ぎへ（その反対もあり）と比重を移し変える柔軟性ももっていた。また、そうした百姓の生業選択は村が後押ししていた。「農村荒廃」現象の背後には、百姓の貧窮よりも、むしろ生業選択を果敢に行う百姓の判断力と行動力が見出せる。その過程で百姓や村は、地域にあるさまざまな資源に価値を見出し、新たな活用方法を編み出した。百姓の生業の変化は、地域資源の利用方法の変化、利用の高度化と同義であった。土地所持・田畑耕作の視点だけでは、江戸時代の百姓の暮らし・経済力は十分理解できない。山・川や労働力、村方地主と小百姓の関係構造、資金の融通などまで含めて広義の地域資源と捉え、その利用のあり方に注目すべきである。

どんな地域においても、そこに生きた百姓が、多種多様な、ただし有限な地域資源をいかに有効に活用したか、どのように結びつけて価値を創造したか、それを探ることが、地域を対象とする歴史研究の一つの柱となる。それはすなわち、地域に根ざした百姓の時代ごとの生業を明らかにする試みであり、そこから百姓の知恵・工夫・努力と生き生きとした暮らしぶりを浮かび上がらせることができるのである。

**参考文献**


●阿部昭……『江戸のアウトロー』 講談社、一九九九年
●氏家町史編さん委員会……『氏家町史史料編近世』 二〇〇九年
●加藤衛拡……『近世山村史の研究』 吉川弘文館、二〇〇七年
●斎藤修……『商家の世界・裏店の世界』 リブロポート、一九八七年
●平野哲也……『江戸時代村社会の存立構造』 御茶の水書房、二〇〇四年
●深谷克己・川鍋定男……『江戸時代の諸稼ぎ』 農山漁村文化協会、一九八八年

# 百姓一揆の意識と行動

内田　満

## はじめに

グローバリズムの現代とは異なった社会・地域のあり方が存在したこと、その実態を明らかにすることが、現代・国民国家・グローバリズムを相対化し、歴史的に考える一つの方法である。また当たり前と考えているものの中に潜む問題を明らかにする方法である。

与えられたテーマは「百姓一揆の意識と行動」である。百姓一揆は幕藩制の枠組みを前提にした近世の主要な民衆運動である。青木虹二『百姓一揆年表』によれば三七〇〇件を数える。[*1] 現代の日本では民衆運動は低調である。それに対して、タイではソムチャイ政権退陣を求める反タクシン元首相派市民団体がバンコク国際空港など二空港を一週間占拠し、政権を崩壊させた。[*2] 空港占拠に対する評価はさまざまであるが、民衆運動が政治変革をもたらした事例である。生活者の立場からの政治参加・主体意識の形成は民主社会の形成者として必要であろう。

小稿では、まず与えられたテーマの枠組みの理論的整理をする。すなわち、地域、仁政イデオロギー、百姓一揆、敵＝悪役の措定と懲悪・除去、作法、セーフティーネットなどである。次に、歴史分析の具体例を旗本神谷勝十郎殺害一揆に絞って提示する。最後に、小稿の検討からみえてくる教科書記述の問題について若干ふれる。

# 1 研究史・研究動向

小稿では与えられたテーマである地域と国家、「『地域』――日常性から動的世界へ――」「百姓一揆の意識と行動」の枠組みを説明する最低限の理論的整理・研究動向を紹介する。

## 1 地域

地域とは、近世幕藩制国家の枠組みを前提とし、生活・生産、訴訟・村方騒動・百姓一揆・国訴などの民衆運動、ネットの拠り所である。地域の基礎単位は近世村、現在の大字であるが、生活・生産の日常性から生み出される社会的基盤が地域である。近世の民衆運動とは、この生活・生産という視点からの地域を拠り所にした訴訟・村方騒動・百姓一揆・国訴などによる国家（社会体制・社会秩序）への抵抗運動である。生活という視点からの地域がベースにある運動といえる。

また地域とはエリア・空間的な広がり、すなわち領域であるが、具体的にいえば、村方騒動〔村・組・小字〕、百姓一揆〔領主支配、普請組合、生産・流通の共通性〕、国訴〔生産・流通の共通性〕などに応じた組・小字、村、普請組合、領国、経済圏などが考えられる。これらの地域は歴史的に形成されるが、そのなかでも基礎単位である近世村は、惣村から出発し村請制村落として変容しつつも、明治になっても共同体として健在であった。たとえば秩父事件では村が機能していた〔内田満　一九九七・一九九八・二〇〇七年〕。

## 2　御百姓意識・仁政イデオロギー・恩頼関係

地域の基礎単位である近世村・地域住民である百姓・地域支配者である領主は幕藩制国家の枠組みを前提にしている。兵農分離制・石高制・鎖国制〔「海禁」〕・村請制・仁政イデオロギーなどに規定された存在である。日常性から非日常〔動的世界〕へ、を説明する論理は、「生産・生活の意識と闘争の意識の両面を共通して支える土台の意識と想定される幕藩制的な「御百姓」意識、すなわち幕藩制的な農民の自己認識の検討を中心にしつつ一揆の思想をあきらかにしていきたい」とした深谷克己氏によって、「仁政《じんせい》イデオロギー」として抽出された〔深谷克己　一九八六年〕。「百姓経営の成立《なりたち》・相続は、慈悲深い藩主によるお救いの政治＝仁政によって可能になる、という考え方を「仁政」イデオロギーとよぶ」〔保坂智　二〇〇二年〕。

百姓は生活・経営の「成立」（経営維持）を要求する権利のために、年貢皆済が義務化した。一方太平の世を実現させた名君・仁君としての領主は、年貢皆済を要求する権利のために、百姓の「成立」を保障する仁政（「お救い」＝日常的・非日常的救恤）が義務化した。百姓―領主間にはこのような双務的関係＝恩頼《おんらい》関係＝「合意・相互依存の構造」（須田努二〇〇二年）が成立していた。

## 3 百姓一揆

百姓一揆は、仁政イデオロギー＝恩頼関係＝百姓―領主の双務的関係を前提として、幕藩領主に対し百姓自らが百姓「成立」「相続」を求め、仁政を要求する行為である。百姓一揆は、幕藩制の枠組みを前提にした近世の主要な民衆運動であり、国家（社会体制・社会秩序）に対する抵抗の意味をもった非合法運動である。

具体的に百姓一揆にはどのような形態があるか。青木虹二氏は、逃散・愁訴（訴願・門訴）・越訴・強訴・打毀・蜂起に区分していた（『編年百姓一揆史料集成』。以下では『集成』と略記）。幕府法令や現存する百姓一揆史料の悉皆調査・分析を通じて通説を大きく塗り替え、実態を解明したのが保坂智氏である（保坂智　二〇〇二年〕。蜂起は百姓一揆に先行する闘争形態である。越訴は重度の非合法訴訟ではない。門訴について幕府は一七七一年（明和八）門訴禁令を発布している、などを受けて、「村と百姓たちは、このような（年貢減免願などの＝内田）合法的訴願によって、村と百姓の成立を求める努力をつづけていたのである。しかし、それでは解決できない状況に追い込まれたとき、要求を実現するために非合法な手段をとったものこそが百姓一揆なのである。合法的訴願から非合法の百姓一揆に発展するには大きな溝があった」とした。そのうえで、恩頼関係を前提にした訴願を伴う逃散・門訴・強訴と、恩頼関係を前提としない打毀し・蜂起の五種類の闘争形態（近世の百姓一揆としては実質四種類）を規定した。のちに詳説する旗本殺害一揆は、領主に期待せず、訴願しないで、武器（竹槍）を携行し、殺傷によって、領主を完全に否定する百姓一揆（民衆運動）であった。実態からすれば、百姓たちは幕藩制の最終段階で百姓一揆とは異質の運動を戦ったのである。

## 4 敵＝悪役の措定と懲悪・除去

百姓一揆は、百姓の「成立」「相続」を否定するような収奪をし、百姓を困窮に陥らせた役人たちを、仁政を実行しない「許すべからざる悪役として措定」するものである。「特定の悪役と蜂起する集団とを二つの極として、明白な善悪の二元的対抗へと構造化」し、悪役＝「〈敵〉を明示して懲悪し、また除去しようとするものだった」。そして「絶対悪を除去したあとには、幕藩制的『仁政』の世界が回復されるはず」と考えた（安丸良夫一九七四年）。

たとえば、一八三九年（天保十）の武蔵国大里郡の「蓑負《みのおい》騒動」は、水害の緊急性から荒川沿いの普請組合の決定に異議をとなえる普請物代を、一〇か村が蓑笠・鎌の出立・得物姿で川越藩に愁訴（川越藩は強訴とし、幕府に報告。幕府は強訴として処罰）したものである。そこで再三再四の異議申し立てをする彦三郎は「邪智悪人」「壱人弐人之人殺シ候悪党より余程増り申候大悪人」とされ、また清右衛門は彦三郎の「手先ニて是迄私欲仕候もの」とされた。このため「村々一統彦三郎清右衛門之肉ヲ食候ハヽ及死候共遺恨無御座候」という憎悪の念を生み、他村の村役人を含めた惣百姓を一触即発の状況に置いたのである（内田満　一九八八・一九九〇年）。

## 5 作法論（得物論）

百姓一揆には作法（「地域性や時代を越えた共通の行動様式」（保坂智　二〇〇二年）・ルール・約束事[*3]）がある。近世人も「百姓騒動の作法」（信濃松本藩一揆「赤蓑談」、『集成』一一所収）とこの作法の存在を認識していた。この歴史的事実の指摘は、戦後歴史学とは明確に区切られる「現代歴史学[*4]」の成果である。具体的に、慶応三年までの一揆・騒動における得物《えもの》原則をみよう（内田満　二〇〇八年ほか）。「一志郡小倭郷いづくともなく皆蓑笠を着し、竹鑓を持、鎌、斧を腰にさし、（中略）相図の狼烟《のろし》をあげ、鉄砲を打て寄集る百姓幾千人といふ限りなく、鯨波《とき》山谷に響き、近郷の村々をさそひ合せ、出ざる村ハ焼打つべし」（一七九六年（寛政八）伊勢国津領強訴、『集成』七所収）は強訴初発の場面で、蓑笠《みのかさ》という出立《いでたち》で、竹鑓《たけやり》[*5]・鎌・斧などの得物をもち、鳴物《ならしもの》としての鉄砲や狼煙を合図としながら、焼打などを参加強制の手段として幾千人という一揆勢が結集していく様子が描かれ、百姓一揆の作法が明示されている。

「百姓之事ニ候得は帯刀ハ無用と申、然上ハ棒、かま、斧などを持参」は、一七五〇年（寛延三）甲斐国米倉騒動への、また「得物ハ鎌鋸斧等ノ農具ヲ持チ槍刀一切無用タルヘシ」（『賊民略記』）は、一八六六年（慶応二）武州世直し一揆への参加を呼びかけた触書の一節であり、持参すべき得物と持参すべきでない武器とが対照的に記されていた。得物とは百姓が「日頃習熟した生産用具」のことで、農具・山具・生活用具であり、一揆勢は多種多様な得物を携行していた。得物は、ありとあらゆる財物をことごとく「跡の用弁」にならぬよう打ちこわすために携行されたのであり、目的は人ではなく物（財物）であった。この得物原則を支える論理は、「百姓は百姓だけの趣意にて、世の見せしめに不仁の者をこらすのみ、敢て人命をそこなふ得物は持たず」（慶応二年「秩父飢渇一揆」、『岩波思想体系民衆運動の思想』）という言葉に端的に示されている。得物で「闘うところに一揆の価値が込められていた」のである。武器を持たないところに日本近世の百姓一揆の特質がある。また、百姓一揆は幕藩領主との恩頼関係に基づいて「百姓成立」を求める行為であるから、得物と出立によって百姓身分であることを強調した。百姓一揆の正当性の論拠が、なによりも百姓身分にあったからであった。

一七三九年（元文四）の鳥取藩元文一揆で、一揆勢が「百姓の得道具は鎌・鍬より外になし、田畑に出よふが、御城下に出よふが片時もはなせじ」（元文四年鳥取藩元文一揆「因伯民乱太平記」、『集成』三所収）と答えたのは、これらのことを端的に示している。鳥取藩御徒目付は、一揆勢の集積された得物を「兵具の如き棒・鎌」と認識している。これは百姓

＝得物＝生産用具、武士＝兵具・武具＝殺傷用武器の図式のなかで、一揆の場面では、「日常の農具類が十分に殺人用具となりうる」〔塚本学　一九九六年〕こと、またそのように認識されていたことを示している。

　ただし、文化・文政期になると、越前や信州などの地域で「第一ミの虫のしよさにあらず、誠のミの虫ならハ願ひ通りにてもあるへきに、さハなくして城下を乱ほうす、これ悪党ろうせきものなり」〔一八一一年（文化八）越前勝山藩一揆「鰹山百姓騒動記」、『集成』九所収〕とか「然るに昨夜の躰たらく、百姓騒動の作法に外れ、罪なき人を悪み咎なき家を打毀ち」〔一八二五年（文政八）信濃松本藩一揆「赤蓑談」、『集成』一一所収〕などと、百姓一揆の作法が崩れてきたことが認識され、記録されるようにはなっている。

　武州世直し一揆勢は鉄砲・刀・脇差などを破却するとともに、一三番札所慈眼寺に隠し置かれた忍藩陣屋の書類・武具等を焼払っているが、これも先の図式を前提とした行為で、一八六六年（慶応二）段階でも得物原則を堅持していたことを示している。またその鎮圧直後の七月に川越藩が出した農兵取立てに対する反対一揆では、頭取名主を「射ち殺せ抔と悪口申張」（打殺を標榜）[*6]こともあったが、簑笠の出立での訴願運動に徹しているのは、依然として一揆側が「百姓」身分を前面に出し、領主との恩頼関係を前提にしているからである〔森田武　一九八一年〕。ところが一八六八年（慶応四）一月三日の鳥羽伏見の敗戦＝徳川幕藩制という社会秩序の崩壊（情報入手）とともに、百姓一揆の意識と行動は変質・転換する。得物としての竹槍も武器としての竹槍に転換した。意味づけを新たにした竹槍に代表される武器を持ち、人間を攻撃の対象とした。近世百姓一揆の作法の決定的転換である。

## 6　一揆側・鎮圧側双方におけるセーフティーネットの形成

グローバリズムが進展するなかで、特に二〇〇八年九月のサブプライム問題に端を発する世界同時金融危機の影響が、実体経済に及ぶに及んで、セーフティーネット[*7]の必要性が叫ばれている。不幸なことだが、一九九一年バブルがはじけてから頻繁に使われ始めたセーフティーネットがここでようやく市民権をえるようになった。近世の百姓一揆では、「成立」を要求した百姓一揆→弾圧・処罰→経済的負担、生命・身体の危険（百姓一揆側・鎮圧側ともにリスクを負う）→このリスクを百姓一揆集団・地域でシェアする仕組み（セーフティーネット）を作り出した。百姓一揆集団は、頭取と一般参加者の間で頼み頼まれる関係の文書形式として百姓一揆の長い歴史の中で「頼《たの》み証文」という文書形式を生み出した。「頼み証文」を発見したのは藪田貫氏である[*8]。百姓一揆は非合法運動であるから、犠牲はつきものである。一揆集団は「頼み証文」や起請文の中で犠牲者に対して有効な対策を立て、精神的・物質的な補償を行ったのである。

たとえば、一七六四年（明和元）武蔵国入間郡北野村ほか一五か村は、惣代二人と諸入用の高割負担を決め、さらに「万一、願之内牢死等も御座候ハヽ、十五ケ村之鎮守ニ可祭候」と定めた[*9]。また、武蔵国北部九郡と上野国緑野郡の一一か村が寄進し、兵内処刑後二年で兵内を追慕し供養する宝篋印塔を関村観音堂境内に建立した。さらに一八六三年

(文久三)、百回忌の際には「関兵霊神」の神号を受け供養祠を勧進し、「兵内くどき」を作った。[*10] もう一例をあげると、一八六七年(慶応三)但馬国奈佐組一一か村は、宿預け、手鎖、首鎖、遠流、入牢、死罪の処罰を想定し、それぞれに対する金銭による補償額を決めたが、さらに「右等ニ付功分有之、願成就之上は、四郡より石代大明神と悦込、御供米弐石ツヽ年々遣シ可申事」と定めた(保坂智 二〇〇二年)。一揆集団は、一揆に参加したときのリスクを村・一揆集団(地域社会全体)でシェア(分かち合う)する規定を生み出し、構成員の被害を補償し、本人・家族の精神的・物質的生活を保障したといえよう(顕彰は精神的セーフティーネットである)。

他方、鎮圧側でも、埼玉県域の寄場組合村では結成時から組合村に治安警察機能を負わせた。「手ニ余リ候ハヽ、打殺候共不苦」と「悪党共」と実際に竹槍などで戦わせる場合、大惣代をはじめとする寄場役人層・村役人層は領主と共生し、同じ利害関係をもちうるとしても、実質的な防衛の任にあたることになる小農・小前層は同じ利害関係を共有できない。地域(郷土)防衛という側面を考えれば、竹槍(武器)=武装化、打殺・切殺などを認めるなら、万が一の場合を考えて、犠牲者に対して有効な対策を立てる必要が当然出てくる。セーフティーネットが鎮圧側でも考慮され、一揆・騒動勢に対抗した際の死亡・怪我の治療費・褒美規定を含む組合村議定・申合せを生み出した(内田満 二〇〇八年)。

## 7　一揆の歴史・時代区分—すべての歴史は「現代史」である—

保坂智氏は、百姓一揆の形態には強訴・逃散・門訴・打毀・蜂起があり、越訴は重度の非合法訴訟ではない。作法では一揆議定・動員方法・旗物・得物・出立を検討し、一七三〇年代に百姓一揆の作法が成立し、一八世紀末から一九世紀初頭にかけて作法が変質し、一八三〇年代に作法の解体を示す動向が出現するという結論を導いた。また、一八世紀後半に成立した義民物語が幕末維新期に定式化し、明治期に受け継がれた。自由民権期は現在につながる百姓一揆観の確立期であり、その後百姓一揆の双子ともいえる越訴・義民物語タイプのイメージと「竹槍席旗《ちくそうせっき》」・武装蜂起タイプのイメージが定着する。そしてこの双子が英明な義民と自暴自棄の愚民の行動という対立パターンで理解されるにいたるが、義民と「竹槍席旗」論はともに誤りであるから、この百姓一揆観から解放される必要があるとしている（保坂智　二〇〇二・二〇〇六年）。

百姓一揆の実態（過去）がどう捉えられたかについて、自由民権家（現在）の目で見た百姓一揆像が、義民と「竹槍席旗」という双子であった。前者は代議制を目指す自由民権家にとって理想的な百姓一揆であり、後者は彼らが目の当たりにした新政反対一揆の実力行使＝暴動性を近世に投げ入れた結果であり「理想的な手段とは考えていなかった」（保坂智　二〇〇六年）。こうして過去は現在の目で見られ、近代的な歴史像・枠組みを生み出した。[*11]その後個々の形態は大量観察した黒正巌氏により定着し、堀江英一氏の著名なシェーマ〈代表越訴型→惣百姓一揆型→世直し一揆型〉として発展させられ、[*12]教科書にも採用されている。マルクス主義史学は革命運動との関係で理解したので、百姓一揆＝武装蜂起論を否定することはできなかった。また戦後歴史学もマルクス主義史学のあり方に規定されていたので、一揆の質は闘争主体の階級的性格で決まるとされ、百姓一揆そのものの分析は二の次であった。この動向を打ち破ったのが、一九八〇年代以降の現代歴史学、具体的にいえば、齋藤洋一・藪田貫両氏に始まる得物（作法）研究である。

## 2 具体的事例—旗本神谷勝十郎殺害一揆—

一八六八年（慶応四）三月二七日、武州榛沢郡黒田村で起こった旗本神谷勝十郎殺害一揆とは、農具・山具を携帯し物を打毀しの対象としていた近世の作法から逸脱して、武器である竹槍で旗本を刺殺し、幕藩体制下の領主の存在を否定するという意識の決定的転換を見せ、憎しみのあまりカニバリズムに及んだ全国的にも類例のない一揆であった（内田満　一九八九・一九九二・二〇〇〇・二〇〇一・二〇〇五・二〇〇六・二〇〇八年）。

旗本神谷勝十郎は、武州榛沢郡大谷村に一四三・三石、黒田村に七一・七石、合計二一五石を支配する三河以来の小旗本であった。旗本神谷勝十郎殺害一揆には、神谷の収奪とそれに対する両村百姓による抵抗という長い前史①～⑤があった。すなわち、神谷による嘉永期（一八四八～五四年）から一八五六年（安政三）までの間の少なくとも二二五両の収奪に対して、両村百姓は恩頼関係に依拠した抵抗をした。②では中間支配機構である割元役・名主の非分を訴え、領主神谷によって退役（除去）してもらうことによって仁政状況への回帰を実現した。③では恩頼関係に依拠した公儀への訴願をおこなった。神谷が寺の調停を反古にしたので、大谷村百姓は訴願のルートを通じての幕藩制的仁政＝救済の道には限界があることを知った。③'では旗本神谷は「成立」のための「お救」を拒否した。この③と③'の体験によって、大谷村村役人でさえ、元治期（一八六四～六五年）には神谷に対して「無慈悲之地頭」「一ト通ならさる地頭」（＝仁君ではない）との領主観を持つにいたった。④では村役人惣代による歎願と小前六〇～七〇名余による「銘々農具又は竹槍其外得物ヲ携」えた実力行使とにより検見《けみ》中止を勝ち取った。最終的には神谷が勘定奉行へ訴え出て、公儀に依存する形で、百姓の要求を退け、増徴を実現した。この一件を通じて、

旗本神谷勝十郎殺害一揆年表

| | |
|---|---|
| ①嘉永４・1851 | 大谷村神谷組で村役人に対して異議を申立てる（御用金割合反対捨書）。 |
| ②安政２・1855 | 大谷・黒田・上大谷村の小前・村役人は、大谷村の割元役の非分11カ条を神谷役人中へ訴え、この割元役・名主親子を退役させる。 |
| ③文久元・1861 | 御用金反対を神谷へ嘆願、神谷の上司・同僚・親族へ張訴、老中へ籠訴する。神谷は非常時以外先納金・御用金を賦課しないという弘光寺による調停を反古にする。 |
| ③'文久年間 | 大谷村では「田方皆無」の際、「神谷様御分ニ限リ一粒之御用捨米も無之」と神谷と四給領主の間に明瞭な対応の違いが生じる。 |
| ④元治元・1864 | 神谷年貢増徴策で検見実施通達、検見役人来村。大谷村検見反対強訴。給々惣代９名、検見宥免嘆願、百姓60～70名は「銘々農具又は竹槍其外得物ヲ携」え、検見役人のいる名主宅へ押しかけ、実力行使により検見中止。神谷は勘定奉行所へ訴え、増徴に成功。 |
| 慶応元・1865 | 神谷は御改革金・御暮金・屋敷替用金合計150両賦課。 |
| ⑤慶応４・1868 | １月大谷・黒田両村は領主神谷の家政改革を開始。神谷の45両の御用金賦課を拒否。 |
| 慶応４・1868 | ３月16日、神谷が黒田村へ来村。27日、神谷勝十郎（36歳）、「打殺焼喰」される⑥。28日、馴合人制裁される。<br>第一次隠蔽・偽装工作（用人が投石で死去したとするもの）⑦。<br>29日、旗本と鎮撫方岡部藩安部摂津守役場へ偽届。この間、一揆情報が拡大・伝播し、記録された（2009年現在までに５件を確認している）。<br>４月、岡部藩の「御糺」で偽証、村預けまたは役儀取り放し処分⑧。 |
| 明治２・1869 | 大谷村元組頭勇次郎、名主三左衛門を岩鼻県へ訴える⑨。取調べ。<br>第一次隠蔽・偽装工作破綻。神谷氏叔母、工作を認め吟味中止を嘆願。<br>第二次隠蔽・偽装工作（牢死者を正犯とするもの）⑩。 |
| 明治４・1871 | 一揆関係者召喚⑪。妻は自害又は病死、遺児２名黒田村で養育⑫。 |
| 明治５・1872 | 裁許（第二次隠蔽・偽装工作にそった事実認定）⑬。 |
| 明治23・1890 | ９月、矢田清吉が施主で薬王寺に墓を建立⑭（台座に発起世話人58名の姓名を銘記）〈23回忌〉。 |
| 昭和43・1967 | 神谷勝十郎の百年忌の追善供養施主一同への謝辞と和歌⑮（斎藤きよ・薬王寺に隣接する農民センター内にある）〈100回忌〉。 |

小前層・一部役人層も含めて、百姓の旗本神谷への恩頼・依存関係は断ち切られた。竹槍が威嚇のために使用されたことがそれを示している。⑤では神谷の家政改革を開始したが、神谷は「日夜酒宴遊興ニ耽リ無益之入費相掛候」ため、両村へ四五両の用金を命じた。両村がこれを拒否すると、神谷本人が三月二六日「不意ニ」来村した。以上五件が旗本殺害一揆の前史である。両村百姓は、ここまでは神谷を領主と認め、恩頼関係を前提として百姓「成立」を実現すべく原則として訴願という近世的作法で対応している。

旗本神谷と大谷・黒田両村百姓との対抗関係の中で、旗本に対する不信から極度の憎悪へと高揚・飛躍し、一八六八年（慶応四）一月三日鳥羽伏見の敗戦以後の政治的空白期に、北関東において世直し騒動が頻発するなかで、旗本神谷勝十郎殺害一揆⑥が起こされた。神谷は徳川幕府崩壊直前の収奪可能なうちにできるだけ収奪するため、賄役一名を伴い黒田村に来村し、村役人を召喚した。大谷村名主三左衛門ら両村村役人は発意し、四〇余名の惣百姓が竹槍・鳶口《とびくち》・六尺棒・切木・棒等の武器・得物を持ち、名主宅を「壁等悉打被り戸障子其外座敷有之候道具等微塵ニ打砕」と徹底的に打毀し、神谷を打殺した。名主宅は「台所ニ黒血五六尺四方ニ流レ有之候」と凄惨な状態となった。さらに神谷を「焼喰」（『木公堂日記』）するに及んだ。このことは一揆勢の憎悪や怨恨の強さ・激しさをよく示している。

この三月二七日の殺害一揆⑥はその後二度の隠蔽・偽装工作を経ることになる。一揆側と旗本側の合意による三月二八日の第一次隠蔽・偽装工作⑦では、犯人は逃亡している勇次郎ほか四名であるとした。これにより四月中の岡部藩による糾明・処罰⑧は、村預・役儀取り放しと比較的軽い処分で済み、事件の「真相」は露見しなかった。ところが、犯人とされていた馴合人大谷村元組頭勇次郎が帰村し、一八六九年（明治二）五月名主三左衛門ら一〇名を岩鼻県へ訴え⑨、第一次隠蔽・偽装工作の一部を暴露したため、岩鼻県による取調べにおいて、名主八百次郎・儀平は、第一次隠蔽・偽装工作が行われたことなど事件の核心部分をすべて白状した（「乍恐以書付奉申上候」、『新編 埼玉県史 資料編一一』一九八一年所収）。ここに第一次隠蔽・偽装工作は完全に破綻した。

岩鼻県吏は主謀者と目された数人を逮捕し、牢死者を出すほどの厳しい取り調べを行った。ここで、これ以上処罰者・被害者を増やさないために第二次隠蔽・偽装工作⑩が行われた。すなわち、牢死者を正犯とする申合せである。一八七一年（明治四）八月一二日、岩鼻県による関係者一同の召喚、取り調べが行われ⑪、ほぼ第二次隠蔽・偽装工作の結果が「事実」と認定され、明治五年九月に判決⑬が下され、旗本殺害一揆は一応の結末をむかえた。

旗本神谷殺害一揆の情報は現在までに五件を確認できているが、一揆の情報が記録された時期は、史料表記によれば、三月六日から四月一五日以後、であった。早いものでは事件四日後には記録され、詳細なものでも七日後に「茶呑語」されていて、情報伝播速度が非常に早いことがわかる（内田満 二〇〇六年）。いずれも第一次隠蔽・偽装工作の中、地元では旗本殺害の「事実」がひた隠しにされていた⑦～⑨の間に伝播・拡大し、記録されたものである。そのような特殊事情のなかで伝えられ、記録されたのだから、「真実」（「事実」）に近い情報であると考えてよい。

記録された一揆情報から判明することは、前史として神谷の暴政が続いていた。用金徴収のために神谷自身が来村した。これに対し、大谷・黒田両村百姓共は徒党し、竹槍にて突殺し、死骸を捨てようと河原に引き出したときに生き返ったので、殺害し、脳を薬として食べた。または竹槍についた肉をたべ「うまい」と言ったことをきっかけに、河原で焼き、憎しみを晴らすために、強制も伴って、その肉を皆で喰い、それに従えない人は寺に逃げ込んでこれを回避した。その後「官軍」への届、岡部藩の吟味・召捕・百姓出奔となった、などである。

## おわりに

研究史や具体的事例から、いくつかの教科書を検討すると、近年の歴史学の成果、たとえば深谷克己氏のいう「戦後歴史学から現代歴史学へ」の転換で、時代像の大転換があったことを反映していないように思われる。つまり、教科書と歴史研究との間にタイムラグが存在する。このタイムラグをできるだけ埋めながら、生徒の歴史認識を育成することを任務とする歴史教育を実践していく必要があるだろう。

「意識と行動」に着目してみると、「生活者」としての百姓の「成立」が不可能になったときに、訴え、さらにそれが拒否されると、団結して要求を掲げ、百姓一揆を起こし、勝ち取る。百姓一揆発生件数のグラフはどの教科書でも掲載されている。では立ち上がった百姓たちが村を単位（旗物）に、どのような方法（一味神水・頼み証文・連判状）で団結して、どのような服装（出立）で、何を持って（得物）、何（鉄砲・鐘・太鼓＝鳴物）を合図に行動したか、などに触れている教科書は少ない。教育出版本（中学）が「小〇の旗」や義民にふれ、大阪書籍本（中学）が竹槍について事実誤認があるものの、「聞き入れられないときには、多くの百姓がくわや竹やりで武装して、百姓一揆を起こしました」と得物について記述しているくらいである。近世で竹槍が得物として使用されていたことは、鉄砲が鳴物として使用されたのと同じである。この転換は一八六八年（慶応四）鳥羽伏見の敗戦以降である。

鳥羽伏見の敗戦＝徳川幕藩体制という社会秩序の崩壊（その情報の入手）とともに、百姓一揆の意識と行動は変質・転換した。竹槍に代表される武器を持ち、人間を攻撃の対象とした。これは近世百姓一揆の作法の決定的転換である。旗本神谷勝十郎殺害一揆は近世から近代への転換点、近世百姓一揆の世界と近代初頭の新政反対一揆の世界との分水嶺に位置する重要な百姓一揆（民衆運動）である。新政反対一揆では、武器携行が一般化し、秩父事件では武器の携行が呼びかけられた。当然のことながらすべての教科書が自由民権運動に触れている。しかし、民衆運動的視点からの叙述はみあたらない。秩父事件における参加農民の行動パターンについては触れられていない。作法論から授業を展開する試みもあってよいのではないだろうか。

もう一点指摘しておきたいのは、かつてのように、領主が形振り構わず全剰余労働搾取を行い、「百姓は死なぬ様に、生きぬ様に」とか「胡麻の油と百姓は絞れば絞る程出る物なり」などの史料を引用して、過酷な収奪を強調するような発想の授業では、近世社会が仁政イデオロギー・恩頼関係・双務的な関係のもとに成り立っていたことを思い描き、理解することは困難である、ということである。「成立」「お救」、そこから見えてくる社会のあり方、そのとらえ方の違いが横たわっている。また形振り構わずの収奪という捉え方は、飢饉による生活難が百姓一揆を激化させるという貧窮型の百姓一揆観につながる。教科書では飢饉の叙述・天明の飢饉図・飢饉の書き込みがある百姓一揆発生件数のグラフが並記してあるものが多いが、ひとまず飢饉とは切り離して、百姓一揆の起承転結を授業で展開したらどうであろうか。

**参考文献**


◉内田満……「天保期の村方騒動と百姓一揆」(『大里村史報告書　近世における村と普請』大里村、一九八八年)
◉内田満……「旗本神谷勝十郎殺害一揆」(『埼玉県立桶川高等学校研究紀要』四、桶川高等学校、一九八九年)
◉内田満……「治水と争論」(『大里村史(通史編)』大里村、一九九〇年)
◉内田満……「下大谷村と旗本神谷勝十郎殺害一揆」(『埼玉県立桶川高等学校研究紀要』七、桶川高等学校、一九九二年)
◉内田満……「秩父困民党と武器(得物)」一・二(『立正大学地域研究センター年報』二〇・二一、一九九七・一九九八年)
◉内田満……「得物から竹槍へ」(『民衆運動史　一揆と周縁』青木書店、二〇〇〇年)
◉内田満……「武州世直し情勢と旗本神谷勝十郎事件」(『中山道　武州・西上州・東信州』吉川弘文館、二〇〇一年)
◉内田満……「旗本神谷勝十郎殺害一揆」(埼玉大学大学院教育学研究科・修士論文、二〇〇二年)
◉内田満……「幕末政治情報の受容と上武両国の一揆動向」(『埼玉地方史』五三、二〇〇五年)
◉内田満……「記録された旗本殺害一揆」(『歴史評論』六七〇、二〇〇六年)
◉内田満……「秩父困民党と武器(得物)」(『森田武教授退官記念論文集　近世・近代日本社会の展開と社会諸科学の現在』新泉社、二〇〇七年)

●内田満……「一揆・騒動の場におけるセーフティーネットの形成」（『埼玉地方史』五九、二〇〇八年）

●金子勝……『セーフティーネットの政治経済学』（筑摩書房、一九九九年）

●齋藤洋一……「武州世直し一揆の研究」正続（『昫沫集』一、『近世史藁』二、一九七七年）

●齋藤洋一……「武州世直し一揆のいでたちと得物」（『学習院大学史料館紀要』創刊号、一九八三年）

●須田努……『「悪党」の十九世紀　民衆運動の変質と〝近代移行期〟』青木書店、二〇〇二年

●高橋正一郎…「出立から見た土平治騒動」（『神奈川県立相模原工業技術高等学校研究紀要』創刊号、一九八九年）

●高橋実……「牛久助郷一揆の構造」「牛久助郷一揆の世界」（『助郷一揆の研究』岩田書院、二〇〇三年）

●塚本学……「江戸時代の村の武力について」（『国立歴史民俗博物館研究報告』六六、一九九六年）

●深谷克己……「百姓一揆の意識構造」（『思想』五八四、一九七三年）

●深谷克己……「百姓一揆の運動構造」（原題「百姓一揆」岩波講座『日本歴史一一　近世三』岩波書店、一九七六年）
ともに、『増補改訂版・百姓一揆の歴史的構造』校倉書房、一九八六年

●深谷克己……「取立てとお救い―年貢・諸役と夫食・種貸―」（『日本の社会史第四巻　負担と贈与』岩波書店、一九八六年）

●保坂智……「百姓一揆――徒党の形成と一揆の有様――」（『歴史と地理』三八八、一九八七年）

●保坂智……『百姓一揆とその作法』（吉川弘文館、二〇〇二年）

●保坂智……『百姓一揆と義民の研究』（吉川弘文館、二〇〇六年）

●森田武……「川越藩農兵反対取立て反対一揆論」（『埼玉県史研究』八、一九八一年）

●安丸良夫…『日本の近代化と民衆思想』第二編「民衆闘争の思想」（青木書店、一九七四年）

●藪田貫……「得物・鳴物・打物」（『橘女子大学研究紀要』一〇、一九八三年）

●藪田貫……「百姓一揆と『得物』」（『同』一四、一九八七年）
ともに、『国訴と百姓一揆の研究』校倉書房、一九九二年

●山田忠雄……「近世における一揆の組織と要求」（『一揆　三』東大出版会、一九八一年。のち『一揆打毀しの運動構造』校倉書房、一九八四年）

## 注

＊1…天正一八年～明治一〇年。ただし検討の必要がある。

＊2…朝日新聞二〇〇八年一二月三日付朝刊・夕刊。その後、タクシン派のデモによってＡＳＥＡＮ関連首脳会議が延期され、非常事態宣言が出された（同、二〇〇九年四月一二日付朝刊）。

＊3…「共通の行動様式」＝百姓一揆の作法とは、組織、行動様式、意識構造。心性の表出である出立＝服装：蓑笠、得物＝持物：農具・野具、鳴物＝音の世界、旗物＝視覚の世界など。

＊4…深谷克己「書評　保坂智著『百姓一揆』と義民研究」（『日本史研究』五三八、二〇〇七年七月）。「現代近世史研究とは、おおよそ八〇年代以降に活発な論文発表や学界発言を行うようになる世代によって代表される研究の問題関心や史料論、分析手法、形成される歴史像のこと」で、「現代の問題に対して各自の感性でこたえようと」して「グランドセオリーを経由させないで直接に歴史の史資料と向き合うという研究姿勢をとる」。

その実態を解明した齋藤洋一・藪田貫・保坂智・高橋実・高橋正一郎・須田努氏などの諸論文や内田満の拙稿参照。世代は異なるが百姓一揆の運動構造の実態解明にいち早く取り組んだ山田忠雄氏の論文も参照。

＊5…近世では竹槍は武器として使われたのではない。慶応二年、津山藩改政一揆の打毀し現場では「竹やりにて門の瓦を突落し、表口より投込けり」と竹槍も物を対象とする道具として使われている。

＊6…『新編　埼玉県史　資料編一一　近世二　騒擾』七六一ページ、一九八一年。

＊7…「市場競争の世界には、信頼や協力の制度が奥深く埋め込まれており、相互信頼を前提とする「協力の領域」があってはじめて「市場競争の領域」もうまく働くのである。この信頼や協力の制度に当たるのが、リスクを社会全体でシェアする（分かち合う）セーフティーネットである。セーフティーネットの語源はサーカスの綱渡りに由来する。綱の下に張られた安全ネットがないと、綱渡り芸人は思い切ったアクロバットが出来ない」（五七ページ）。また「信頼と協力の領域」（六七ページ）。「人々が安定的な経済行動をなしうるには、一人一人の人間の処理能力を超えるリスクを社会全体でシェアするセーフティーネットと連結する制度やルールが必ず必要となる」（六九ページ）（金子勝『セーフティーネットの政治経済学』ちくま新書、一九九九年）。

＊8…「国訴の構造」（『日本史研究』二七六、一九八五年）、のち（藪田貫　一九九二年）。その後「頼み証文」研究は白川部達夫氏によって精力的に行われた。『日本近世の村と百姓的世界』校倉書房、一九九四年。「近世の百姓結合と社会意識――頼み証文の世界像――」（『日本史研究』三九二、一九九五年）。『近世の百

姓世界』吉川弘文館、一九九九年。「元禄期の村と頼み証文」（『史料が語る日本の近世』吉川弘文館、二〇〇二年）。

＊9…『所沢市史　近世史料Ⅰ』一八六文書、二六三ページ、一九七九年。

＊10…森田雄一「中山道伝馬騒動」（歴史教育者協議会編『図説　日本の百姓一揆』民衆社、一九九九年）。『武蔵国児玉郡関村兵内供養塔補修工事報告書』埼玉県児玉郡美里町教育委員会、一九九一年。

＊11…すべての歴史は現代史である――クローチェの言葉。「すべて歴史的判断の基礎には実践的要求があるので、すべての歴史は『現代史』という性格を与えられる。なぜなら、叙述される事件が遠く離れた時代のものに見えても、実は、その歴史は現在の要求および状況――その内部に事件がこだましているのである――について語っているのであるから」（E・H・カー『歴史とは何か』岩波書店、一九六二年、二三六ページより引用）。

＊12…堀江英一『明治維新の社会構造』有斐閣、一九五四年。

第3章

# 交流のなかの東アジアと日本

# 古代・中世日本における仏教思想の浸透

## ―「因果応報」の理―

平田博嗣

## 1 はじめに

中学生に、古代・中世の社会をどのように認識しているかを問うと、古代＝天皇と貴族の時代、中世＝武士の時代という答えが返ってくる。時代像を持つことは、学習指導要領にも合致したものでもあるが、筆者はこのように単純化した時代像に対して疑問を感じる立場である。多くの人がいて、多くの立場があって、時代は作られ、社会は成り立っているのではないだろうか。小学生時代の漠然とした時代認識から、中学生になり、一つの時代像を持てることの重要性を認めつつ、複眼的な時代像を持つことが、歴史を絶対化しないで、相対化していくことにつながると考える。

では古代・中世から現代に繋がっているものはという問いに対しては、どうであろう。天皇という返答がまずある。他には、という問いに対して、しばしの沈黙ののちにようやく仏教という答えが出てくる。天皇のことはすぐに出てくるが、仏教についてはなかなか出てこない。本稿は、古代＝天皇と貴族の時代、中世＝武士の時代という時代像に対して、仏教が日本の古代・中世の社会にどのように浸透していったかを考察する。具体的には、仏教寺院のあり方、そしてその思想を明らかにし、中学生の歴史授業であるので、中学生に理解しやすい考えとして、「因果応報」の理を中心にして学習指導を展開させた。

本稿の目的は、歴史学の成果を生かし、従来の国家認識を改める歴史学習のあり方を模索することにある。中学生が国家というものをどこまで意識しているか、はなはだ疑問である。国家認識を、時代とか社会という概念で本稿ではとらえたいと思う。中学生が持っているであろう、また中学生に持たせようとする時代とか社会について、仏教を中心にして新たな視点を加えたいと考える。では中学生が持つ時代や社会に対する概念をいくつかあげてみる。

・日本は仏教国である。
・奈良の仏教は、学問が中心である。
・平安の仏教は、宗教性が強くなる。
・鎌倉時代には、鎌倉新仏教が栄えた。
・武士は禅宗に帰依した。

これらは、ある一面の真実を伝えているが、すべてではない。こうした概念にゆさぶりをかけつつ、当時の時代や社会について学習をしていく。

また古代・中世の人々がどれほど国家というものを認識していたかというかと、これまた難しいと言わざるを得ない。確かに、為政者たちは上古の時代から朝鮮や中国を意識した国家を作り上げてきた。つまり、日本の多くの人は、対外的な勢力との比較の中で、初めて国家を意識していったのではないかと考える。そこで、古代・中世を通して最大の危機である「モンゴル襲来」において社会がどう動き、仏教勢力はどう対応したのかを授業として取り上げる。

まとめると、本稿では、古代・中世から日本人の歴史の底流にある「因果応報」の理がいかに形成され、また強化されたかを、歴史学習の現場の実践の中で示していきたい。特に、いわゆる政治的な事件として取り上げられるモンゴル襲来において、仏教および因果応報の理がどのように影響していたかを考える。社会史的な視点を取り入れ、現代に通ずる日本人の意識について考える授業を示したい。ただし実際の現場での授業では、「因果応報」の話ばかりしているわけにはいかない。仏教伝来から古代そして中世社会の授業の中で、中学生の持つ既存の概念にゆさぶりをかけつつ、モンゴル襲来の授業、中世の文化の授業でまとめ、整理していく学習を提示する。

## 2 日本人の宗教観

民族を理解するためには、その民族の持つ宗教を理解しないとわからない、とはよく言われることであろう。日本人が日本人を理解するためには、日本人共通の宗教的な感覚を理解する必要があろう。日本人には宗教がないと言われる。それを言っているのは、当の日本人であることが多い。現代の多くの日本人にとって、宗教というのは、何宗、何教に属することを指している。特定の宗派に属することは、まわりから偏見をもって見られるのではないかと疑念を抱くことが多いだろう。そこで「私は無宗教です」という言葉になる。しかし海外に行って、「私は宗教を持っていません」と発言すると、無政府主義者のごとく危険視される可能性があるとよく言われる。これは外国と日本における宗教をどうとらえるかの違いであると思う。日本人特有の考え方、心の持ちようが確かにある。例えば日本人は、外国人に比べて、大まかな印象として「きまじめ」というものがある。自動車が通ってなくても、赤信号で待つ日本人を揶揄したフランス人がいた。最近はあやしくなってきたが、交差点で、車が通っていなくても、信号が青になるまで待っている日本人の姿を外国人は奇異に思ったりする。

日本人は何を考えているのか。これは、他の人が見ていようが見ていまいが、きまりの通り行うことが日本では是とされてきたところによる。そこには現実の人間社会を超えた何かを意識した、合理的な説明がつきにくい宗教的な感覚が存在する。そうならば、日本人はきわめて宗教的な民族とも言える。悪いことをすれば天罰が下るという考え、これは、善因善果、悪因悪果つまり「因果応報」の理と言われるもので、個人として意識しているとしていないにかかわらず、日本人に身についている考えと言えるのではないだろうか。それは、仏教によるところが大きいと考える。

また生徒たちと昼休みや放課後、授業以外の場で話に付き合うと、時としてこんな発言をしてくる。「先生、迷信って信じる?」「夜口笛を吹いたら、おばあちゃんに怒られた」「田舎の家の縁の下に、蛇が住んでいたから、びっくりして、追い払おうとしたら、そんなことしたら、罰が当たるといわれた」などなど。合理的精神、科学的な見方・考え方を基盤に成り立っている現代教育に学んだ生徒からすると、これらのことは納得し難いこととして映っている。ここに、仏教思想、「因果応報」の理などの考えが、関係があると考えた。筆者はこうした素朴なとまどいを、古代・中世を理解する一つの切り口であると考えた。現代に生きる生徒に内在する疑問を生かして、授業を行うのである。

## 3 「因果応報」の理の成立

仏教は五三八年(五五二年とも)の公伝から、正式に日本に浸透しはじめる。しかし日本は神国として成り立っていたため、新しい仏教との折り合いをどうつけるかで対立が起こる。その中で勝利したのが崇仏派の蘇我氏であり、さらに仏教を広めるのに力を尽くしたのが聖徳太子となる。聖徳太子は仏教の力を利用して、天皇を中心とした日本の形を模索したと思われる。それは、一七条の憲法の第一条に「和をもって貴し」とあり、第二条に「あつく三宝(仏・法・僧)を敬え」となっていることからもうかがえる。聖徳太子の「徳」という字は、仏教の徳の高いことを示したものである。しかし、仏教を利用して天皇を中心とした国家の体系に役立てるはずが、現実には天皇は仏教によって支えられ、仏教は天皇によって広まった形となっていった。「仏法は王法によって弘まり、王法は仏法によって保たる」(『平安遺文』三二三五号)、「もし仏法なくんば、何ぞ王法あらんや、もし王法なければ豈に仏法あらんや」(同七〇二号)

仏教が天皇と結びついて、公然と仏教的な考え方が広まっていったのかと言えば、そうではない。特に日本に伝わった大乗仏教は、タイやスリランカに伝わった上座部仏教の自分自身の修行を中心にするのではなく、社会の中で奉仕し、他とともに幸福になろうという考えである。簡単には理解できない。まずは自分にとって利益があるかがどうしても関心の的となる。何をすれば良いのか、何をすれば悪いのか。当時の日本人には、高尚な理論・理屈よりなにより、仏教では、殺生は悪であり、死に関するものはケガレたもの、満足して死んだ者を成仏したと考えることである。そしてすべての出来事は原因があり、その種を育てる縁があり、その結果は必然的に決まってくる。いわゆる因縁説であり、そして「因果応報」の理となる。しかし人は生き物を殺し、それを食しているのも事実である。そのために「放生会《ほうじょうえ》」という儀式で合理化を図っている。「金光明最勝王経」では山海の殺生の罪を説いているが、捕獲した魚を買ってきて池に放てば、その罪は消えるというものので、七五九年(天平宝治三)に官符を出させている(義江彰夫　二〇〇三年)。

民間においては、最初の説話文学『日本霊異記』に見られる話から、民衆が何を意識し、理解していったかがよくわかる。亀を助けたら、その亀によって救われる(第七話)。無縁仏となり踏みつけにされていた髑髏を、拾い上げて木の上においたら、髑髏からの恩返しがあった(第一二話)。逆に悪いことをすれば、その報いを当然受けるとした話としては、兎をつかまえ、生きながら皮をはいだことにより、身体に腫れ物ができ、皮膚がただれて苦しみながら死んだ話（第一六話）などが書かれている。

『日本霊異記』の最後には、庶民だけでなく、貴族の姿が出てくる。桓武天皇の弟の早良親王は、次の天皇の候補者であったが、桓武天皇は息子の安殿親王に天皇位を継がせたいと考え、早良親王を幽閉した。早良親王は断食の末、非業の最期を遂げた。その祟りが安殿親王の病となったと考え、早良親王の鎮魂の儀式が行われ、崇道天皇という称号を送ったとされる。こうして、満足して亡くなったのではなく、この世に未練を残して亡くなった者を弔う御霊会《ごりょうえ》というものが始まっていった。八六三年（貞観五）に疫病で農民に多数の死者が出た時の儀式をまねて、朝廷で行ったのが初見である（『三代実録』）。

こうした怨霊伝説は、因果応報の理を貴族を始め庶民にも強烈に伝えることになった。その代表的なものは、菅原道真の話である。生徒は受験や学問の神様として知っている者も多いので、授業で取り上げると効果も高い。道真は若い時から学問に励み、文章博士に任じられていた。宇多天皇の信任厚く、右大臣にまで上り詰めたが、時の権力者左大臣藤原時平の讒言《ざんげん》により、大宰府に左遷された。そして失意の内に病となり死去した。その時、都の内裏に雷が落ちたり、また藤原時平が三九歳の若さで亡くなり、天皇家でも早世する者が出て、時平の子孫はみな絶えてしまった。『日本紀略』には「世を挙げて云ふ　菅師の霊魂宿忿のなすところなり」と記され、また毎年のように疫病や旱魃が続いたと記されている。こうした祟りを恐れて道真を右大臣に戻し、さらに太政大臣に格上げし、天神様として祀ったが、その後も藤原家、天皇家には災いが続いた。太宰府天満宮や京都の北野天満宮はこうして生まれた。『大鏡』には、内裏が八回も続けて火事に遇ったことや、修理中、前の日に鉋をかけていた板に、次の日に虫食いがあり、文字になっているのを発見したとある。「つくるとも　またも焼けなむ　すがはらや　むねのいたまの　あはぬかぎりは」。なかなか怨霊は鎮まってはくれないのである。

貴族の日常生活にも、こうした祟りや障りを意識したものがある。貴族の日記から、貴族が物忌みに対して非常に神経質になっていたことを、史料よりとりあげる。朝起きると自分の生まれた星を七回唱えたり、爪を切る日は、丑の日には手、寅の日には足の爪を切る。入浴についてのきまりは、一日に入浴すると早死にし、八日は長生き、十八日に入浴すると盗賊にあい、午の日だと愛敬がなくなり、亥の日には恥をかく〔藤原師輔『九条殿遺戒』〕などとあり、生徒たちの日常生活と比較させる。「先生、そういえば、夜爪を切るなと言われたことがある」という発言も出て、生徒たちの生活にも、影響があったことを理解させる。

こうした貴族の縛られた精神生活を好転させる役目として、陰陽師の安倍清明の話は、生徒にはおもしろがられる。安倍清明は藤原道長に重用された陰陽師で、悪い夢を見た時、目的地の方角を悪い時など、夢違え、方違えなどの手法をもって、縁起の悪い事態を打開させる道をつけていった。『泣不動縁起』〔清浄華院蔵〕の絵によって、疫病神の姿や清明の味方である式神の姿が生徒には興味が湧き、いろいろな話が出てくる。

・疫病神はへんなかっこうしている。

・式神は小鬼か小僧のようだ。
・テレビで見た御祓いの儀式に似ている。
・安倍清明っていう人はどんな人？　出身はどこ？

これらの問いに一つ一つコメントは付けにくいが、興味・関心が湧いてくることだけは確かである。ここに貴族たちが触れることを嫌う仕事があり、その専門職が出てきたことが、武士の登場をつながっていることを暗示しておく。

## 4 「因果応報」の理の強化

中世になると、記録に飢饉が頻繁に登場する。古代には疫病の史料が多いが、中世の大飢饉と呼ばれるものは、天永（一一一一）、長承保延（一一三四〜六）、治承養和（一一八〇〜二）、寛喜（一二三〇〜一）、正嘉（一二五八〜六〇）、元徳（一三三〇）、応永（一四二〇〜一）、寛正（一四五九〜六一）、弘治（一五五七〜六〇）とあり、地方のもの、記録に残らなかったものを含めると、日常的とも言えた。養和の飢饉では、仁和寺の隆堯が死者の額に梵字を書いたところ、二か月の間に四万二三〇〇あまりを書いたと『方丈記』は記録している。悲惨な現実を目の前にして、仏教の地獄の世界を実感させ、後白河法皇は『餓鬼草紙』『地獄草紙』『病草紙』を書かせた。四天王寺薬師院の禅海は、六道絵（地獄・餓鬼・畜生・修羅・人間・天上の迷界で輪廻する様を描いたもの）で寺を参詣する者に、絵で布教した（「鎌倉文庫文書」『神奈川県史』六九三号「天王寺薬師院長老にて候人の彼寺ニ六道絵ノ図写仕候ハハやとて、片岡のゑを所望せられ候」)。

中世になり、政治の実権は武士に移っていったが、仏教は、単なる宗教から、国家、社会、文化に多大な影響を与えることになり、社会のさまざまな事象が仏教的な色彩を帯びることになる。「外来宗教である仏教がナショナルなものの母胎となった」(平雅行 二〇〇四年)と言える状態であった。本地垂迹説によって日本古来の神は仏の眷族として仏教に吸収されたし、また儒教も仏教・神道・儒教を一体とみる考えに従った。延暦寺などが、農業・土木・医学・天文学・儒学までを扱う総合大学であったように、仏教寺院は知識集合体の様相を呈していた。天皇もその権威を仏教に託し、南閻浮提を統治する聖主「金輪聖王」とした。逆に非差別民については、前世で仏教に背いた罪の報いとして、差別を正当化された経緯もある。農耕における豊穣を願い、稲荷のように稲の稔りを祈ることも、広く普及した。

武士が武装化して、武士の力を無視できなくなったのは、一つは貴族が「仏教の殺生を禁ずる考え」から、戦闘行為を避け、下層の者にそうしたケガレの仕事を託したところに、武士の存在が大きくなっていった過程がある。しかし、その武士も仏教の力を必要とした。戦いは死と直面したものであるから、武士にはより切迫したものがあったに違いない。実際は、中世寺院は戦闘の主体者であったところも多い。強訴や僧兵の行為は戦争そのものである。例えば一二一四年(建保二)には、延暦寺が園城寺を襲撃・放火、興福寺が幕府軍と戦闘になっていった(『鎌倉遺文』二〇五一号)。

また寺院の加持・祈祷は一種の戦闘行為とみなされた。人形を使って呪う儀式は、公然と行われ、その威力を疑う者はいなかった。戦いには必ず戦勝祈願が立てられ、勝った暁には、寺院にも恩賞が与えられた。よって武士の背には八幡大菩薩などの幡が立っていく。農民の一揆も寺院で旗揚げし、裏切ることは神仏を裏切ることになる、という誓いを立てていった。一人の裏切りは、全体への影響が及ぶと考えていたために、当然その罰は重いものとなった。こうして「因果応報」の理は、日本の社会のすみずみまで浸透し、強化されていった。

## 5 「モンゴル襲来」の学習を通して

モンゴル襲来は、鎌倉幕府には大きな事件であった。単に政治的な事件というだけでなく、社会にも大きな影響を及ぼした。授業では、モンゴルの興隆から元帝国になっていく過程を、チンギス・ハンやフビライ・ハンの人物を中心に学習して、東アジア全域への侵出、そして鎌倉幕府の崩壊を早めた経緯について学んでいく。そしてこの事件が、政治的な事件だけにとどまらず、社会全体に対して大きな影響を及ぼしたことを理解させることを目標としている。ここでは、モンゴル襲来の学習の後で、鎌倉文化の学習の中で、モンゴル襲来が社会へ与えた影響、特に鎌倉仏教との関係をとらえた授業風景を抜粋する。

T1「モンゴル襲来は、当時の社会にどんな影響を及ぼしたのかな?」

S1「モンゴルはこわい」
S2「元は、いろいろな日本にはない物を持っていた」
S3「戦闘の仕方も違っていた。日本のしきたりなんか通じなかった」
T2「でも、結局は、元は引き上げたじゃないの?」
S4「それは、鎌倉武士が強かったからじゃないですか」

モンゴル襲来が失敗に終わった原因については、神風が吹いたことだけではなく、鎌倉武士の奮闘や東アジアの情勢を前時ですでに学習してある。ここでは、あえて教師は当時の社会の風潮について意識をさせようと試みた。

T3「ところで、お寺や神社はどうしていたのかな?」
S5「お祈りをしていた」
T4「何を祈っていたの?」
S6「元が負けるようにって、決まっている」
T5「それじゃ、元が引き上げて、喜んだね。お寺や神社のせいで、暴風雨が吹いたのかな?」
S7「それはやっぱり偶然でしょう」
T6「お祈りしてくれたお寺や神社には、幕府はなにかをしたのかな?」
S8「ご褒美をあげたんじゃないかな」

T7「そうだね。幕府はお寺や神社によくやったと褒美をあげたんだ。だけど、どうも一律ではないみたいだよ。一番褒美をもらったのは、何宗だったのだろう？」
S9「きっと日蓮だよ。予言したから」
T8「日蓮は、佐渡に流されたりしたよ」
S10「じゃあ、禅宗でしょう。だって自力本願で、相手をやっつけるから」
T9「ほう。みんなはどう思う？」
S11「でも、やっつけられなかったじゃない。願いを叶えてくれるのは、浄土宗なんかじゃないかな？」
S12「願いはあの世で叶えてくれるんだよ。あの世に行ったら、極楽浄土に行けるのが、浄土宗なんかじゃないの？」
S13「死んでから願いが叶ったって、しかたないよ。元は今来るのだから、今効果がないと、やっつけなきゃ」
（ここではしばらくは、生徒たちの意見を隣や前後の仲間同士で自由に述べさせた）
T10「では、今まで、習ってきた仏教の宗派を全部上げてみよう」

授業は、こうした学習を通して既存の学習内容についての復習・知識の定着化をはかることになる。生徒からの発言は順番がバラバラであるが、奈良の南都六宗、平安の天台、真言、そして鎌倉の浄土宗、浄土真宗、時宗、日蓮宗、臨済宗、曹洞宗の名が上がる。これらの宗教の復習を兼ねて、生徒による説明を一つ一つ行わせた。

（生徒の答えに対して板書をしていく）

奈良の南都六宗·学問
天台宗・真言宗·密教、加持祈祷
浄土宗・浄土真宗・時宗…南無阿弥陀仏、極楽浄土、他力本願
日蓮宗………南無妙法蓮華経、現世利益
臨済宗・曹洞宗·禅、自力本願

T11「さあ、どうですか？　理由を言ってね」
S14「やっぱり日蓮じゃないかな。だって、現世利益だし、日蓮は（モンゴル襲来を）予言しているし、民衆に人気があったのではないかと思う」
S15「でも、禅宗の方が、武士には人気があったから、禅宗じゃない」
S16「お祈りは、天台宗・真言宗の方がよくしている」
T12「では、みんなの意見を聞いてみよう」
（挙手をさせる）（クラス全員　四〇人）

奈良の南都六宗·〇
天台宗・真言宗·六
浄土宗・浄土真宗・時宗…三

日蓮宗……………二二三
臨済宗・曹洞宗 二一〇

生徒たちの考えを明らかにさせることにより、歴史の認識が深まると考えて、こうした授業を展開している。ここから史料などから判ることを吟味していった。

日蓮は、民衆の支持は高まったかもしれないが、鎌倉幕府によって、日蓮自身が危険視されていたこともあって、幕府や貴族などは敬遠していたところが多かった。

武士たちの台頭により、中世の世界は武士中心の世界となったが、その武士の気風に合う仏教が禅宗であった。禅宗は武士たちの社会に確かに浸透していったのである。しかし、これに対して天台宗（延暦寺）は禅宗を正法ではないと攻撃した（『大日本史料』六・九）。また中国の宋が元に滅亡させられたのは「教法すたれて禅門さかりなるゆへ」（『天狗草紙』）。ここにも因果応報の理を用いている。日本にも、中華思想は当然入ってきていたので、中国から見ると夷狄であるモンゴルが、国名を中国風に元と名を改めても、蔑視する見方は衰えていなかった。そして宋を滅亡させたのは、宋で禅宗が盛んになり、それまでの仏教（旧仏教）がないがしろにされたからと考え、日本の支配層にショックを与えたのである。元との関係が悪化するに従って、元＝中国＝禅宗との考えが広がり、禅宗の当初の力は衰えた。禅宗は、まだ中国から直輸入の状態であり、中国＝禅宗、中国＝モンゴルという考え方が一般にはあり、そこから禅宗＝モンゴルとなることを伝えた。よってモンゴル襲来は、禅宗の進展には繋がらず、禅宗は室町時代になってから発展することを知らせる。

ここで、実際にモンゴル襲来を退けたということで、鎌倉新仏教ではなく、奈良仏教、天台宗や真言宗などの寺社が褒美をもらえたりしたことを示す。モンゴル襲来をきっかけにして、衰退した寺院の復興を図ったものもある。例えば薩摩の国分寺では、天満宮、国分寺、国分尼寺、泰平寺という四つの寺を結び、「天満宮国分寺恒例不退御神事次第」という年中行事を一二八四年（弘安七）に作りだした（「国分寺文書」）。また寺社の縁起は、そもそも創設の縁とゆかりを説いたものであるが、モンゴル襲来以降に新しい寺社縁起が多数作られている。これは国家の危機に対して護国法会を行った寺社が、朝廷や幕府が重んじられたことをよく示している（井原今朝男　二〇〇四年）。

そもそもなぜモンゴルが攻めてきたかについても、信仰の対象が天台宗や真言宗から、鎌倉仏教、特に禅宗に移ったのが原因で、その結果として日本に災難が降ってきたと、旧仏教側が説いたことを説明する。すべて後付けの理屈であるが、当時としてはこれが多くの人々の真実であったと考えられていたことが、生徒たちにも少しは理解できたらしい。

## 6　まとめ

日本では「因果応報」の理が古代より成立し、中世で強化されてきたことを、各授業の中で生徒に示し、生徒たちが持つ既存の概念にゆさぶりをかけつつ、時代や社会、国家を意識した授業を展開してみた。モンゴル襲来は鎌倉新仏教よりも旧仏教に恩恵が渡り、その鎌倉幕府が崩壊することにより、鎌倉新仏教が解き放たれていくことを暗示した。しかしこの後、禅宗が復興していくことにも、因果応報の理を利用されている面があった。それはだれも否定しない菅原道真伝説を用いている。すなわち禅宗の円爾が唐に渡り、禅宗を学ぶ理由として、菅原道真からのお告げがあったとするのである〔「渡唐天神」〕。さらに一三六八年元の滅亡は、日本にとっての対外的脅威がなくなり、禅宗の復興をうながす結果になった。

こうした日本における仏教の世界観が一変させられるのは、ヨーロッパ人の来航を待たなければならない。仏教の世界では天竺（インド）が世界の果てと考えていたのに対して、その先にも世界は広がっていたことを示した。そこに織田信長のような人物が輩出される要素が整っていった。現実主義者であった信長も、本能寺の変で世を去る。延暦寺はまた因果応報を説く。そして近世には、儒学の影響も重なって、新しい因果応報の理をつくっていくことになる。

日本人の底流に流れる「因果応報」の理を、各授業の中で追究していくことは、生徒たちに歴史学習を古い昔話に終わらせるのではなく、現代にも繋がる思想を学習することになると考える。

**参考文献**

◉阿部謹也……『日本人の歴史意識』岩波書店、二〇〇四年
◉伊藤聡……「梵・漢・和語同一観の成立基盤」、『権力と文化』森話社、二〇〇一年
◉井上寛司……「中世の出雲神話と中世日本紀」、『古代中世の社会と国家』清文堂出版、一九九八年
◉井原今朝男……『中世寺院と民衆』臨川書店、二〇〇四年
◉上川通夫……「中世の即位儀礼と仏教」、『日本史研究』三〇〇号、一九八七年
◉佐藤弘夫……「中世的神国思想の形成」、『神・仏・王権力の中世』法蔵館、一九九八年

◉末木文美士……「仏教的世界観とエスノセントリズム」、『日本仏教思想史論考』大蔵出版、一九九三年
◉平雅行……「鎌倉における顕密仏教の展開」、『日本仏教の形成と展開』法藏館、一九九二年
◉平雅行……「神仏と中世文化」、『日本史講座4巻』東京大学出版会、二〇〇四年
◉辻善之助……「本地垂迹」、『日本仏教史　上世編』岩波書店、一九四四年
◉西田直二郎……「神道に於ける反本地垂迹思想」、『日本文化史論考』吉川弘文館、一九六三年
◉林淳……「日本仏教の位置」、『日本の仏教』二号、一九九五年
◉久野修義……「中世東大寺と聖武天皇」、『日本中世の寺院と社会』塙書房、一九九九年
◉真木隆行……「後宇多・後醍醐天皇の密教受法」、『古代中世の社会と国家』清文堂出版、一九九八年
◉義江彰夫……『歴史学の視座』校倉書房、二〇〇二年

# 女真海賊の侵攻と日本・高麗関係

鈴木哲雄

## 1　教材化の視点

高校日本史における教科書的な歴史像も大きく変化しつつある。中世の東アジア像としては、①遣唐使の中止後の閉鎖的な摂関政治の外交姿勢とそれをうち破っていく日宋貿易の展開、②モンゴルの征服と東アジア世界の再編、③明の成立による海禁策（勘合貿易）の展開と「倭寇」的世界の活発化、をあげることができよう。こうしたなかで、今後の高校歴史教育では、新たに北方の諸民族や「国家を形成しない人々」への視点が不可欠になっている。

こうした問題意識を前提に、本稿では、いわゆる一〇一九年（寛仁三）の「刀伊《とい》の入寇」をめぐる事件を教材とした授業案を提示してみたい。「刀伊の入寇」について、東京書籍の『日本史B』（二〇〇三年四月二日検定済）には、次のように記述されている。

……遣唐使も、八九四年年（寛平六）菅原道真の建議によって停止された。／一方で一〇世紀以降、大陸の商人が九州の博多などに来航して貿易を行うことは、前の時代に比べてむしろさかんとなり、それは九六〇年宋（北宋）が中国を統一してからも続いた。都の貴族はこのような私的な貿易を通じて、「唐物《からもの》」とよばれる大陸の品々を熱心に入手した。しかし、一一世紀前半に刀伊の入寇などもあったため、政府は東アジア諸国との公的な外交関係の樹立にはいぜんとして消極的だった。（六三頁）

「刀伊の入寇」の欄外注には、「一〇一九年（寛仁三）、沿海州地方の女真人《じょしん》（刀伊）が対《つ》馬《しま》・壱岐《いき》を襲い、さらに博多に上陸しようとした事件。当時の大宰権帥藤原隆家《だざいごんのそちふじわらのたかいえ》が、九州の武士を率いて撃退した。」とある。

「刀伊」とは、高麗が夷狄《いてき》のことをさげすんで呼んだもので、沿海州地方の女真族のことであった。東京書籍『日本史B』では、一〇世紀以降の東アジア貿易圏が活発化するなかで、日本の政府がアジア諸国と公的な外交関係を樹立するさいの阻害要因の一つとして「刀伊の入寇」をあげている。この事件が当時の外交関係の阻害要因の一つであったことも確かであるが、「刀伊の入寇」をめぐる史料からは日本と高麗との国家間の関係や捕虜とされた日本人の意識なども確認できるのであり、揺れる境界・国家認識の視点から教材化することが可能である。

単元名は「女真海賊の侵攻と日本・高麗《こうらい》関係」である。「刀伊の入寇」が「女真海賊の侵攻」と呼ばれるべきことやこの事件の詳細については、参考文献とした論考にゆずるが、ここで主要教材とするものは、女真海賊に捕虜とされながらも高麗の海軍に救出され、日本に送還された二人の「女性の証言」（実際は、大宰府の役人が聞き取ったもの）などである。これらを読み込んでいき、生徒一人一人に、証言の内容から女真海賊の侵攻とは何であったのか、を考えさせたい。

## 2 単元「女真海賊の侵攻と日本・高麗関係」（授業の展開）

### 1「事件の概要」を学ぶ

**教材1　10～11世紀の日本と高麗（図1参照）**

九世紀の中頃になると、博多湾内で起きた新羅《しらぎ》海賊船事件などをきっかけに、日本は大宰府で行っていた新羅商人との貿易も中断し、日本と新羅との関係は断絶した。その後も新羅の商船が対馬に来港したが、日本は新羅との交流を望まなかった。六三〇年以来続いた遣唐使の派遣を八九四年に中止した日本は、その後、周辺国に対して一層消極的な外交姿勢を取ったため、新羅との関係も修復されなかった。後三国（新羅・後百済《ごくだら》・後高句麗《ごこうくり》）を統一した高麗は、日本に国交の樹立を求める使者を何度も派遣したが、日本はこれを受け入れなかった。

しかし、当時の日本の貴族は、九州の大宰府とその外港である博多での民間貿易には強い関心を寄せていた。宋《そう》の建国前後から、中国商船と高麗商船が来港し、九州北部に進出した。一方、多くの日本人が高麗に帰化した。九九九年には、日本人九〇戸が高麗に渡り、一〇三九年には日本人男女二六人が高麗に帰化するなど、『高麗史』には、一一世紀以後、日本人が高麗に帰化した事実が数多く記録されている。

一〇一九年、女真海賊が高麗を経て日本を侵攻した時、本拠地に帰る女真海賊を高麗水軍が撃破し、捕らえられていた日本人捕虜を日本に送還するということが起こった。高麗は建国直後から契丹《きったん》と対立し、九九三年から三度の侵略を受けた。契丹との戦争のために女真族に対する警戒がおろそかになると、黒竜江《こくりゅうこう》流域に住んでいた女真族の一部が、朝鮮半島の東海岸に沿って度々高麗を侵略した。一〇一一年には、女真海賊一〇〇艘が朝鮮半島南部の慶州《けいしゅう》にまで侵攻し、一〇一八年には鬱陵《うつりょう》島を侵略した。なかでも、一〇一九年の女真海賊の侵攻は、高麗の東海岸から日本の九州北部にまで達する大規模なものであった。〔歴史教育研究会他編　二〇〇七年　七九頁〕

補：当時の日本では、藤原道長《みちなが》・頼通《よりみち》父子が都で実権を

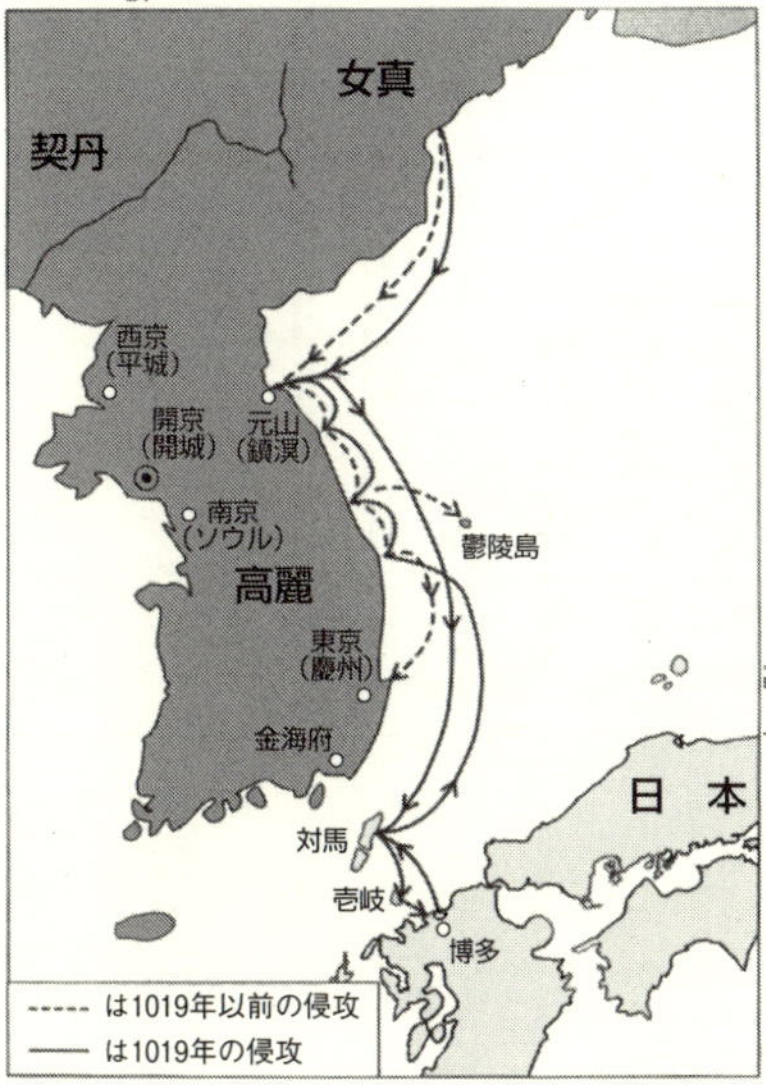


**図1**…女真海賊の侵攻（歴史教育研究会他編『日韓歴史共通教材　日韓交流の歴史』明石書店、2007年、80頁より）

にぎっており、摂関政治の全盛期であった。

**教材2 「高麗史」の記述**

年表にあるように、『高麗史』（高麗王朝〔九一八年～一三九二年〕の正史。朝鮮王朝時代の一四五一年に完成）によれば、朝鮮半島の北、沿海州の女真族（東女真）は、一〇世紀初頭からしばしば高麗の東海岸に侵攻していた。『高麗史』の一〇一九年四月二九日条には、「鎮溟《ちんめい》の船兵都部署の張渭男《ちょういなん》などが（女真）海賊八艘《そう》をとらえ、賊がうばった日本の生口男女二五九人を駅令《えきれい》の鄭子良《ていしりょう》に送らせた。」とある。これが『高麗史』に記述された、一〇一九年の「刀伊の入寇」に関する唯一の史料である。

**年表 『高麗史』にみえる女真海賊の侵攻**

一〇〇五年一月　東女真、登州《としゅう》を寇し、州鎮の部落30余所を焼く。将を遣わしてこれを禦す。
一〇〇九年　顕宗即位して、戈船《かせん》75艘を造り、鎮溟口に泊す。もって東北の海賊を禦す。
一〇一一年八月　東女真の100余艘、慶州を寇す。

一〇一二年五月　東女真、清河《せいが》・迎日《げいにち》・長鬐《ちょうき》県を寇す。都部署の文演《ぶんえん》・姜民膽《かんみんたん》・李仁澤《りじんたく》・曹子奇《そうしき》を遣わして、州郡の兵を督して、これを撃走す。

一〇一五年三月　女真、船20艘をもって狗頭浦《くとうほ》を寇す。鎮溟道都部署、これを撃敗す。

一〇一八年一一月　于山国《うさん》（鬱陵島）をもって東北より女真が寇するところ、農業を廃す。李元亀《りげんき》を遣わして、農器を賜う。

一〇一九年四月　鎮溟の船兵・都部署の張渭男等、海賊8艘を獲らえ、賊の掠する所の日本の生口男女259人、駅令の鄭子良をして其の国に押送せしむ。

一〇一九年七月　于山国の民戸、かつて女真に虜掠せられ、来奔する者、悉くこれに帰せしむ。

## 教材3　日本側の史料（図2参照）

【史料の性格】

日本側の史料である『朝野群載《ちょうやぐんさい》』や『小右記《しょうゆうき》』などには詳細な記述がある。『朝野群載』は、平安時代の詩文や文書の模範文集的なもので、そこに女真海賊の侵攻事件の概要を報告した一〇一九年（寛仁三）四月一六日の「大宰府解《げ》」が引用されている。『小右記』は藤原道長と同時代の貴族であった藤原実資《さねすけ》の日記で、道長が「この世をば我が世とぞ思ふ」と謳《うた》ったと批判的に書かれていることで有名である。平安・鎌倉時代の貴族の日記は、貴族社会の公的な記録でもあり、実資は九州の大宰府の長官であった藤原隆家と親しく、隆家は「刀伊の入寇」に関する情報や史料を朝廷に上申するついでに京都の実資に次々に送付していた。

『大鏡《おおかがみ》』は、平安時代の歴史物語で、二人の老人が歴史を語り、若侍が口をはさむという形式で、語りの場は一〇二五年（万寿二）に設定されている。

【寛仁三年（一〇一九）四月一六日大宰府解（大宰府から朝廷への上申書）の内容―『朝野群載』】

〔事件の経過説明〕

・三月二八日、「刀伊」が対馬島に侵攻し、その後、壱岐島も侵攻されたこと。
・四月七日、対馬島（国）からは大宰府への解状（上申書）が到着し、壱岐からは国分寺の講師《こうじ》（僧）常見が脱出して、大宰府に刀伊の侵攻を報告。大宰府は船や兵を要所に派遣して警固をすすめたが、「刀伊」は志摩《しま》・早良《さわら》郡から怡土《いと》郡に侵攻し、翌日には那珂《なか》郡能古《のこ》島に移動。（図2参照）
・四月九日、刀伊賊船が警固所に襲来して合戦となるが、「刀伊」は能古島に退却。
・四月一一～一三日、「刀伊」は早良郡・志摩郡に侵攻、上陸して合戦となり、武士が三〇艘で追跡。また、肥前《ひぜん》国松浦《まつうら》郡にも侵攻して合戦となるが、「刀伊」は退却。救兵四〇艘を派遣。

〔「刀伊」についての報告〕

・捕虜三人は、すべて高麗人で「刀伊賊を禦するために辺州に派遣され捕虜となった」ものだと証言。大宰府は、「刀伊」の真偽が定かでないため、追賊船の帰還をまって、後日報告する。捕虜と武器も後日進上すると報告。

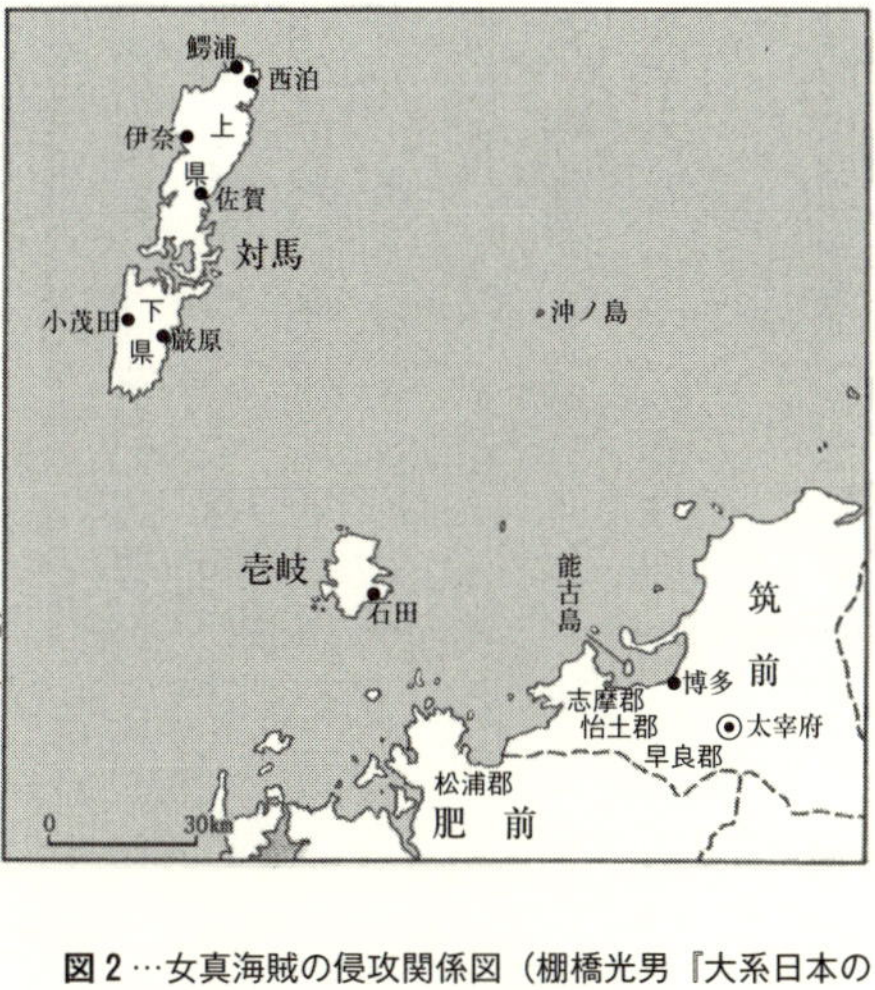


**図2**…女真海賊の侵攻関係図（棚橋光男『大系日本の歴史　王朝の社会』小学館、1988年より）

【『小右記』に載るその後の経過】

・四月二七日、朝廷では「大宰府解」を受けて、①賊徒は「刀伊人」か、高麗人か、②対馬守《つしまのかみ》（国守）遠晴《とおはる》を本島に帰還させるべきこと、③国守が殺害された壱岐《いき》には別の役人を派遣すべきこと、④兵粮《ひょうろう》および防人の準備をすること、などが話し合われた。

・六月二九日、朝廷では、①賊徒の追却にあたった人々の勲功について、②北九州の各地での被害状況（合計　被殺害者三五六人、被追取者一二八〇人、被害牛馬三九三匹）の確認などが行われる。

・八月三日、大宰権帥藤原隆家からの書状に、七月一三日付け「大宰府解」と副進の「内蔵石女等申文」の写しが添えられていた（実資はそれぞれの写しを日記の裏に記す）。

・九月一九日、九月四日付け隆家の書状に、「高麗国の虜人送使鄭子良が対馬に来着し」、高麗国牒《こくちょう》（国書）とともに「刀伊」国賊の被虜者二七〇人ほどのうち一〇〇余人を送ってきたとある。

**【同年七月一三日「大宰府解」の内容】**

大宰府から朝廷に申し上げます。その内容は、対馬島（国）役人の長岑諸近《ながみねのもろちか》が高麗国に越し渡り、「刀伊」賊徒のために捕虜とされていた一〇人の女性を随身して帰国してきたことについてです。一〇人の女性のうち二人は筑前《ちくぜん》国志摩郡の安楽寺《あんらくじ》所領板《いた》持庄《もちのしょう》の庄人であり、二人とも大宰府に向かわせましたが、うち一人は船中で病となり大宰府には参上できませんでした。また、八人は対馬島の島人でしたが、うち二人は到来の途中で病となり死去、五人もまた病のため参府できず対馬島に留まり、一人が大宰府に参りました。結局、大宰府に参府できた女性は二人であり、二人の女性の証言（内蔵石女《くらのいわめ》等申文）も副進いたします。

まず、対馬島（国）からの報告書によれば、六月一五日に対馬島から逃亡した長岑諸近が七月七日に帰島したので、その理由を聴取したということです。聴取の内容は、「刀伊」の賊が対馬島に襲来すると諸近は母や妻子等とともに「刀伊」賊徒の捕虜とされ、船に乗せられ北九州にいたったが、賊徒が北九州から引き上げるとき、賊船が対馬島に寄ったので一人だけ脱出して対馬島に留まることができたというものです。しかし、母や妻子が心配になり、諸近は「渡海《とかい》の制禁」をおかして小船で高麗国に向かい、「刀伊」の境まで行こうとしましたが、途中、高麗国で通事（通訳）の仁礼《じんれい》に出会い、仁礼から「刀伊の賊徒は先日高麗国に到来して、人を殺し物を奪ったので、戦おうとしたら、賊は逃げて日本国に赴いた。そこで兵船をととのえて待っていると、ほどなく帰ってきて（日本から引き揚げて）、再び高麗国の海辺を襲った。そこで五か所に準備した船千艘余で賊徒を襲撃し、滅ぼした。その中に多くの日本国の捕虜がいたので、五か所で保護した。そのうち三か所から集められた日本人捕虜が三〇〇余人で、のこる二か所の日本人も集めたら、船に乗せ日本国に送還するとすでに高麗王朝が決定している。このことを対馬島に帰り報告するように」との話がありました。そこで諸近は、「刀伊」賊徒に捕虜とされた日本人に会い、老母の安否を聞いたら、日本人捕虜からは「賊徒は高麗の地に到着するまでに、強壮の高麗人を捕虜として、病人や弱者は皆海に入れられてしまった。あなたの母や妻・妹等も皆死にました」とのことで、伯母一人にだけ会うことができました。諸近はやむなく日本に帰ろうと考えましたが、「渡海の制禁」による処罰を恐れ、高麗国の書牒《しょちょう》（国書）を得たとしてもしっかりとした証拠がなければ信用されないだろうと考えて、高麗国に保護されていた日本人を証人として預かっていきたいと願いましたら、高麗国は保護されていた日本人捕虜のうち一〇人を随行させてくれたと申しひらきをしております。また、母の死亡がわかった今となっては、朝廷の裁定にしたがって罪過を受けますというものでした。そこで諸近を、捕虜の女性と対馬島（国）の役人とともに大宰府に派遣いたします。

これらを受けて大宰府としては、①異国の賊徒が「刀伊」なのか「高麗」なのか、疑問であったが、「刀伊」が撃たれたことで、高麗の所為でないことが分かりました。②ただし、「新羅」はもと敵国であり、国号が高麗に変わったとはいえ、なお野心が残っているかもしれません。たとえ捕虜を送ってきたとしても悦んではいられず、もしかして勝ちいくさの勢いをかって、偽って通好の使者を送ったものかもしれません。③長岑諸近が「渡海の制禁」を破り、書牒（国書）無くして帰国したことは許されることではなく、今後の見せしめのためにも諸近を拘禁しておき、高麗国使からの連絡を待つべきでしょう。④ただし、高麗国使が本当に来るかどうかはわからず、時が過ぎてしまうかもしれませんし、諸近のような下民の証言は信じがたいこともありますが、対外関係について沈黙してしまうことはよいことではありませんと申し上げます。

寛仁三年七月一三日

【七月一三日付の「内蔵石女等申文」の内容】

内蔵石女《くらのいわめ》等が申し上げるには、

刀伊の賊徒にとらえられ、高麗国に向かうまでの海路での出来事や、日本に帰国するまでのことなどです。

さて、石女は安楽寺所領の筑前国志麻(摩)郡板持庄の住人で、阿古見《あこみ》は対馬島の住人でした。私たちはとらえられ、各おの刀伊の賊船に乗せられました。その後も、賊船は各所で合戦し、私たちが捕虜とされた船では、賊徒五人が矢にあたりました。そして、対馬島に着いたときには皆死んでいました。他の賊船でも、つぎつぎと傷つき死んでいきました。

高麗国沿岸に着くと、刀伊の賊徒は毎日未明になると上陸して、海辺や島々の家宅を襲い、物や人を奪い取りました。昼には島々に隠れ、体の強い捕虜を選びとり、老人や衰弱した捕虜は打ち殺しました。日本人の捕虜で病気の者はみな海に投げ入れられました。夜になると刀伊の賊徒たちは、船を漕ぎ急ぎ去っていきました。こうして二〇日ほどたった五月中旬のころに、高麗国の兵船数百艘が襲来して賊徒を撃ちました。賊徒も全力をあげて合戦しましたが、高麗軍の攻勢を前にして刃向かうことはできませんでした。高麗国の船体は高大で、たくさんの武器を備えており、賊船をひっくりかえし、賊徒を殺しました。賊徒は高麗軍の攻勢にたえられず、船中の捕虜を殺害したり、海に投げ入れたりしました。石女等も同じように海に投げ入れられ、波間をただよっていました。そのため、その後の合戦の様子はよく見ておりません。ほどなく高麗船にたすけられ、ねぎらいをうけて蘇生《そせい》することができました。ただし、救われて乗せられた船の内部を見ると、広大で刀伊の賊船とは異なり、二重に造り、上に櫓《やぐら》を立て、（中略）また他の船も長大で同じものでした。

　合戦が終わったあと、石女等といっしょに救出された三〇人余りは、おのおの駅馬を与えられ、高麗国南部の都、金海府《きんかいふ》に至るまでの一五日の間、駅毎に銀の器でもてなされました。そのねぎらいはたいへんに豊かなものでした。高麗国の役人の仰せでは、あついもてなしはあなた方をねぎらうためだけではなく、ただ日本を尊重させていただくためである、とのことでした。金海府に着くと、まず白布が与えられて、おのおの衣裳とされ、さらにおいしい食事が石女等に与えられました。こうして六月の三〇日の間、金海府で安らかにすごすことができました。

　そうしていたところ、対馬島（国）の役人であった長岑諸近が、刀伊の賊徒に捕らえられ連れ去られた母・妻・子等を探すために、高麗国に密かに入国してきたのでした。母子の死亡を聞き、日本に帰国することにした諸近は、秘密裏の出国をとがめられることをおそれて、捕虜の救出のために出国したことにしようと、捕虜の女性一〇人とともに帰国することを高麗国に願い、許されたのでした。

　石女・阿古見をふくむ一〇人が諸近とともに、帰国するその日には、高麗国の朝廷から帰国に際しての食料として一人につき、白米三斗と干魚三〇枚、さらに酒が与えられたのでした。ただし、金海府に集められている日本人と、三か所に保護されている日本人捕虜三〇〇人余りは軍船に乗せ、残る二か所に保護されている日本人が集められてから、日本に使者をつかわせ帰国させる、と日本の政府に伝えてほしいとのことでした。以上が、捕虜として連れ去られてから、帰国するまでの出来事でございます。

寛仁三年七月一三日　多治比《たじひ》阿古見
内蔵石女

【高麗国使への朝廷の対応　『小右記』などより】

・藤原道長からの指示：対馬国に命じて、絹・米を給して帰らせよ。また、以前に新羅国が貢調した時の給物の例に従うように。
・貴族Aの主張：高麗使（鄭子良）を大宰府に呼んで、休ませ厚遇するとともに、疑問の点について問うこと。また、賊徒を大宰府解は「刀伊国」としていたが、高麗国牒には「女真国」とあり、このことについて大宰府に至急問うこと。
・貴族Bの主張：高麗使は早く帰国させるべき。二〇〇余人の送付を高麗国の謀略と推定することは根拠がない。
・大宰府による高麗使への聴取内容：高麗の使者三〇人が対馬島から筑前国に向って乗船したが、漂没してしまい二艘しか到着しなかったとあるのみ。
・最終的な対応：一〇二〇年（寛仁四年）四月、関白藤原頼通・入道藤原道長などの朝廷は、高麗使鄭子良に返牒（返答の国書）と禄物を与えて帰国させた。その際の「禄物《ろくもつ》」について、『大鏡』では、大宰府の藤原隆家が「金三百両」（砂金、三〇〇両は約一二キログラム。現在の三六〇〇万円くらいか――引用者）を与えたとある。

・ちなみに『大鏡』では、「刀夷《とい》（伊）国のもの、にはかにこの国をうちとらんとおもひけん」「壱岐・対馬の国の人をいとおほく刀夷国にとりていきたりければ、新羅（高麗のこと）のみかどいくさをおこして給て、みなうちかへしたまてけり。さてつかひをつけて、たしかにこの嶋（壱岐・対馬）にをくり給へければ、かの国のつかいひには、大弐《だいに》（藤原隆家）、金三百両とらせてかへさせ給ける」とある。

## 2 あなたはどう思いますか？

a 日本の大宰府や朝廷では、はじめ「刀伊」を高麗人ではないかと疑ったようです。どうして疑ったのでしょうか。

b その疑いはどのようにしてはれましたか。

c 『高麗史』、『小右記』、「大宰府解」、「内蔵石女等申文」、『大鏡』の記述はすべて信じてよいでしょうか。それぞれについて、どのような限界や問題点があるか説明しなさい。

d 「内蔵石女等申文」は、大宰府の役人が石女等から聞き出した内容を記したものと考えられます。石女等はどのようなことを証言していますか。また、その証言にはどの程度、石女等の本心が書かれていると考えられますか。

**3 課題——三人のクラスメートといっしょにグループで作業します。——**

a 一〇一九年（安仁三年）に女真海賊の捕虜となった石女や阿古見は、この事件を契機として、日本と高麗の関係はどうなったらよいと考えたでしょうか。また、どんな証言からそういえますか。

b また、高麗政府の役人、対馬島（国）の役人、大宰府の役人、そして藤原道長や摂関政府の役人は、日本と高麗の関係についてどう考えていたでしょうか。

c この事件は日本と高麗にどのような影響をあたえたとあなたは考えますか。国の意識と民の意識のズレに注目しつつ、記述してみましょう。

d あなたがたの記述にはどのような限界がありますか。また、その限界をより少なくするために、どのようなことができますか。

なお**2**・**3**の作問は、〔バンクス 一九九九年〕を参考にした。

## 3 「民の意識」と「国の意識」——以前の実践から——

二〇〇三年に高等学校で実践した内容とその年の一二月の二学期末考査での論述問題の解答を分析してみたい。

この時の授業で主要教材としたものは、女真海賊に捕虜とされながらも、高麗の海軍に救出され日本に送還された二人の女性の証言であった。高麗軍が女真海賊を攻めるなか、海賊によって海に投げ込まれ漂っていたところを高麗軍に救出され、手厚い労いを受け、いち早く帰国できた女性の証言と、残りの三〇〇名ほどの救出された日本人捕虜が高麗国の使者によって送り届けられても、金三〇〇両を与えることで、高麗国が望んだ国交の樹立には応じなかった藤原道長・頼通政権の対応を比較する。そうすることで、日本と高麗の関係を国家のレベルと民衆のレベルから考えさせようとしたものである。

論述問題は、「次の史料（前掲【七月一三日付の「内蔵石女等申文」の内容】）は、一〇一九年（寛仁三年）の女真海賊の侵略に際して捕虜とされながらも、高麗軍によって保護され、日本に帰ることができた二人の女性、内蔵石女と丹治比阿古見の証言である。この証言からわかる石女・阿古見らの民の意識と、高麗からの日本人の送還にたいする日本の王朝国家（＝摂関政府）の対応や意識の違いについてあなたの考えを、一〇行以内で論述しなさい。」というものであった。あるクラスの解答を見てみよう。

SM：保護した捕虜への高麗人の態度は礼をつくしたものであり、石女・阿古見らの報告にはこのような扱いに対する感謝の念が感じられます。一方、日本では高麗人の捕虜には海賊ではないかと疑いをもって接し、更には捕虜の返還とともに外交を求めて来た高麗に、金を渡して終わりにしてしまいました。日本は終始、対外関係に消極的であり、古代からの先例を重んじる保守的な様で、そこには一元的な見方のエスノセントリズムに根ざしています。一方高麗は、自国だけを重んじず、他国にも敬意を払い、誠意ある行動を取っています。このような多元的な世界観は、日本には理解のおよばないものでした。

OC：石女等の報告によると、日本人捕虜は保護された際に、高麗軍や高麗人から最上級の扱いをうけていた。「日本を尊重するため」に。これについて捕虜たちは深い感謝の意を示している。この友好的な「民の意識」に対し、日本は謝礼金を支払うという形式的な感謝をしたのみで、国交樹立には応じなかった。多元的な世界観をもちあわせていた高麗に対し、日本は一元的華夷《かい》思想にもとづいて行動していた。日本は積極的に外交政策を行うことができなかった。日本の「国の意識」は「民の意識」そして「高麗国の意識」とは異なったものであったということが言える。

この二人の解答は、私の授業の趣旨をみごとに汲んだものであり、石女等の感謝の気持ちから高麗への友好的な民の意識を確認する一方で、高麗の使者に対して砂金三〇〇両を渡したのみで、国交樹立には応じなかった摂関政府の閉鎖的な外交姿勢をみるものである。これに対して、TAは「高麗は日本との国交を結びたいが為に、元捕虜である人々を手厚く扱った訳だが、それは民間からすれば非常に有難いことであ」ったが、「日本の国家にとっては、大事ではなかったのではないだろうか。」「国家間の関係にとって、人々の意見・感謝の意などは、特に組み入れるべきことではないのであるから、その恩は、国家間のものとして、機械的に扱われてしまったのだろうと私は思う。」と客観的に読み解いてみせる。また、NKは「捕虜にされた人々は、国家の概念を越えて純粋に、自分たちを救出した高麗に対して感謝の念を抱いている」という。

HYは、石女等の感謝の意を確認したうえで、「高麗国もまた、役人の話からわかるように人道的な意志に基づいて日本人を保護したのではなく外交手段の一環であったようだ。

ここには国家の枠にとらわれることなく流動的な民衆と、それらとは完全に分離した国との意識の二層分化がうかがえる。」としている。NHは、高麗の意図を『小右記』の中の高麗の役人の「ひとえに汝らを労うのではなく、ただ日本を尊重するためである」という言葉が高麗の意図を明確に示している。高麗は日本との交易を結びたかったのである。高麗の日本に対する思いを、石女らに託したのである。」としている。高麗の意図と救出され保護された石女等の意識の関係をどう見るかはなかなか難しい問題である。

SS：石女・阿古見らの民の意識としては、高麗軍に助けられ、介抱されて生き返ることができた、といって、また最上級のもてなしをうけるなど、その扱いはすごく、日本を尊重するためといっている高麗軍に対して、国単位の意識をもっていることに対して、尊敬する意識があると思う。それに対して日本の王朝国家は積極的な外交政策がとれず、対外関係を大宰府に任せてしまうなど、国家単位の意識が足りないと思う。これでは日本の王朝国家の滅亡を早めてしまうことにもなりかねないし、国家争いもはげしいものになってしまう。

SSは、この事件から石女等には高麗の「国単位の意識」を尊敬する意識があるとみたうえで、日本の王朝国家（摂関政府）には「国家単位の意識が足りない」としている。また、KKは「石女・阿古見らは日本人であるから刀伊の賊徒にとらえられ、捕虜としてつれさられてしまったことを自覚し、また高麗軍がおぼれていた石女・阿古見らを助けたのも、やはり日本人であったからだということを理解し、日本人としての民の意識が芽生えていただろうと思う。」としている。KKは、この事件で石女等に「日本人」としての意識が芽生えたという。

私の出題意図は、民の意識と国の意識の違いを具体的に考えさせることにあったが、生徒の解答からは、国と民という二面的な視点のみではなく、「帰国できた女性の思い」「高麗政府（役人）の考え」「聞き取りをした大宰府の役人の考え」「摂関政府の対応（考え）」など多面的な視点から、この事件について考えさせるとよかったことがわかる。また、SMやOCの解答が典型的だが、生徒の多くの解答には、私の授業内容がそのまま反映してしまっており、生徒が主体的に「歴史」を組み立てていく、構築していくことは不十分なままであった。そこで、新たな授業のプランとして提示したものが、第二章である。

## おわりに

第二章のような授業が可能だとすると、その全体像はもはや「国民の物語」としての「日本史（国史）」ではなく、「日本史」を超えることになろう。高校の歴史授業において国家を扱う場合、近現代では国民国家論を前提として近代国家の成立とその性格について考えさせること、前近代では、国の立場と民の考えの違いや、東アジアにおける国際関係としての華夷秩序を学ぶとともに、常に中国を中心に東（北）アジア史をみるのではなく、北方世界の独自性に目を向けつつ、東北アジア史を見る必要があろう。そうすることで、多文化教育的観点から、「生徒が文化的、国民的、グローバルなアイデンティティの間に、微妙なバランスをうまくとれるように生徒を助けること」〔バンクス　二〇〇六年〕が求められている。

**参考文献**

◉有川宜博……「刀伊の入寇」、朝日新聞福岡総局編『はかた学3・海が語る古代交流』葦書房、一九八九年
◉片倉穣……『日本人のアジア観』明石書店、一九九八年
◉佐藤宗諄……「『刀伊の入寇』と平安貴族」、『奈良女子大学文学部　研究年報』四一号、一九九七年
◉J・A・バンクス／平沢安政訳……『入門　多文化教育』明石書店、一九九九年
◉J・A・バンクス他著／平沢安政訳……『民主主義と多文化教育』明石書店、二〇〇六年
◉鈴木哲雄……「歴史教育再構成の課題」、『歴史評論』六七九号、二〇〇六年
◉鈴木哲雄……「高麗軍に救出された女性の証言」、『歴史地理教育』六九三号、二〇〇五年
◉鈴木哲雄……「内蔵石女等申文・考」、『史海』五〇号、二〇〇三年
◉棚橋光男……『大系日本の歴史4　王朝の社会』小学館、一九八八年
◉土田直鎮……『日本の歴史5　王朝の貴族』中央公論社、一九六五年
◉村井章介……「一〇一九年の女真海賊と高麗・日本」、『朝鮮文化研究』三号、一九九六年
◉歴史教育研究会（日本）・歴史教科書研究会（韓国）編……『日韓歴史共通教材　日韓交流の歴史』明石書店、二〇〇七年

# 二〇世紀初期の時代像　国家・時代像の構造的認識
## ―一九一〇～二〇年代を中心に―

藤野　敦

## 1　はじめに

学校教育における二〇世紀の学習で、国家・国民・民族などに連なる材料が示される時期は、一九三〇年の満州事変以後一九四五年に集中している。特に日中戦争直前の国家主義的な歴史的事象や外交問題、「戦中」の政治・経済・社会体制など、歴史的事象は比較的豊富に存在しており、生徒の時代像形成に一定の役割を果たしている。

しかし一方で、この時期の学習後、生徒が抱く感想を見ると、「このような状況だと反対できない」「このような世界情勢では他の方法はない」「このような時代だから仕方がない」という言葉と出会う。これは、「なぜそうなってしまったのか」という原因や対処の考察をこの一九三〇～四五年の中だけから求めようとしてしまうために、発想を相対化できないことに起因すると考えられる。特に他民族への意識や国家観のような概念は、その形成過程を希薄にしたまま一つの時代を切り出して考察しても、内容的に深い考察には至らない。

満州事変以前の一九一〇～二〇年代は、一九世紀後期の中央集権国家成立過程から二〇世紀初頭の日露戦争に向かって生み出した「臣民（国民）」＝「民族」とした全国支配の論理、国家・国民という概念に、大きな変化が生じる時期であった。いわゆる「大正デモクラシー」「大戦景気」「護憲運動」などの政治・経済・社会などの変化と併行して、朝鮮半島、国際連盟委任統治領（南洋諸島）、山東半島、満州などへ短期間に急激な海外膨張、支配地域の拡張をおこない、国家に組み込まれた民族の多様化、そこで向き合った独立運動、抵抗運動の伸展、さらにはヴェルサイユ体制の構築への対処や国内のデモクラシーの思潮を経験した時代と位置づけられる。

しかし、この時代の学習時に右のような視点が希薄であると、政治・外交・社会の諸問題・諸矛盾が、一九三〇年代以降唐突に生み出され、日中戦争・アジア太平洋戦争に至るという歴史像を構築する傾向が強く見られる。そしてそのまま一九三〇年代以降の学習を進め、教員が客観的に時代を描こうとすればするほど、生徒の時代観は、急激な時代の変化への対応として「他に方法がなかった」「そうせざるをえなかった」という結論に直結してしまう。

このような国家観・時代観の学習には、前提となる社会経済状況・対外関係・政治状況の推移に積極的に焦点をあて、その中から次の時代への分岐点の抽出や、時代状況の変化の可能性からはじめなければ、「他に方法がなかった」という結論を克服できないのではないだろうか。

さて、朝鮮半島の植民地化から満州事変に至るこの時期の歴史的過程は、日本史Aにおいてどのように学習されているのか。以下は現在本校で利用している実教出版「高校日本史A」（二〇〇七年版）の項目である。同書では「大日本帝国の展開」という単元を設定し、以下のような構成となっている。

①朝鮮の植民地化、②大正デモクラシー、③第一次世界大戦、④第一次世界大戦後の社会、⑤日本資本主義の成長、⑥米騒動と社会運動、⑦大正デモクラシーと文化、⑧普通選挙法と治安維持法（後略）

また、植民地の支配、移民生活などの具体的な様子を示す豊富なコラムを含めて、一つのテーマを深く掘り下げる材料が多数記載されている。利用する授業者の課題としては、これらコラム等の事例を、通史の中にどのように位置づけて提示できるかという点である。

本稿では、一九一〇年から三〇年までの時代を取り上げ、その後の時代理解にも大きく影響する国家観・時代像を構築する試みを記してみたい。

## 2 高校生の一九一〇〜二〇年代の認識

### 1 生徒の二〇世紀前期の印象

生徒は、この一九一〇〜二〇年代をどのように意識しているのか。高校一年生を対象に調査をおこなった。調査対象は東京学芸大学附属高校一年生のうちの三学級、一一九名。質問は以下の通りである。（小・中学校での学習状況をふまえ、西暦年代による指定では、時期を連想しにくい生徒が多いため、質問では「明治」「大正」「昭和」という元号による時代区分を用いた。本稿の対象とする時期が必ずしも「大正時代」と区分される時期と一致するものではないが、生徒の想定としてほぼ同時期をとらえていると仮定し、この後の論を進める。）

高校入学時点での（高等学校の学習以前の知識で）①明治②大正③昭和（一九四五年まで）のそれぞれの時代のイメージを、その時代を象徴できるような言葉（抽象的な言葉でも、歴史的事件でも可能）を最大三つまであげて答えなさい。（必ず三つあげる必要はない。浮かばない場合は「なし」でもかまわない。）

集計の結果を分析すると、以下のような傾向が指摘できる。

「明治時代」について

この時代を示す言葉としてあげられたものは、文明開化、太陽暦、近代化、憲法、国会開設、西洋化、鹿鳴館、富国強兵、日清戦争、日露戦争、地租改正、自由民権運動、ざんぎり頭、四民平等など、政治・経済・国際関係・文化など多種多様である。また、多くの生徒が、上限とした「三つ」の事項をすべてあげることができていた。

次に、「大正時代」に関する記述については以下の分析となる。

①「大正デモクラシー」「デモクラシー」と記した生徒が多く、全体の七六％。

②①と答えた生徒をさらに分析すると、「大正デモクラシー」（およびそれと同意と解してよいと考えられる記載）のみ記載した生徒は、①と答えた生徒の八四％であった。（これは調査回

答全体比六五％にのぼる)。

さらに「デモクラシー」という記述内容に関しても、水平社や婦人運動など、具体的な名称・事象を掲げた記載は少なかった。例えば米騒動を記した生徒は全体の九％、それ以外でデモクラシーに関連する具体的な言葉は、数名が吉野作造を記していたのみであった。

さらに、③国際関係に関わる記載があまり見られない。第一次世界大戦に関わる記載は、全体の一五％にとどまり、そのうちの九〇％が大正デモクラシーと併記しており、外交が主たる印象として捉えられていない。また、「デモクラシー」を記述しなかった生徒については、多くが関東大震災を記載していた。

④一方、「大正時代」のイメージについて「無し」「浮かばない」と答えた生徒は一三％に及んだ。

⑤意外であったのは、「成金」など経済的な事象に関わる事柄は記されておらず、生徒の時代像に印象が薄いことが顕著に表れていた。

以上の結果から、

ア 「大正時代」のイメージは総じて希薄である。

イ 「明治」期と比較し、事件や事象・人物名などの具体的な記載が少ない。

ウ 「明治時代」が政治・経済・文化・国際関係など、多様な分野からの記載があったのに比較し、「大正時代」はデモクラシーに集中し、単一的な印象である。

これは、中学校での獲得目標や発達段階を踏まえた時、ある意味では当然の結果であろう。重要なことは、高校生となった生徒のこの時代に対する認識が、以上の状況から学習が始まることを教員が認識することであり、その上で高等学校における日本史学習の課題が明らかになると考えられる。

# 3 一九一〇～二〇年代をどのように学習するか。

## 1 授業構成の視点

授業単元を構成する上で、以下の三つの観点に留意し、学習指導案作成を試みた。

### a 労働運動や他の社会運動の背景

一九一〇年代以後、労働運動、社会運動に関わる項目が増加するが、必ずしも運動とその時代背景とが生徒の理解の中で関連していない。例えば「米騒動」の原因も、「米の値上がり」から先へはたどることができない。必要な情報は、例えば富裕層や第一次生産者の生活実態、大戦景気における富の分配状況、富裕層の米投機による価格上昇、さらにロシア革命の影響や危機感、シベリア出兵以後の米相場の変動を含め、経済、外交など多様な側面と社会矛盾がある。これらの情報から、騒動へ至る過程を考察する機会を設定することが重要である。

### b　大衆運動と政治・国家認識の変化

普通選挙法の施行による政治の大衆参加は、政治に生活欲求と直結した要求を色濃く反映させ、国家に対する国民の要求が多様化・細分化していく。また、それらを国際的視野から捉えなおした場合、例えば米騒動がアジアの米価高騰への影響を与えたように「国家エゴ」とも指摘される状況を生み出す。これらが一九三〇年代の経済恐慌の中で、領土拡大的要求に政党が賛同、積極的になった背景、理由への考察など、従来描きにくかった視点へ発展させる可能性への足がかりが存在している。

### c　国民と民族

「はじめに」で示したように、本稿で対象とする時期は、国家と国民（臣民）の概念と、既成の制度の変化を否応なく意識させられ、「国家とは」「国民とは」という課題に関する議論が、植民地支配方法論・植民地放棄論を含め、活発になった時期である。その中から新たな国家意識、民族意識形成の萌芽が読みとれる。これらの視点の構築を授業で展開することは、一九三〇年代以降現代に至るまでの国家、民族にかかわる諸課題に対する客観的な分析や新たな発想の創造に一つの展望を期待できると考える。

以上の問題意識にもとづき、具体的な授業の進め方として、歴史像を自ら描く力を養うことを主眼とし、次の点に留意し、教材・学習指導案の作成を試みた。

・多様な情報・データを提供し、生徒自身が選択し、歴史像を描く力の形成を促す。

映像資料（動画・静止画、絵画を含む）、文献、統計、実物など、多様な教材提供を心がけ、その中から生徒自身が選択し、歴史像を築くことを促す。
・歴史的事象（事実）から提示し、その背景・影響を考察する力の形成を促す。
歴史的事象を、原因（背景）・事象（事実）・影響（変化）と三つに区分して提示する。基本的には事象（事実）を詳細に提示し、その後に、原因（背景）と影響については、生徒が課題として考える場を設ける。

## 2 授業構成内容

以下、〈一九一〇年～三〇年〉の授業を一四時間の設定で構成した。対象は勤務校の高校一年生（五学級で実施）、日本史A（二単位）である。教科書・史料集・図説を共通教材として使用するほかに、プリントを作成・配布し授業を進めた。以下の表は、一四時間の構成を大まかに記したものである。表中の「主要な教材」として示したものは、その時間の中心教材として使用したものを示している。「史料」とは文献史料、「映像」はテレビのドキュメンタリー番組等を一〇～二〇分程度の時間で利用したものであり、事象のイメージ付けを主たる目的としている。「主な内容概略」には、主たる学習項目と共に、授業中、授業後に生徒に考察を求めるテーマを記載した。

授業①は、一九一〇年以後の学習の前段として、それまでの歴史的経緯の復習を試みたものである。公民科教諭の協力によって、『近現代日本経済史要覧』（東京大学出版会）から作成した、統計数値、グラフ・表のみで構成される資料を利用した。内容は、紡績業・製

| 時数 | 主題 | 主要な教材 | 主な内容概略 |
|---|---|---|---|
| ① | 資本主義の発達 | 統計資料から歴史を作るⅠ | ・1880年から1900年代の経済史料から、自分の言葉で歴史を描いてみよう |
| ② | 朝鮮半島の植民地化 | 史料 | ・韓国併合に至る条約から植民地化の目的とその過程を考える。 |
| ③ | 天皇機関説と民本主義 | 史料 | ・美濃部達吉　国家法人説<br>・吉野作造　政党政治<br>・「国家法人説」を自分の言葉で説明してみよう |
| ④ | 大正政変・第一次護憲運動 | 史料 | ・陸軍2個師団増設問題<br>・軍部大臣現役武官制と「現役」削除の意義を説明しよう |
| ⑤ | 第一次世界大戦と21カ条要求 | 映像（兵器の変遷と総力戦体制）<br>史料 | ・総力戦体制の進展…欧州大戦から世界大戦へ（植民地への広がり）<br>・日本の大陸・太平洋への拡張政策 |
| ⑥ | サイパンの歴史 | 写真　映像（昭和20年代末のサイパン）<br>日本人移民の比率の推移（1920～30年代の推移） | ・料理と醤油味　・サイパン島の人口推移<br>・「移民」の生活　・南洋興発株式会社<br>・戦中・戦後のサイパン（概略）（サイパン陥落と本土空襲、テニアン島と原子爆弾、国連信託統治など） |
| ⑦ | 大戦景気と戦後恐慌 | 統計資料から歴史を作るⅡ | ・大戦景気下の貧富差拡大（物価上昇率・平均賃金上昇率）・農村収入の疎外 |
| ⑧ | 戦後恐慌と労働運動<br>女性解放の運動 | 統計資料 | ・大戦終了と世界経済の動向<br>・ロシア革命とその影響<br>・労働運動の活発化 |
| ⑨ | 米騒動の推移と背景 | 映像 | ・西水橋の暮らし、大戦景気と米価高騰　・対外政策<br>・新聞報道と騒動の推移（マスメディアの影響力） |
| ⑩ | 原内閣と政党政治 | 史料（原敬日記） | ・大衆要求と政治　大衆政治と植民地経営<br>・アジアの米騒動はなぜおこった |
| ⑪ | 水平社運動 | 映像 | ・部落解放運動の推移と実態<br>・それまでの問題対処法と何が変わったのか考えよう |
| ⑫ | ワシントン会議と協調外交 | 統計資料（財政） | ・国家財政と軍事費<br>・日本と欧米の関係、日本とアジアの関係<br>・九カ国条約と山東返還 |
| ⑬ | 植民地運動と国内の視点<br>「臣民」と「民族」の関係 | 1930年代の日本地図（満州、台湾等の記載含む） | ・植民地運動（三・一独立運動、五・四運動）と国内の視点・「国家」と「国民」は変化したのか。<br>・デモクラシーと植民地運動（植民地運動側　の論理の多様化、国内の植民地統治論） |
| ⑭ | 関東大震災と普通選挙法 | 史料（『東京市史稿』所収、警察連絡や『現代史史料』） | ・関東大震災（被害・中国人・朝鮮人虐殺・社会主義者の弾圧・復興計画と東京の変化）<br>・国民とはどのように規定されたのか（統合と排除）（選挙権と女性、植民地） |

糸業、製鉄、造船などの工場数・労働者数・機械生産量の推移・生産量と輸入量、国民総生産などで、経済統計資料（グラフ・表）をおよそ二〇種掲載した。生徒には、ⓐ各自がその統計資料を利用し、ⓑ一八八〇年代、九〇年代、一九〇〇年代と、大まかに分類できる統計上の変化を見つけ、ⓒその変化の説明を文章でおこなうこと、ⓓその際、どの資料に基づいて記載をしているかを資料番号で明示すること、という四点の指示をおこない、三〇分程度の作業時間を与え提出を求めた。

以下は、生徒の提出したプリントの一例である。この解答例は一八八〇年代から一八九〇年代の部分が中心であるが、社会状況の変化を次のようにイメージしている。

（生徒解答　例一）「（資料番号）生糸生産量」のグラフに見られる、一八八五年の急激な生糸の価格上昇は、近現代日本経済史要覧（以下「要覧」と略す）を見てもわかるように、一八八〇から一八八五年にかけて、生糸の生産量は落ちているのに対し、輸出量は大幅に上昇している。その結果（価格上昇は）日本国内における生糸の量が減ったことによって起きたと考えられる。製糸業においては、一八八四年には器械製糸が座繰り製糸を上回り、紡績業については、大坂紡績会社ができた一八八三年から一九〇〇年頃まで、紡績会社数がどんどん増え、それにともない生産量も増加している（括弧内は筆者）。

（生徒解答　例二）　一八八〇年から一八九九年の間の日本の紡績環境：資料（A）より一八八二年から八五年にかけて生糸の価格が四七〇ドル／一〇〇斤から二〇ドル／一

〇〇斤までに下がったのに対して、一八八六年一年だけで六五〇／一〇〇斤まで上昇している。（つまり）この時期生糸の価格変動が大きい。↓（この時期）毎年地租五円以上の自作農の数が三万～一〇万人ほど減り続けている。↓生糸の価格変動に関係があるかもしれない。

（疑問）自作農がこれだけ減ったのだから、生糸生産に関わる女性が少しは増えたと思われる。でも、生糸の価格は上昇する一方。女工が増えれば生産能率も上がって、価格は下がるはずではないのか。（まとめ）一八八五年と一八八六年で輸入額が六〇〇万円も急に減ったのは、生糸の価格が同じ都市に前年より約六三〇ドル／一〇〇斤高くなったのも原因の一つだと思った（高くて外国が買ってくれなくなった？）一方で、八五年と八六年の間で約一〇万人以上の自作農が小作農へ転落した。（他の年は毎年約四万人ほどしか減っていない。）この数字が示すように、八五年から八六年に何か人々を貧しくさせる大きな事件・災害・病気があったのだと思った。


例一、二とも、資料を吟味・選択し、自分なりの画期を抽出している。それを文章で歴史的経緯として示すためには「Aはこういう理由によってBとなった」というように、その原因に言及せざるを得ない。そのために、すでに学習した内容や、他の資料からの引用によって原因を抽出しようという姿勢に至っている。

授業③④では、「天皇機関説」などの抽象的概念や「軍部大臣現役武官制」などの用語への理解を目的とした。

授業⑤は第一次大戦中の兵器や戦闘の変化を示し、国家対立と生産力の関係、植民地兵の動員や生産の効率化などの事象から総力戦体制の実像を理解することを目的とした。

授業⑥はサイパン島を取り上げ、日本人移民の生活から支配地域の一断面を学習する。スペイン支配・ドイツ利権の形成から日本の委任統治までの経緯の概略、さらに、旅行時の写真などを利用し、現在も島内に残る日本人の生活の名残（鳥居跡や料理の調味料など）を取り上げ、特に南洋興発などを中心にして移民社会が築かれた過程を想像させた。映像資料として一九三〇年代の二万人以上に達する日本人移民の生活の様子を示し、統治下の状況を理解することを目的とした。また、沖縄出身の移民に焦点をあて、「国内の植民地」や国内の地域経済格差の視点など、重層的な構造についても学習する機会となった（授業ではアジア太平洋戦争時の状況、隣接するテニアン島における原爆搭載の事項も加えつつ、現在の経緯までを学習した）。

授業⑦では、授業①同様、一九二〇年代までの経済状況を統計資料から抽出し、戦後恐慌の要因を考察した。

授業⑧では、大戦景気と戦後恐慌の推移を確認しながら労働運動の成長と推移を並行的に扱い説明をおこなった。

授業⑨は米騒動時の漁村の生活、米価上昇の生活への影響の実感を映像資料から確認し、新聞の果たした役割、政府の対応、騒動参加層の特徴、シベリア出兵の影響に加え、大戦景気を経た市場の中での米投機など、多方面の情報を提示し、それらの相関関係を生徒が各自まとめるという作業を通じて、米騒動という一つの事象の原因を政治・経済・外交とさまざまな要因から考察することを課した。以下は授業後にまとめとして生徒へ提示した問いである。

（例　米騒動授業後論述課題）

a：米騒動が国内の広範囲に広がった要因について、国民の政治に対する考え方の変化やその情報伝達の変化などに注目して説明しなさい。

b：寺内内閣の米騒動に対する政策・対処について、問題があったとあなたが思う点を指摘しなさい。

c：現在おこっている世界の特定の食糧作物価格の高騰などと、大正期の米価高騰の要因として共通点を挙げて説明しなさい。（もちろん、現在の食糧作物価格上昇は代替エネルギー問題に端を発したのであるが、ここではその後の推移に注目して考えなさい。）

d：米騒動終息に向けて、日本は米の緊急輸入措置をおこなったが、この政策は近隣諸国に大きな影響を与えることとなる。どのような影響が生じるかを想像して答えなさい。

以下は問のaについての生徒解答例である。

（生徒解答例）米騒動の発端は相場のことなど何も知らない女性達の、生活のための運動であった。しかし米価高騰には大戦景気で出現した船成金らによる米への投機がシベリア出兵で加速するなど、複雑な事情が絡んでいた。（中略）新聞記者の中には拡大した貧富差に有効な手段を講じないことが原因だと批判の矛先を政府に向けている。寒村で起きたにすぎない「騒動」が全国的に広がり、内閣を退陣させるような社会運動にまで発展した背景の一つに教育制度の整備があげられるだろう。義務教育の就学率は一八九〇年から一九〇七年の間に急増し、ほぼ一〇〇％になった。（資料集のページ数記載）（中略）教育の整備、識字率の高さは新聞の普及も下支えする。新聞の普及によって民衆は社会構造の問題に目を向けるようになったと考えられる。その結果「地方の暴動」への便乗は、理論武装と情報共有によって「政治的な運動」へと拡大した。（後略）

この解答では、大戦景気の恩恵のかたよりと貧富の拡大に対する政府の対処の不備、識字率の変化と新聞の普及という多様な視点から、米騒動の広がりを分析しようとしている。その他、ロシア革命と社会主義運動への影響から米騒動の展開を説明しようとする生徒も多く見受けられた。

授業⑩では大衆運動とマスコミの発達の中での政党政治の実現とともに、原内閣の政策を確認し、鉄道誘致に見られるように生活要求が政治要求として出現する状況を確認する。また、米の輸入政策の中で引き起こされていく近隣諸国の米価への影響も確認する。

授業⑪では水平社宣言の内容が、どのような経緯で誕生したかを踏まえ、従来の問題対処との差異を確認する。

授業⑫では、ワシントン会議の日本をめぐる国際的な緊張を示し、第一次大戦後の軍事費支出や対外的な緊張関係の原因を考えていく授業である。日本については一九一〇～二〇年代の対外的膨張の中から、その要因を考えていく。また、各国の財政状況から軍事費の圧迫の大きさを踏まえ、多角的な側面から協調外交路線に向かう諸要因を理解し、ワシントン会議における諸条約の意義を考えることを目的とした。

授業⑬では、朝鮮半島や南樺太、満州、台湾が示されている一九三〇年代の日本地図を黒板に掲げながら、生徒が感じる違和感から、国家、国民に対する意識にどのような影響が生まれるかを考えることを導入とした授業である。

授業⑭は関東大震災直後の混乱の中、警察に集められた情報報告などを利用し、なるべく当時の臨場感の中で史料を提示することによって、そのような混乱の中でおこった中国人・朝鮮人虐殺や社会主義者弾圧などを確認した。このような事実から、当時の社会が保持していた民族差別を含めた社会構造を考え、国家や国民（臣民）に対する意識に、どのような志向が生じているのかを抽出することを目的とした。

## 4　おわりに

一九一〇～二〇年代の授業を終えた後、生徒に以下のアンケート調査をおこなった。提示した質問は「大正時代の学習を終えた後の今、大正時代のイメージとしてどのような事柄があげられるか」という問いである（調査対象は前述のアンケートに同じ）。その結果は以下の通りである。デモクラシーに関しての具体的なイメージを示す「護憲運動」や「普通選挙までの道のり」「国民の政治への関心・意欲」「政治のあり方が問われた時代」などの解答が大半を占めている一方で、全体の六九％の解答に、外交・国際関係・植民地支配（「協調外交」「中国と韓国」「シベリア出兵」など）に関する記載があり、「大戦景気」や「成金」など経済的な問題を含めた解答も多く見られた。さらに全体の五五％の解答が、この時代を政治・経済・国際関係の複数の側面を関連させて記しており、「産業の発展による貧富差の拡大をうけ、社会運動が盛んに」「第一次大戦などの影響で産業が盛んになっていった」という解答に見られるように、背景認識に対する意識向上が確認できたと考えられる。また、アンケートの中にはこの時代を「国家に対する認識が変化を始めた時代」と記す解答も存在した。

本稿の試みは、中長期の単元形成をどのようにおこなうかという点での実践を示したものである。国家観・民族観などの概念形成は、現実世界では長期に渡って形成される。学習においても同様に、トピックやコラム形式に、単授業・単項目としてだけ取り上げる方法のみでは、通史と乖離しやすく、一つの歴史像としての理解が疎外されやすい危険を孕む。多様な分野の中で、中長期的に視点を保持しながら学習することで、通史に根ざし、時代観と結びついた学習が可能となるのではないかと考える。一方で、今後の課題として、統治領や植民地側からの視点への反映があげられる。本稿で扱った時代においても、例えばサイパンの日本人移民の生活は取り上げることはできたが、「現地住民の目に映った日本人移民」という視点や、「現地住民の生活への影響」までには教材化が至らなかった。

植民地支配についても同様である。これらの視点を積極的に教材に反映させることで、相互・相対的な視点によって描かれた日本史、国家観の展開が可能になるが、この点は今後の課題としたい。

**参考文献**


●明石岩雄……「第一次大戦後の中国問題と日本帝国主義」、『日本史研究』二〇三号、一九七九年
●今野日出晴…「歴史教育と社会科歴史」、『歴史評論』七〇六号、二〇〇九年
●成田龍一……『大正デモクラシー　シリーズ日本近現代史④』岩波新書、二〇〇七年
●橋谷弘………『帝国日本と植民地都市』吉川弘文館、二〇〇四年
●坂野潤治……『近代日本の外交と政治』研文出版　一九八五年
●藤野敦………『東京都の誕生』吉川弘文館、二〇〇二年
●歴史教育者協議会編
……『図説　米騒動と民主主義の発展』民衆社、二〇〇四年

# 幕末維新期の日朝関係の転回と教科書記述

木村直也

## 1　歴史教育における外交の取扱い

現在我々はグローバル化した国際社会に生きている。相変わらず紛争は絶えず、また日本と他国との間にもさまざまな問題を抱えている。そのようななかで、未来を生きる児童・生徒たちには世界の多様な人々との共生が求められ、それにふさわしい歴史認識を身につける教育が提供される必要がある。現行の学習指導要領においても、高校「日本史B」の目標として、「我が国の歴史の展開を、世界史的視野に立って総合的に考察させることが掲げられ、主題学習テーマの一つである「世界の中の日本」では、「我が国と外国との交流や相互理解などに着目して、外国人が日本をどう見ていたか、また日本人が世界をどう見ていたかについて追究させる」と記されている。[*1] 他国・他民族との相互理解を進める歴史教育が求められているといってよい。

二一世紀に入った現在において、それを実現するために必要なことの一つは、西洋近代の相対化という視点ではなかろうか。具体的にいえば、第一に周辺の東アジア諸国との関係をより重視すること、第二に前近代の価値観をそれとして評価すること、第三に国際化・グローバル化の進展のなかで国民国家を相対化し、さまざまなレベルの重層的な地域構造をも認識することである。

以上のことをふまえ、現在の世界情勢を生き抜き、将来によりよい国際社会を展望するためには、歴史教育において外交というものはどのように取り扱われるべきであろうか。とくに中学校以上の教育においては、国家どうしの紛争や戦争に関して、どちらかが善で、どちらかが悪といった単純な捉え方をすべきではない。そのような捉え方では、両国相互の体面と利害がからみ、相手への誤解・偏見も伴いながら、紆余曲折を経て行われる外交の歴史的実態を理解できないからである。[*2] 歴史上における複雑な外交の実態をそれとして認識し、その歴史的結果に学ぶことこそ、さまざまな困難を抱えながら他国と良好な関係を築くにはどうすればよいかという現在の課題に応えていくことになろう。

こうした問題意識から、本稿では幕末維新期における日朝関係の転回を事例に、中学校・高等学校の教科書記述を分析し、問題点を明らかにしてみたい。

## 2 幕末維新期における日朝関係の転回

まず教科書記述を検証する前に、幕末維新期における日朝関係の転回、すなわち平和的・安定的であった江戸時代の「交隣」関係から、近代の「征韓」へと向かう転回がどのように行われたのかについて、近年の研究成果をもとに略述しておこう。この分野の研究は、戦前の田保橋潔《たぼはしきよし》の労作〔田保橋潔　一九四〇年〕以降、あまり進んでいなかったため、一般人はもとより、研究者にもそれほど史実が認識されていなかったが、近年はとりわけ対馬藩の動向が明らかにされてきた。そうした研究成果については本稿末尾に掲げた参考文献を参照されたい。

江戸時代には対馬藩が日朝通交を独占的に管轄し、日朝貿易の独占も認められており、日常的に釜山の倭館に対馬の士民が渡って通交・貿易を行っていた。また将軍の代替わりのときを中心に朝鮮からは通信使が派遣され、将軍との間で国書の交換が行われるとともに、文化人・民衆を含めた多彩な文化交流も展開された。その朝鮮通信使は、両国の財政窮乏により、一八一一年（文化八）の対馬易地聘礼《えきちへいれい》を最後として派遣されなくなった。また一八世紀半ば以降、日朝貿易は衰退に向かい、収入の多くの部分を朝鮮貿易に頼っていた対馬藩は財政窮乏に苦しみ、たびたび幕府からの援助を受けていた。

幕末になると、一八六一年（文久元）のロシア軍艦ポサドニック号による対馬浅茅《あそう》湾占拠事件などで対馬の防衛能力の欠如も明らかとなり、対馬藩は従来の日朝通交を変革する志向を強めた。一八六三年（文久三）に対馬藩は幕府に対して、毎年三万石の支給を求める援助要求を行う。このとき対馬藩は、対馬が朝鮮に臣従しているかのような形態を含む従来の日朝通交のあり方は屈辱的であるとし、[*3] 従来の日朝関係の枠組みを超えて、列強に先んじて日本が積極的に朝鮮に進出すべきであると主張した。その後、この対馬藩の日朝通交変革の路線は、幕末の政局の激動に翻弄されつつも維持された。一八六七年（慶応三）には徳川慶喜政権が幕府使節の朝鮮派遣計画を立てるに至ったが、幕府倒壊によって自然消滅となった。

明治新政府が成立すると、一八六八年（明治元）三月に新政府は対馬藩に「王政御一新」を朝鮮に伝えるよう指示し、また対馬藩は閏四月に新政府に対して日朝通交刷新要請を行った。そして対馬藩は新政府と協議のうえ、新政府樹立通告の使節（大修大差使）を対馬藩から派遣することになるが、その際に持参した書契（外交文書）には、日本の天皇に関して「皇」「勅」の文字を使用し、従来書契に捺していた朝鮮支給の図書（銅印）を廃止して新政府支給の新印を使用した。朝鮮の宗主国である清国の皇帝と日本の天皇とを同位に位置づけて、日本が朝鮮の上位にあることを示すとともに、朝鮮国王に対馬宗氏が臣従している形になる朝鮮支給の図書を忌避したのである。二百数十年の間、日朝通交を管掌してきた対馬藩にとって、朝鮮側がこうした変更を嫌うことは十分承知していたことであった。朝鮮はこの書契の受け取りを拒絶した。

朝鮮ではこのとき、若い国王高宗の実父である大院君が実権を握り、排外攘夷政策をとっていたこともあり、朝鮮側の対応は、対馬藩関係者の予想を超えて頑《かたく》なであった。交渉は行き詰まり、両国関係は険悪化していく。一八七〇年（明治三）以降、外務省から官員が調査・交渉のため派遣されるが、朝鮮は対馬人以外との交渉を拒否した。一八七一年（明治四）七月の廃藩置県で対馬藩は消滅し、翌年、日朝外交・倭館事務は外務省に接収された。朝鮮側はいっそう反発し、朝鮮との交渉は進展しないまま、一八七三年（明治六）

五月に釜山駐在外務省官員から、朝鮮側による掲示に日本を「無法の国」だとする文言があったことが政府に報告される。これをうけて留守政府内では朝鮮に断固たる態度をとるべきだという議論が起こり、いったんは西郷隆盛の朝鮮派遣が内定したものの、帰国した岩倉具視、大久保利通、木戸孝允らの反対をうけて、西郷の派遣はとりやめになる。明治六年の政変（いわゆる征韓論政変）である。

なお、朝鮮へ積極的に進出すべきだとする議論（武力行使により朝鮮を従えるべきだとする征韓論も含む）は、欧米列強への危機感の高まりとともに幕末には識者の間に広くみられたが、財政窮乏打開という現実の利害が絡んだ対馬藩の朝鮮進出論[*4]の登場とともに、幕府や明治新政府の政策に反映されていった。また、西郷隆盛自身による朝鮮派遣の主張に関しては、あくまで平和的交渉をめざした「遣韓論」であるのか、それとも武力行使をめざす「征韓論」であるのかの議論があるが、当時の交渉状況を背景にして、より強硬な態度をとることをめざしたことは疑いない。最終的には武力行使も視野に入れた段階的進出論の一環ととらえるべきであろう。

## 3 教科書における近世から近代へかけての日朝関係の記述

前述のような問題意識をもとに、研究成果で明らかになっている史実をふまえつつ、中学校と高等学校の歴史教科書において、近世から近代へかけての時期の日朝関係がどのように記述され、そこにはどのような問題があるか考察してみたい。[*5]

まず江戸時代の日朝関係の記述を確認しておこう。**表1**を見てみると、中学校教科書では、豊臣秀吉の朝鮮侵略の後、徳川家康のもとで、対馬藩宗氏によって国交が回復されたこと、朝鮮から通信使が渡来したこと、対馬藩が外交や貿易を行ったことがほぼすべての教科書に記されていることがわかる。とくに通信使に関してはほとんどの教科書で、行列を描いた絵巻などの絵図・写真を掲載している。この傾向は高校教科書でも同様であるが、中学校より多くの字数を使い、通信使渡来時の文化交流、対馬・朝鮮間の貿易協定である己酉約条、釜山の倭館についても大半の教科書で記述が及んでおり、さらに新井白石による朝鮮通信使待遇の簡素化、将軍呼称の大君号から国王号への変更にも触れている。

こうした教科書の記述の傾向は、江戸時代は「鎖国」だとして日朝関係について具体的な記述がほとんどなかった一九七〇年代までの教科書と比べると大きく異なる。一九八〇年代から「鎖国」の見直しが進み、「四つの口」の概念が定着した結果であろう〔木村直也二〇〇九年〕。これらの記述や絵図・写真をみれば、江戸時代の日朝関係が友好的であったというイメージを生徒たちに与えることになろう[*6]。

なお、これらの教科書には、近世後期の日朝関係に関する記述はほとんどない。高校【三省堂】が、通信使の停滞の文脈で一八一一年（文化八年）の対馬易地聘礼に触れているだけである。

日朝関係の記述としては、ほとんどは近代に入ってから、明治初期の外交、すなわち征韓論から江華島事件、日朝修好条規への展開の記述として登場する。それでは、江戸時代に友好的であった日朝関係が、明治時代になると征韓論を軸に展開するようになるという

表1　江戸時代の日朝関係に関する教科書記述（◎はとくに詳しく取り扱っているもの）

中学校歴史教科書

| | 大書 | 教出 | 清水 | 帝国 | 東書 | 日新 | 日文 | 扶桑社 |
|---|---|---|---|---|---|---|---|---|
| 家康のもとで国交回復 | ○ | | ○ | ○ | ○ | ○ | ○ | ○ |
| 対馬藩宗氏により国交回復 | ○ | ○ | | ○ | | ○ | ○ | ○ |
| 日朝両国は対等関係 | | | | | | | | ○ |
| 通信使渡来 | ○ | ○ | ○ | ○ | ○ | ○ | ○ | ○ |
| 通信使渡来時の文化交流・歓迎 | | ○ | | ○ | | | | ○ |
| 通信使絵図（江戸祭礼図）掲載 | ○ | ○ | | ○ | ○ | ○ | ○ | ○ |
| その他通信使関連の図・写真掲載 | ○ | ○ | | ◎ | | | | |
| 対馬藩による外交・貿易 | ○ | ○ | ○ | ○ | ○ | ○ | ○ | |
| 釜山の倭館 | ○ | ○ | | | ○ | | ○ | ○ |
| 貿易品 | ○ | | ○ | ○ | ○ | | | |
| 雨森芳洲 | | | ○ | ○ | | | | |

高等学校「日本史B」教科書

| | 桐原 | 三省堂 | 実教① | 実教② | 清水 | 東書① | 東書② | 明成社 | 山川① | 山川② | 山川③ |
|---|---|---|---|---|---|---|---|---|---|---|---|
| 家康（幕府）のもとで国交回復 | ○ | ◎ | ◎ | | | | | | ○ | ○ | |
| 対馬藩宗氏により国交回復 | | | ○ | ○ | ○ | ○ | ○ | ○ | | ○ | |
| 朝鮮との通信の関係 | | | ○ | | | | | | | | ○ |
| 通信使渡来 | ○ | ○ | ○ | ○ | ○ | ○ | ○ | ○ | ○ | ○ | ○ |
| 通信使渡来時の文化交流・歓迎 | ○ | ○ | ◎ | ○ | ○ | | | ○ | ○ | | ○ |
| 通信使絵図（江戸祭礼図）掲載 | ○ | | ○ | ○ | | ○ | ○ | ○ | ○ | ○ | ○ |
| その他通信使関連の図・写真掲載 | | | ◎ | | | | | | | | |
| 己酉約条 | ○ | ○ | ○ | ○ | ○ | | ○ | ○ | ○ | | ○ |
| 対馬藩による外交・貿易 | ○ | | ○ | | ○ | ○ | ○ | ○ | ○ | ○ | ○ |
| 釜山の倭館 | ○ | ○ | ○ | ○ | | | ○ | ○ | ○ | | ○ |
| 貿易品 | ○ | ○ | | | | ○ | ○ | ○ | | | |
| 京都五山僧による対朝鮮外交監督 | | | | | | | | ○ | | | |
| 雨森芳洲 | | | ○ | | | | ○ | ○ | | | |
| 新井白石の通信使待遇簡素化と国王号への変更 | ○ | ○ | ○ | ○ | ○ | | ○ | ○ | ○ | ○ | ○ |
| 対馬易地聘礼 | | ○ | | | | | | | | | |

近世から近代への転回は、教科書ではどのように説明されているのだろうか。

**表2**は、中学校・高校の教科書における明治初期の日朝関係の記述について、征韓論に至る背景説明のうち、日朝国交停滞の理由の説明内容から三つに分類したものである。[*7] 当然のことながら、一般に中学校教科書のほうが高校教科書より記述の字数は少ない傾向がある。

まず指摘できるのは、対馬藩による幕末以来の日朝通交変革の動きには、どの教科書も全く触れていないことである。幕末維新期の対馬藩に関する近年の研究成果が、教科書執筆者たちには認知されていないことが原因であろう。また、ほとんどの教科書の基本的な記述パターンは、〝新政府が朝鮮に国交樹立を求めたが、朝鮮は交渉を拒絶した〟というものであることがわかる。問題は、なぜ朝鮮が交渉を拒絶したかの説明である。

## A　朝鮮側の理由が書かれていないもの

中学【日新】は、何の前提も示されないまま突然征韓論が登場してくる。中学【日文】は、交渉拒絶の理由が示されないまま、日本側から国交を求めたのに朝鮮が応じなかったとしており、次にあげるBのニュアンスもこめているようにも読める。また高校【東書②】は、不平士族対策と華夷秩序からの分離という日本側の要因しか触れていない。これらの記述では、江戸時代とのつながりが説明できないし、相手国朝鮮の主体性を考慮に入れたうえでの外交交渉の実態理解ができないのではなかろうか。

日本の交渉態度を不満として正式の交渉には応じなかった。1873（明治６）年、留守政府首脳の西郷隆盛・板垣退助らは征韓論をとなえたが……。

【山川②】近隣諸国との外交では、まず朝鮮に国交の樹立を求めた。しかし、鎖国政策をとっていた朝鮮は、幕府時代とはことなる日本の交渉態度を不満として応じなかった。これに対し西郷隆盛らは征韓論をとなえたが……。

【東書①】このころ朝鮮は、フランスやアメリカなどの通商要求を拒否しており、新しい形の国交を求める日本の要求も拒否していた。そこで、1873（明治６）年、西郷隆盛や板垣退助らの留守政府は、朝鮮に西郷を派遣して［朝鮮は、日本の国交回復要求の国書（注ⅳ）も、先例に反するとして受理をこばんだ。このため西郷を交渉にあたらせ、かれに万一のことがあれば、開戦の口実にしようとしたという（征韓論）。］開国を強く求めることを決定した。

（注ⅳ）前掲（注ⅰ）参照。また問題化した書契が送られた1868年時点では従来からの対馬藩による通交は続いており、書契は国交「回復」を求めたものではない。

### C　日本側による日朝外交の変更がおもな原因とするもの

【山川③】朝鮮と国交を樹立するため、政府は対馬藩が持っていた朝鮮外交の権限を取り上げ、1870（明治３）年に外務省の役人を派遣した（注ⅴ）が、朝鮮から拒絶された。征韓論［日本の開国要求を拒絶した朝鮮を、武力で討つことを主張した。朝鮮侵略論は、朝鮮蔑視感の強まりとともに幕末から唱えられていた。］が高まるなか、不平士族にも配慮して、1873（明治６）年、政府は西郷隆盛を朝鮮へ使節として派遣することを決定した。

（注ⅴ）この年に外務省の役人が派遣されてはいるが、対馬藩の朝鮮外交権限が取り上げられ外務省直轄となったのは、廃藩置県後の1872（明治５）年。

【三省堂】1871年、清と対等な日清修好条規をむすんだ政府は、岩倉使節団が出発すると、清を宗主国とあおぐ朝鮮に対し、従来の対馬にかわって、天皇の名による外交を要求した。朝鮮がこれをこばむ［朝鮮は、対等の立場での外交関係を考えていたが、天皇の名で出された外交文書（注ⅵ）には宗主国の中国の皇帝だけが使う「勅」や「皇」などの言葉が入った高圧的なものだったために容認できなかった。］と、政府内に朝鮮を侵略しようという意見が強まった。

（注ⅵ）1868年に朝鮮に送られて問題化した書契は、対馬藩主の名で出された外交文書。また本文と注の文章は、1868年のことと71年以降のこととが逆転している。

【実教②】新政府は成立直後、朝鮮との国交を改革を加えつつ継続しようとしたが、朝鮮側はこれをこばみ［王政復古にともない日本政府は外交文書の書式を一方的に変更（皇や勅の字の使用）しようとした。しかし、朝鮮にとり、それらの字は中国皇帝しか使えない尊い字であり、日本がこれを用いるのは認められないことだった。］、朝鮮問題は外交上の懸案となっていた。1873（明治６）年、西郷隆盛や板垣退助ら留守政府は、国内の緊張をそらすため征韓をおこなおうとした。

【実教①】江戸時代の日本は、朝鮮と対等な国交をむすんでいた。日清対等をめざした政府は、清国を宗主国とする朝鮮の地位を一段低くした国交に改めようとして、幕府が外交の窓口としていた対馬藩の外交権を廃し、朝鮮とむすんでいた条約（注ⅶ）を一方的にやぶった。そこで、国王の実父で攘夷主義者の大院君が実権をにぎる朝鮮政府は、日本を「無法の国」と非難した。いっぽう、日本国内では不平士族らが征韓論を唱えはじめた。

（注ⅶ）日朝間では近代条約はまだ結ばれておらず、対馬・朝鮮間の貿易協定である己酉約条などを指しているのか内容が不明。

【明成社】江戸時代を通じて友好関係をたもった朝鮮に対し、明治元年（一八六八）、わが国は維新を告げ、天皇の名によるあらたな国交をひらこうとした。これに対し清国を宗主国［宗主国とは、国際関係のなかで、従属国の政治や外交に特殊な権限（宗主権）をもつと同時に、その国を保護する国のことである。一六三七年、朝鮮は清の大軍の侵攻を受けて朝貢国となり、以後、清を宗主国としていた。］とし、当時鎖国政策をとっていた朝鮮は、従来の慣例に異なるとして［日本からの国書（注ⅷ）に「皇」「勅」といった清国の皇帝のみが使う語があるのは違例である、と朝鮮側は主張した。］、国書の受理をこばみつづけた。遣外使節団外遊中の留守政府の閣議は強硬論にかたむき、明治六年（一八七三）六月、参議板垣退助は軍隊派遣を主張した（征韓論）。

（注ⅷ）前掲（注ⅰ）参照。

**表２　明治初期の日朝関係に関する教科書記述**
**＊［　］内は教科書での注としての説明。原文での改行は無視した。（注ｉ）～（注viii）は引用者による注。**

**中学校歴史教科書**
**Ａ　朝鮮側の理由が書かれていないもの**
【日新】朝鮮に対しては、1873年、軍隊を送って攻めようという主張（征韓論）があらわれた。

【日文】政府は、朝鮮にも国交を開くことを求めたが、朝鮮は応じず、国内には征韓論がおこった。
**Ｂ　朝鮮の鎖国・攘夷政策がおもな原因とするもの**
【大書】西郷隆盛らは、不満をもつ士族の関心を海外に向けさせるために、鎖国を続ける朝鮮に対して、武力に訴えてでも日本と国交を結ばせようとしました（征韓論）。

【東書】中国に朝貢［中国周辺の多くの国は、中国の皇帝に貢ぎ物をおくり（朝貢）、かわりに国王の位を認めてもらう関係をもっていました。］していた朝鮮は、欧米に対して鎖国し、また明治政府との国交もこばんでいました。政府内には武力で開国をせまる主張（征韓論）が高まり……。

【清水】国交のつづいてきた朝鮮とは、王政復古を知らせて、新しい関係をむすぼうとした。しかし朝鮮は、当時攘夷政策をとっていたことなどもあり、日本の新しい政府との交渉をこばんだ。［朝鮮は、1866年にフランス軍艦、1871年にはアメリカ軍艦の攻撃をしりぞけて攘夷に自信をもった。また、1868年に明治政府が朝鮮におくった国書（注ｉ）に無礼な文字があると受け取りを拒否していた。］王政復古のあと、国内の一部には、朝鮮に出兵して国のいきおいを示そうとする主張（征韓論）があったが、朝鮮の対応はこれによい口実をあたえることになった。征韓論は、廃藩置県や徴兵令などの改革で地位をおびやかされていた士族に支持され、政府では西郷隆盛や板垣退助がその代表であった。

（注ｉ）このとき朝鮮に送って問題化したのは対馬藩からの「書契」であり、政府からの「国書」ではない。
**Ｃ　日本側による日朝外交の変更がおもな原因とするもの**
【教出】1868年、対馬藩は、朝鮮に明治維新を知らせる文書を伝えました。その内容は、日本が朝鮮の上に立つものだったので、朝鮮は文書の受け取りを拒否しました。日本政府内には、西郷隆盛・板垣退助らを中心に、武力を用いてでも、朝鮮に新たな外交関係を認めさせようとする主張（征韓論）がおこりました。

【帝国】新政府は、朝鮮と国交を結ぼうとしましたが、朝鮮は江戸時代からの関係をそこなうやり方だと考え［朝鮮は、従来の対馬藩を通じた外交方法を求め、また、対等な関係ではないことを示した日本からの国書（注ii）に反発しました。］、その要求に応じませんでした。そこで、西郷隆盛や板垣退助らは、武力に訴えてでも朝鮮に要求を通そうとする征韓論を主張し、士族の不満の解消もめざそうとしました。
（注ii）前掲（注ｉ）参照。
【扶桑社】明治政府は、維新直後の1868（明治元）年、新たに朝鮮と国交を結ぶため、使節を派遣した。しかし、朝鮮は日本の用意した国書（注iii）に不適切な文字が使われている［日本の使節が持参した国書に、日本の天皇をさす「皇」の字が使われていたが、これは中国の皇帝以外には使ってはいけない文字とされていたので、朝鮮の王朝は受け入れることができなかった。］との理由で、外交関係を結ぶことを拒否した。明治政府は、朝鮮との外交では、はじめからつまずくことになった。……国内では1873（明治６）年、日本の開国のすすめを拒絶してきた朝鮮の態度を無礼だとして、士族たちのあいだに、武力を背景に朝鮮に開国をせまる征韓論がわきおこった。

（注iii）前掲（注ｉ）参照。

**高等学校「日本史Ｂ」教科書**
**Ａ　朝鮮側の理由が書かれていないもの**
【東書②】（士族の不満が起きていて）そこで参議西郷隆盛ら留守政府は、士族の軍事力を背景として、国交樹立を拒否する朝鮮に軍事的な圧力をかけることによって士族の不満をやわらげ、政府の威信を回復しようとした（征韓論）。……このように、初期外交政策は……中華帝国の華夷秩序から日本を完全に分離することに主眼をおいていた。
**Ｂ　朝鮮の鎖国・攘夷政策がおもな原因とするもの**
【清水】このころ国内では、鎖国政策をつづけていた朝鮮に対して、武力によってでも開国させ、不平士族の不満をそらそうとする征韓論が高まっていた。

【桐原】朝鮮とは、1868（明治元）年より国交交渉を開始していたが鎖国主義をとっていた朝鮮は、日本が開国して西洋との交わりを深めていることなどを警戒し、通交を拒否した。1873（明治６）年、西郷隆盛・江藤新平・板垣退助らは、朝鮮側の開国拒否を理由に、征韓によって国内の不平士族たちの反政府的な動きをそらそうと考えた。

【山川①】新政府は発足とともに朝鮮に国交樹立を求めたが、当時、鎖国政策をとっていた朝鮮は、

## B　朝鮮の鎖国・攘夷政策がおもな原因とするもの

中学【大書】と高校【清水】は征韓論に関して、不平士族対策が目的としながら、その背景に朝鮮の鎖国政策をあげている。中学【東書】、高校【桐原】は朝鮮が鎖国政策をとっていたことがストレートな国交拒絶の理由になっており、それによって征韓論の高揚を促したとする。中学【清水】、高校【山川①】【山川②】【東書①】は、「(日本が)新しい関係をむすぼうとした」「日本の交渉態度を不満として」「新しい形の国交を求める日本の要求」という文言から、日本になんらかの原因があることを示唆してはいるが、その内容は具体的にはわからない。結局、朝鮮が鎖国・攘夷政策をとっていたことが国交拒絶の主因とする説明になっている。朝鮮の大院君政権が排外攘夷主義の政策をとっていたことは事実であるが、これらの記述では、日本側が日朝関係を意図的に変革しようとしたというニュアンスが感じられないか、希薄であり、もっぱら朝鮮の鎖国政策が国交不成立の理由と受け取られることになる。こうした主旨では、明治新政府は国際社会に対して開放的で、先進的に近代文明を採り入れたが、朝鮮は守旧的で遅れており、江戸時代の日本の如く鎖国のままであって、そうした朝鮮の態度が征韓論を惹起したとする歴史認識に結びつきやすい。さらに江戸時代とのつながりも説明しにくい。一八七二年(明治五)の外務省による日朝外交接収まで、対馬藩による朝鮮通交は一応従来通り続いており(中学【清水】ではその点の配慮もみられる)、朝鮮が大院君政権のもとで急に日本人を排撃し始めたわけではない。やはり日本側による意図的な日朝関係の変革という論点を記述に織り込まないと、十分な説明はつかないはずである。

### C　日本側による日朝外交の変更がおもな原因とするもの

高校【山川③】は、国交不調の原因が日本側にあるとするニュアンスであるが、朝鮮外交の担当が対馬藩から外務省へ移管されたというだけでは説明が弱い。中学【教出】【帝国】、高校【三省堂】【実教②】は、日本側が日朝外交方式の変更を意図的に行ったことが朝鮮の拒絶の主因であると読みとれる。高校【実教①】は、日本側の意図的な変更に加えて大院君政権の攘夷主義も並記しており、ある程度バランスをとった記述になっている。しかしこれらの記述も、なぜ日本側が日朝関係を変革しようとしたかについて踏み込んでおらず、江戸時代の友好的な関係と整合する説明がつけられていない。

日本側による日朝関係変革を示唆的に記したものに中学【扶桑社】と高校【明成社】[*8]があるが、この二冊の教科書は日朝関係に関する記述が比較的詳しく、むしろ朝鮮が中国中心の中華秩序に拘泥していることを強調しているのが特徴といえよう。

以上の検討から、中学校・高校の教科書では、江戸時代の日朝関係については主要な内容を共通に取り扱っていて、友好的な関係であったとするイメージで一致している。明治初期の日朝関係に関する記述はまちまちであるとともに、字数もそれほど多くはなく、日朝交渉が行き詰まった理由が不明確な記述もみられる。また、**表2**の中の（注）で示したように、単純な事実誤認の記述も散見される。

教科書の江戸時代と明治初期の記述をつなげて読んでみると、両者が整合的に説明されている教科書がないことに気づく。幕末維新期の日朝関係の転回が、対馬藩の動向も含めて、論理的にバランスよく説明されないと、適切な歴史理解には到達できず、両国の体面と利害がぶつかりあう複雑な外交交渉を経ながら転回してしまった日朝関係について、単純化した理解しかできないのではなかろうか。

## 4 幕末維新期における日朝関係の転回をどのように教えるか

歴史教育には、できれば最新研究の成果を採りいれたいものである。それは生徒に、つくられた歴史の「物語」を教えるのではなく、厳しい学問的検討のすえに得られた史実を教えていくために必要なことだからである。幕末維新期の日朝関係は、近年研究がさかんになってきつつある段階であり、まだ研究者たちにも十分認識されていない面があるから、教科書記述が充実していないのは無理からぬことかもしれない。また、江戸時代の日朝関係と明治初期のそれとが整合的に説明されていないのは、教科書の執筆者が近世と近代でそれぞれ分かれていることにも原因があろう。

しかし、それにしてもこの部分の教科書記述の弱さは無視できない。生徒が「あれほど友好的だった江戸時代の日朝関係が、どうして明治になると変わってしまうのか」という疑問を抱いても、教科書記述からは満足のいく答えを得ることは難しい。それどころか、日朝国交交渉不調や征韓論高揚の原因を単純に朝鮮の鎖国政策だけに求めるなどといった誤解も招きかねない記述も多い。

教科書に新しい学説を次々と採り入れるべきだ、と言うのではない。教科書においては厳しい字数の制限があり、すべてに満足のいく説明をするのは不可能であろう。しかしながら、現場の教師が自身で多くの最新研究をフォローして教科書記述を補うことは、現実にはなかなか難しい。新しい研究成果が教科書記述に反映されることによって教師も認識を新たにし、生徒に教えていくことにもなる。幕末維新期の日朝関係のような、教師・生徒も混乱するまちまちの記述、誤解を招く記述を放置すべきではなかろう。

前述したように、外交というものは単純化して教えるべきでない。両国相互の体面と利害が絡み、また相手に対する誤解や偏見も伴いながら、外交交渉は進められる。そうした困難を抱えたうえで、江戸時代のような良好な日朝関係を維持できることもあるし、明治初期のようにそれが破綻してしまうこともある。そうした両国関係に関わる人間たちの営みを丁寧に考察することによって、外交というものの歴史認識を深めることができるのではなかろうか。

最後に、幕末維新期の日朝関係の転回に関する教科書記述の例（私案）を試みに提示しておく。実際にはこれほどの字数を確保できるかという問題もあり、もちろん完璧なものとは断言できないのだが。

幕末になると、両国の財政難によって通信使は渡来しなくなり、また朝鮮貿易もしだいに不振となったため、財政窮乏に苦しむ対馬藩は従来の日朝関係のあり方を変えていこうとし、積極的な朝鮮進出論も唱えた。明治政府の成立を伝える使節が対馬藩から送られるのにさいして、政府と対馬藩は協議して日本の立場を高めようとはかり、持参した外交文書では、朝鮮にとって宗主国の清国の皇帝にしか使えない「皇」「勅」

の文字を天皇に関して使用した。排外攘夷主義をとる大院君政権であった朝鮮は、江戸時代を通じて維持されてきた方式とは異なるとして文書の受け取りを拒否し、新政府と朝鮮との国交は結べないまま交渉は停滞した。こうした状況で、幕末以来、欧米列強との対抗意識から唱えられてきていた征韓論は、政府や不平士族のなかで支持を広げていった。

**注**

＊1…『高等学校学習指導要領解説　地理歴史編』（実教出版、一九九九年）では、この項目に関して、「諸外国との交流や相互理解に着目し、我が国の立場からばかりではなく、それぞれの国の立場に立つことや我が国の地理的条件とかかわらせて追究させることも大切である」と説明されている（一二二頁）。

＊2…ただし、国家の枠組みが明確でなく、また国家機能が未整備で、外交も未熟な前近代においては、さしたる外交交渉もなくて一方的に攻撃を行うこともありうる。

＊3…対馬藩内の一部には、近世中期からこれを問題視する見解があった［石川寛、二〇〇八年］。それに幕末期の貿易衰退に伴う財政窮乏という状況が結びつき、こうした主張が表面化したものと考えられる。

＊4…朝鮮に対して最初は誠意をもって説得し、容易には聞かれないだろうから威圧を加え、朝鮮が服従しなければ最終的に武力を行使するという段階的進出論になっている。

＊5…以後、本稿においては各社の教科書について以下のような略称を使用する。なお参照した教科書は、いずれも二〇〇七年発行のものである。高校教科書については、近世と近代との記述の比較を行うため、近現代中心の「日本史A」はとりあげなかった。

中学校教科書

【大書】大阪書籍『中学社会　歴史的分野』（鈴木正幸ほか一三名）

【教出】教育出版『中学社会　歴史　未来をみつめて』（笹山晴生・竹内啓一・阿部齊ほか三八名）

【清水】清水書院『新中学校　歴史　改訂版　日本の歴史と世界』（大口勇次郎・中村研一ほか八名）

【帝国】帝国書院『社会科　中学生の歴史　日本の歩みと世界の動き　初訂版』（黒田日出男ほか七名）
【東書】東京書籍『新編　新しい社会　歴史』（五味文彦・斎藤功・高橋進ほか四五名）
【日新】日本書籍新社『わたしたちの中学社会　歴史的分野』（峯岸賢太郎ほか一三名）
【日文】日本文教出版『中学生の社会科　歴史　日本の歩みと世界』（大濱徹也ほか一〇名）
【扶桑社】扶桑社『中学社会　改訂版　新しい歴史教科書』（藤岡信勝ほか一一名）

高等学校「日本史B」の教科書

【桐原】桐原書店『新日本史B』（宮地正人ほか一〇名）
【三省堂】三省堂『日本史B』（青木美智男ほか一二名）
【実教①】実教出版『高校日本史B』（宮原武夫・石山久男ほか一四名）
【実教②】実教出版『日本史B』（脇田修・大山喬平ほか一二名）
【清水】清水書院『高等学校　日本史B』（伊藤純郎ほか一〇名）
【東書①】東京書籍『新選日本史B』（尾藤正英ほか七名）
【東書②】東京書籍『日本史B』（山本博文ほか一一名）
【明成社】明成社『高等学校　最新日本史』（村尾次郎・小堀桂一郎・朝比奈正幸ほか二二名）
【山川①】山川出版社『詳説日本史　改訂版』（石井進・五味文彦・笹山晴生・高埜利彦ほか九名）
【山川②】山川出版社『高校日本史』（石井進・五味文彦・笹山晴生・高埜利彦ほか九名）
【山川③】山川出版社『新日本史』（大津透・久留島典子・藤田覚・伊藤之雄）

＊6…ただし、中学校の扶桑社『改訂版　新しい歴史教科書』では、近世から近代へかけての記述のなかで、〝いちはやく近代化した進歩的な日本、遅れた東アジア〟といった歴史認識が窺われる。この傾向は、初版本ではさらに顕著であった。

＊7…記述内容をとりあえず分類したが、もとより截然と区分けできるものではない。

＊8…この二冊は、「自虐史観」を克服しようというナショナリスティックな立場からつくられた教科書とされる。扶桑社『新しい歴史教科書』は「新しい歴史教科書をつくる会」を中心に編纂されたもので、特徴的な記述が多かった初版本は二〇〇二～〇五年に使用され、その後執筆者が変更されて二〇〇六年から改訂版が使用されているが、特異さは若干薄まっている。

## 参考文献

◉荒野泰典……『近世日本と東アジア』東京大学出版会、一九八八年
◉石川寛……「明治維新期における対馬藩の動向」、『歴史学研究』七〇九、一九九八年
◉石川寛……「近代日朝関係と外交儀礼」、『史学雑誌』一〇八―一、一九九九年
◉石川寛……「日朝関係の近代的改編と対馬藩」、『日本史研究』四八〇、二〇〇二年
◉石川寛……「明治期の大修参判使と対馬藩」、『歴史学研究』七七五、二〇〇三年
◉石川寛……「対馬藩の自己意識」、九州史学研究会編『境界のアイデンティティ』、岩田書院、二〇〇八年
◉木村直也……「文久三年対馬藩援助要求運動について」、田中健夫編『日本前近代の国家と対外関係』、吉川弘文館、一九八七年
◉木村直也a…「幕末の日朝関係と征韓論」、『歴史評論』五一六、一九九三年
◉木村直也b…「幕末における日朝関係の転回」、『歴史学研究』六五一、一九九三年
◉木村直也a…「幕末期の幕府の朝鮮政策」、田中健夫編『前近代の日本と東アジア』、吉川弘文館、一九九五年
◉木村直也b…「幕末期の朝鮮進出論とその政策化」、『歴史学研究』六七九、一九九五年
◉木村直也……「東アジア華夷秩序と日朝関係の転回」、歴史学研究会編『歴史教科書をめぐる日韓対話』、大月書店、二〇〇四年
◉木村直也……「「鎖国」の見直しと教科書記述」、『歴史評論』七一一、二〇〇九年
◉沈箕載《シムキジェ》……『幕末維新日朝外交史の研究』臨川書店、一九九七年
◉田保橋潔……『近代日鮮関係の研究　上巻』朝鮮総督府中枢院、一九四〇年、戦後、宗高書房・原書房から復刊
◉玄明喆《ヒョンミョンチョル》……「対馬藩『攘夷政権』の成立について」、『北大史学』三二、一九九二年
◉玄明喆……「文久元年対馬藩の移封運動について」、『日本歴史』五三六、一九九三年
◉玄明喆……「対馬藩攘夷政権と援助要求運動」、田中彰編『幕末維新の社会と思想』、吉川弘文館、一九九九年

# 境界としての近世平戸と由緒の形成
## ―土肥氏の先祖書をめぐる動向から―

吉村雅美

### はじめに

近世対外関係の研究においては、一九八〇年代に「鎖国」概念を否定した「四つの口」の枠組みが提示され〔荒野泰典　一九八八年〕、以後、各「口」の個別研究が進展してきた。現在は、対外関係史という個別の分野にとどまらず、対外関係と地域社会の関わりの解明や、海外情報と政治支配の関係性の解明が課題とされており、対外関係を近世史全体のなかに位置づける研究が進められている。

こうした動向のなかで、一九八〇年代以降、学校教科書においても「四つの口」についての解説がなされるようになった。そして、「鎖国祖法観」に関する研究〔藤田覚　一九九二年〕を受けて、多くの教科書において、「鎖国」概念は日本が内憂外患に直面した近世後期に形成されたとする説明が加えられるようになっている〔木村直也　二〇〇四年〕。

以上のような研究・教育状況に対して、次の二点の課題を指摘したい。

一点目は、対外関係の研究は幕府と「四つの口」を中心になされており、「口」以外の地域も含む近世日本総体としての対外関係の具体像が明らかにされていないという問題である。この課題を解決するためには、「口」以外の地域が、新たに形成された近世対外関係のなかにどのように自らを位置づけたのか明らかにする必要がある。この検討は、対外関係を基軸とした近世の国家と地域の関係性の理解にもつながると考える。

二点目として、寛永期に「四つの口」の枠組みが成立した後、寛政期に対外危機が表面化するまでの近世前期から中期にかけて、幕府や藩・被支配者層が対外関係をどのように認識していたのかという課題が挙げられる。なかでも、異なる文化・民族の接する境界に位置していた地域は、幕府統制下の貿易の枠組みでは捉えきれない漂流・密貿易などの交流が、近世を通して継続されていた。このような地域において、近世初期までは対外関係の窓口としての役割を果たしていたが、寛永期以降には幕府と「口」を基軸とする対外関係に対応していくという自らの歴史はどのように認識されていたのであろうか。幕府の「鎖国祖法観」に代表される対外認識が、近世後期の内憂外患に接して形成される以前に、地域において成立していた対外認識を明らかにする必要がある。

本稿ではこの二点の課題への手がかりとして、近世の平戸において、藩および被支配者層の人々が対外関係をどのように認識していたのかを明らかにする。周知のように、平戸は倭寇の一大拠点であり、中世から近世初期にかけて東アジア・ヨーロッパとの交流の窓口であった。オランダ商館の長崎移転後、平戸は幕府の形成した「口」として位置づけられることはなかったが、「口」を補完する長崎警備・朝鮮通信使の接待、あるいは「口」の枠組みとは異なる密貿易などの形で対外関係と接し、近世を通じて境界としての性格を帯び続けていた地域といえる。そのようななか、平戸藩および藩内の被支配者層の人々は、対外関係と直接的に関わっていた近世初期の自らの歴史をどのように認識し、その認識は地域社会にどのような影響を与えていったのであろうか。藩内で形成された由緒を中心に考察したい。

# 1 近世前期の平戸藩と家臣の先祖書

## 1 近世平戸の地域的・歴史的背景

現在の長崎県の西北部、東シナ海上に位置する平戸島と周辺島嶼部は、一六世紀には後期倭寇の根拠地であり、地域の民衆と東アジアの人々との交流が展開していた。こうしたなか、王直・李旦らの唐人海商が平戸に居住し、この唐人ネットワークの上にスペイン・ポルトガルとの貿易が展開した。さらに、一七世紀前半にはオランダ商館・イギリス商館が設置された。

一方、一六世紀から一七世紀にかけて、平戸を基盤とする戦国大名・近世大名として成長したのは平戸松浦《まつら》氏である。松浦法印鎮信《ほういんしげのぶ》の代（一五六八～一六〇一）に、平戸島を含む北松浦・壱岐およびこれらの周辺島嶼部（図1）を主な領地とする平戸藩が成立し、一六〇一年（慶長六）に徳川家康から六万三二〇〇石を安堵された。しかし、この段階では中世以来領内の浦々を基盤に活動していた武士や船持商人が松浦氏に拮抗する勢力を有しており、これらの人々の統制が課題となっていた。

そうしたなか、初代藩主法印鎮信は家臣約三〇〇〇名を率いて文禄・慶長の役に出兵したが、これにより有力家臣の多くが戦死した。また、平戸松浦氏の庶流である籠手田《こてだ》氏も強い勢力を有していたが、同氏はキリスト教に入信していたため、松浦氏の迫害を逃れて一五九九年（慶長四）に平戸から長崎へ退去した。松浦氏はキリシタン禁制を利用して権力を強化したのである。しかしながら、三代藩主松浦宗陽隆信《そうようたかのぶ》の代（一六〇三～一六三七）には平戸においてオランダ商人や唐人との交易が行われ、これらに関わって利益を得ることで家臣や商人が松浦氏に拮抗する勢力を維持していたため、松浦氏による権力の把握は不十分な状態にあった（吉村雅美　二〇〇七年）。

そこで、一六四一年（寛永一八）のオランダ商館の長崎移転を機に、松浦氏は家臣団の再編成および商人の把握を行っていく。この後の平戸藩については、貿易を基盤とする藩から農政を基盤とする藩へ移行したとの理解が一般的である（藤野保　一九七三年・行武和博　二〇〇三年）。たしかに、農政は藩政確立の重要な一要素である。しかしながら、幕府の体制下で平戸藩が担った長崎警備や壱岐における朝鮮通信使の接待、あるいは幕府の枠組み

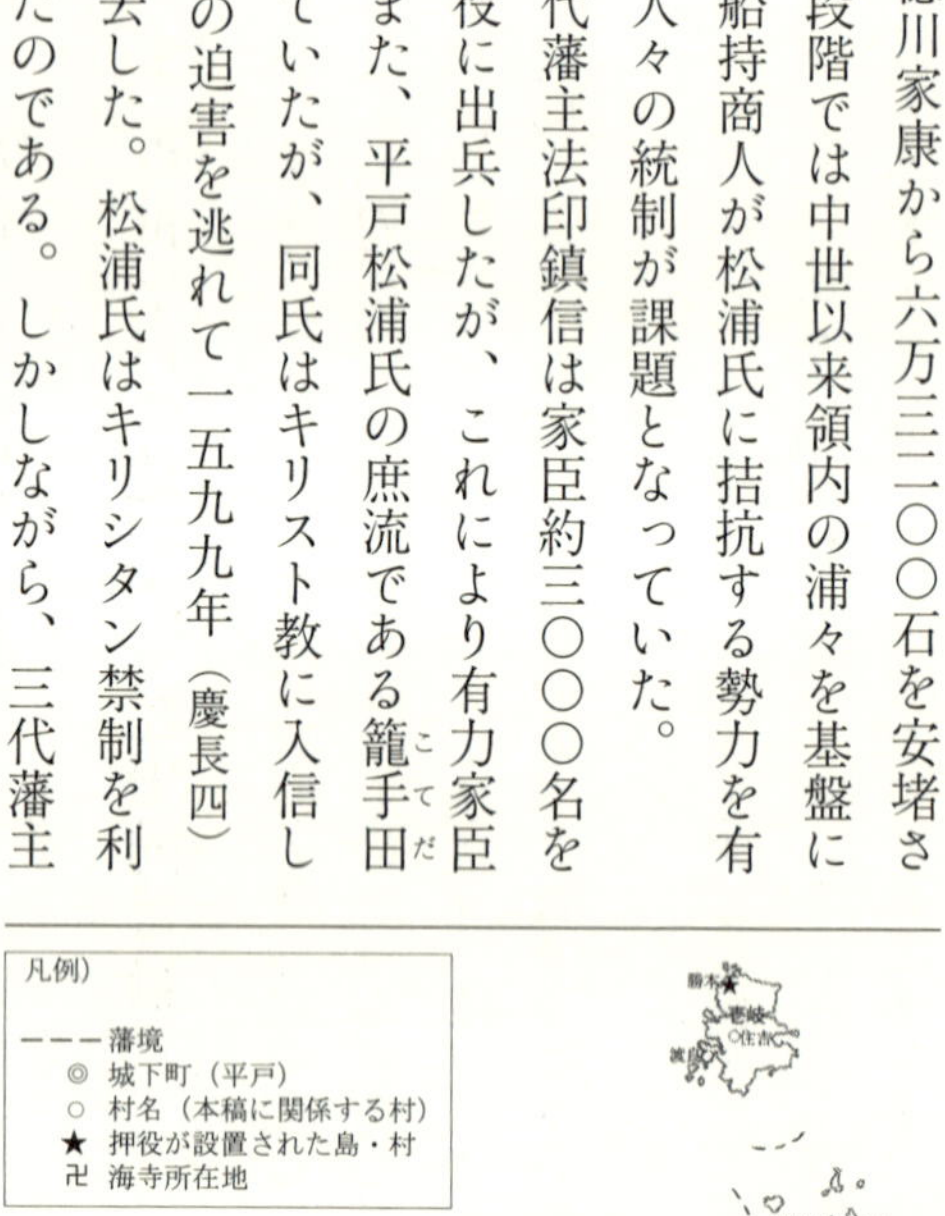


図1…平戸藩領とその周辺

とは異なる平戸近海の密貿易へと形を変容させつつ、対外交流が継続されていたことも、近世の地域社会に影響を与えていたのではないであろうか。そこで、享保期の地域社会の様相をみた上で、地域の人々の由緒がどのように形成されていたのか検討しよう。

## 2 享保期の平戸藩と「家中先祖書」の作成

オランダ商館移転後の四代藩主松浦天祥鎮信《てんしょうしげのぶ》の代（一六三七〜一六八九）には、平戸藩の農政基盤および藩制機構が整えられていった。しかしながら、これに続く五代藩主松浦棟《たかし》の代（一六八九〜一七一三）以降、藩は藩内の封建秩序の危機および対外問題に直面することとなる。

棟の代には、棟の幕府寺社奉行への就任や平戸の亀岡城の再築にともなう支出に災害が重なり、藩財政が圧迫されていた。そのため、藩は家臣団整理のために大規模な藩士の知行召し上げを行い、このような家臣は在郷して藩から扶持を得ることとなった〔長屋隆幸二〇〇五年〕。六代藩主松浦篤信《あつのぶ》の代（一七一三〜一七二七）の一七一八〜一九年（享保三から四）には、召し上げを免れた家臣も難儀に及び、下級武士や町人が上層家臣に対して無礼をはたらくなど、藩士の困窮にともなって藩内の封建秩序が揺らぎ始めていた。

さらに、正徳期から享保期（一七一一〜一七三五）にかけては、清国の海禁解除を受けて、平戸近海への唐船の来航が増加する。特に、一七一三〜一七一四年（正徳三から四）には、平戸藩領に漂着した唐船が薪や海藻を奪い、日本船とともに抜荷と疑われる行為もはたらいていた〔松尾晋一　二〇〇七年〕。そのため、正徳四年、幕府は西国・中国大名に対し、不法行為に及ぶ唐船を打ち払うよう命じ、平戸藩においても在郷する馬廻の藩士が中心となって打ち払いが実行されることとなった〔長屋隆幸　二〇〇五年〕。

このようななかで、一七二〇年（享保五）に「家中先祖書」（松浦史料博物館所蔵、以下松浦博所蔵とする）が作成された。これは、藩が馬廻以上の藩臣（「家中」）に各家の「系図」や「申伝」を提出させたものである。作成目的は、再編された家臣団を把握するとともに、藩士の由緒を把握し、藩の権威を回復することであったと考えられる。さらに、藩士の把握は唐船打ち払いの主力を統制することにつながり、対外問題に備える上でも有効であったと思われる。

それでは、藩士は「家中先祖書」のなかで自らの由緒をどのように主張しようとしたのであろうか。近世前期の平戸藩の家臣団は、松浦氏の一族である有力家臣や戦国期以来松浦氏に仕えている古参家臣の一部が統制され、他領より新参家臣を召し抱えることによって成立した。よって、「家中先祖書」において、古参家臣は松浦氏の戦国大名化における戦いや文禄・慶長の役における戦功を、新参家臣は一六六八年（寛文八）に松浦氏が島原城受け取りへ動員された際に供奉したことを主張しており、松浦氏に仕える家としての正当性を示す、共通した論理が成立していた〔吉村雅美　二〇〇八年〕。

一方、享保期には浦人[*1]・百姓・町人の家においても、先祖書や由緒書が作成されていた。以下本稿で扱うのは、藩によるいわば公的な記録である「家中先祖書」と同時期に編纂された、浦人らの私的な記録である。これらの先祖書の主張内容にはどのような特徴がみられ、藩にどのように受け止められていくのであろうか。「壱岐国勝本浦土肥甚右衛門先祖書」（松浦博所蔵）を事例に検討する。

# 2 壱岐国土肥氏の先祖書の形成

## 1 「土肥先祖書」の構成と内容

「壱岐国勝本浦土肥甚右衛門先祖書」（以下、「土肥先祖書」と略記する）は、壱岐勝本（図1参照）に居住していた浦人の土肥甚右衛門の先祖書および関連史料を合綴としたものである。これには、①「壱岐国土肥甚右衛門先祖書」、②「壱岐国土肥之書付　後ノ小澤喜平太覚書」、③（題欠、小澤安忠覚書の写し）、④（題欠、土肥氏の先祖書）、⑤「壱岐国土肥甚右衛門先祖書」（①の写し）、⑥「壱岐国土肥市兵衛指出ス書附」、⑦「格禄勤役録抜書」の順に計七点が収録されている（以下、本論中では各史料を番号にて表記する）。先祖書自体は一七三四年から一七三五年（享保一九～二〇）に成立しているが、⑦の内容から、合綴とされたのは一八二八年（文政一一）頃と考えられる。

このうち、先祖書の本文は①・②・④・⑤であり、その他の史料においては各先祖書の伝来等が述べられている。①・②・④・⑤の作成経緯は異なっているが、内容はほぼ同一である。

はじめに、①の先祖書によって、土肥氏の由緒の詳細をみてみよう。①の本文は四か条より成立しており、第一条は左記の通りである。

> 一、慶長三戌年高麗ヨリ
> 鎮信法印御帰陣之時壱州渡羅浦ニ御船繋被成候処ニ、高麗ヨリ被召連候女かくせいと云、此女懐人（懐妊の意、引用者）なり及憐候、此事を鎮信公達　御耳、陣中ニ而女懐人ニなし候事他之聞不宜候間、出生ヲ取立不申様ニと被仰出候事、かくせい聞此殊外及難儀候間、出生をさあやニ巻、備前作之小脇指を三星ヲ染付候包物ニ包て出生ニ添てと何か畑中ニ捨置、折節出家参掛り、出生之体ヲ見て只人ならぬ御有様と思ひ、出生を取上ケ乳を持候女ニあたゑヲ遣シ、長トナル孤子となり居候ヲ市三郎と号、六七歳之時大嶋高野浦ノ彦三郎と申者七八反ノ舟を持方々仕候者、此出生を我か世続ニ可仕由ニ而もらい、大嶋江召連参候也、

一五九八年（慶長三）、法印鎮信が慶長の役の帰途に壱岐渡羅浦《わたらうら》（渡良《わたら》、図1参照）に繋船していたところ、鎮信が朝鮮より連行した女性「かくせい」が鎮信の子を懐妊していることが判明した。しかし、鎮信は他聞をはばかり、これを公にしなかった。そのため、「かくせい」は赤子を紗綾《さあや》（絹織物）に包み、松浦家の家紋である三つ星模様の布で包んだ小脇差を添えて、「畑中」に捨てた。その後、通りかかった僧侶が赤子を拾い、その子が六・七歳の時、「七八反ノ舟を持方々仕候者」であった大島高野浦《こうのうら》（現、的山《あづち》大島の神浦《こうのうら》、図1参照）の彦三郎が継嗣として譲り受け、大島にて養育されることとなったという。この

彦三郎の由緒については後述する。

続く第二条・第三条によると、「かくせい」は我が子が大島にて存命していることを平戸で知り、大島を訪れた折、密かに彦三郎およびその養子の市三郎と対面する。このとき、彦三郎が先述の小脇差を所持していたことから、市三郎が「かくせい」の子であると確認された。その後、「かくせい」は市三郎を法印鎮信の次男である松浦蔵人（松浦信正）のもとへ引き取らせたという。なお、ここでは触れられていないが、蔵人自身も市三郎と同様、朝鮮から連行された女性「小麦様」と法印鎮信の間の子であった。

そして、第四条には次のように記されている。

> 一、市三郎義其後松浦蔵人方ニ呼取召置候得共、何そ申たて候事無故、御直参ニ出候事なし、尤軽キ奉公人ニ者右之訳の者故出しかたく年月蔵人方ニ居候付、蔵人市三郎ニ申聞候者、只今之体ニ而居候よりハ商売人ニ成替、安楽ニ渡世致間敷哉与申聞候時、市三郎申候者、成程畏候、左様ニ候ハヽ、私儀ハ不思議之命をなし居候事、壱州之御神力御仏力と奉存候間、壱州江罷在、神拝仕度由申候、蔵人聞て尤至極之心底とて壱州江罷越候、
>
> 土肥八郎兵衛と改、後八右衛門ト改

市三郎は自らの出自を主張しなかったため、松浦氏に直参として仕えることなく、松浦氏の系譜を引くゆえに奉公人となることもできずに、蔵人の屋敷に居住していた。そこで

蔵人は商人となって「渡世」するよう市三郎に勧めたところ、市三郎は自分が「不思議之命」をなしたのは壱岐の神仏の力によるので、壱岐にて「神拝」をしたいと訴えた。そのため、壱岐に移り、土肥氏を名乗るようになったという。以上が先祖書の概略である。

## 2 小澤氏による土肥氏の由緒の作成

それでは、土肥氏の先祖書はなぜ作成されたのであろうか。先述の①から⑦の史料は作成経緯によって二つの系統にわけられるが、①・⑤を系統Aとする。①の奥書によると、この先祖書は海寺[*2]（図1参照）の僧侶が借用し、さらにこれを般若院（詳細不明）が借り、その写しが松浦内膳家（松浦蔵人の家）に所蔵されていた。そして、これを藩が一七三五年（享保二〇）五月九日に収集したという。史料の作成者・元来の所蔵者は明確ではないが、市三郎を引き取った蔵人の子孫である松浦内膳家が所蔵していたものといえる。

一方、②から④および⑥・⑦を系統Bとする。これらは、今福押役《おさえやく》・勝本押役を勤めた藩士小澤喜平太安貞が編纂した、土肥氏の先祖書とその関連史料である。安貞が勤めた押役とは、藩領の島嶼部や藩境である壱岐勝本・大島・鷹島・福島・調川《つきのかわ》・今福・生《いき》月《つき》・下方・早岐《はいき》・小値賀《おぢか》の各地区（図1参照）に設置され、遠見番所の監督・唐船打ち払いを含む沿岸警備・キリシタン禁制を担った役である。平戸藩と周辺諸藩との境界のほか、唐人ら東アジア海域の人々と平戸の浦人が接する場としての境界を「押」えた役といえよう。

系統Bの場合、系統Aと比較して、作成経緯がより詳細に記されている。②から④は小澤安貞が記したもの、⑥は安貞が土肥甚右衛門・市兵衛に与え、土肥市兵衛が所有していた書付の写し、⑦は元文期以降の藩士各家の系譜をまとめた「格禄勤役記」（松浦博所蔵）から、小澤氏と土肥氏の部分を抜粋したものである。

これらの史料には、次のようなことが記されている。すなわち、小澤安貞は一六五八年（万治元）に佃熊之丞（松浦蔵人の子）から今福押役を引き継いだ際、土肥氏の由緒を聞いていた。その後、安貞は壱岐勝本の押役を勤めたが、この時土肥市兵衛に「先祖ノ訳」を問うたところ、かつて熊之丞より聞いた由緒と一致した。そこで、安貞は一七二四年（享保九）に勝本押役を辞した後、一七三四年（享保一九）六月二六日に土肥氏の先祖書・系図等を八代藩主松浦誠信《さねのぶ》の上覧に供した。これにより、一七三六年（元文元）三月二八日に、土肥甚右衛門は御伽格・馬廻、土肥市兵衛は刀御免・町年寄の役を付与されたという。

このうち、佃熊之丞は市兵衛を預かっていた松浦蔵人の子であり、系統Aの松浦内膳家の一族に相当する。よって、小澤安貞が熊之丞からこの由緒を聞いたと主張しても、不自然ではない。問題は、小澤氏がなぜこれほど積極的に土肥氏の由緒を松浦氏に主張しようとしたのかということである。もちろん、押役として、支配地域である壱岐の浦人の由緒を把握する目的があったのであろう。しかし、より強い要因として、小澤氏自身の経歴が影響しているのではないであろうか。

小澤氏は、松浦家二二代豊久（初代藩主の四代前）の三男の系譜を引く家であり、籠手田氏を名乗っていた。そして、天文期から天正期には生月島・度島《たくしま》（図1参照）を主な知行地とし、松浦氏家臣団のなかでは高禄の三〇〇石を得て、松浦氏に次ぐ権勢を誇っていた。しかし、一五九九年（慶長四）に松浦氏のキリシタン迫害を逃れ、当主籠手田安一は一族を率いて長崎へ退去した。この経緯について、「家中先祖書」所収の小澤氏の先祖書には、「故有之而知行指上立退」と記されている。小澤氏は、キリシタンであった自らの経歴を明記することを避けたのであろう。

その後、三代藩主松浦宗陽隆信（一六〇三〜一六三七）の代に、安一の子である安利が平戸藩へ召し返され、小澤氏へと改姓した。土肥氏の先祖書を作成した小澤安貞は安利の孫であり、この安貞が「家中先祖書」作成時に小澤氏自身の先祖書を提出した。なお、安貞の知行高は一五〇石であった。元来松浦氏の一族でありながら、再び上級家臣として召し出されることはなかったのである。

このような経歴を有するゆえに、小澤氏は松浦氏との血縁を強く意識していた考えられる。そこで、松浦法印鎮信の血を引くという土肥氏の経歴を聞き、これを取りまとめて藩主の上覧に供したのであろう。この後、小澤氏自身の知行高に変化はみられないが、土肥氏には役が付与された。前述のように、享保期には唐船漂着という問題が発生していたが、藩は松浦氏の系譜を引く土肥氏に役を与え、壱岐の浦人の統制をはかったものと思われる。

以上、系統Bについてみてきたが、系統Aは系統Bの成立と土肥氏への役付与の間である一七三五年（享保二〇）に成立している。そのため、系統Aは系統Bの由緒を確認するために、松浦氏が直接松浦内膳家に照合し、編纂されたものではないであろうか。このように、享保・元文期においては、藩は土肥氏の由緒の正当性を認めていたのである。それでは、近世後期において、藩はこの由緒をどのように認識していたのであろうか。

## 3 平戸藩の修史事業と史料の選択

### 1 「家世伝」の編纂と引用史料

平戸藩においては、次の三つの段階を経て松浦家当主の事績が編纂された。第一段階として最初に事績がまとめられたのは、五代藩主松浦棟の代（一六八九〜一七一三）のことである。このとき執筆されたものは「原稿」と呼ばれているが、原本は現存しない。

第二段階として、「原稿」に加筆する形で一七八四年（天明四）に九代藩主清（静山）が本格的な事績編纂を開始し、一〇代藩主熙《ひろむ》の校訂によって、一八二五年（文政八）に「家《か》世《せ》伝《い》」（松浦博所蔵、全五冊）が成立した。これには、松浦家初代から二七代（二代藩主）までの事績が収録されている。[*3]

さらに、第三段階として、文政八年以降に一〇代藩主熙・一一代藩主曜《てらす》・一二代藩主詮《あきら》による事績編纂が継続され、一八七五年（明治八）に三代藩主から八代藩主までを収録する「家世続伝」（松浦博所蔵、全七冊）が、一八七八年（明治一一）には九代藩主から一一代藩主までを収録する「家世後伝」（松浦博所蔵、全六冊）が成立した。

以上の修史事業においては、平戸藩内・藩外から幅広く史料が収集された。「家世伝」・「家世続伝」・「家世後伝」には、本文の直後に引用史料名が記されている。筆者は「家世続伝」のうち三代藩主宗陽隆信の巻の引用史料について検討し、平戸が近世初期に東アジア海域・ヨーロッパとの関係を含む包括的な対外交流を担っていたことを示す史料が使用されていることを明らかにした〔吉村雅美　二〇〇九年〕。そして、これらの史料には藩士・浦人らの家において作成された先祖書が含まれているのである。

対外交流に関する史料が引用された背景には、「家世続伝」の編纂が行われた文政期から幕末維新期の平戸藩が、ロシアの接近にともなう壱岐のイギリスへの割譲の危機・藩内におけるキリスト教の再布教といった問題に直面していたことがある。近世前期までの長崎警備・領内への唐船漂着とは異なる、新たな対外危機への対応に迫られていたのである。

そのため、藩が必要とした史料は、個々の家が松浦氏に仕えた正当性を示すにとどまらず、松浦家の支配する平戸が対外交流を担ってきたことを示し、地域全体を近世国家のなかに位置づける論理を含むものであったと考えられる。したがって、この条件を満たす先祖書が選択されたのであるが、藩の本格的な修史事業が行われる以前から、藩士以下の地域の人々が対外関係を意識した由緒を形成していたことは注目に値する。

さて、このように藩による史料選択が行われるなかで、藩が収集しつつも修史事業に用いられなかった史料も存在する。「家世続伝」より一段階前に編纂された「家世伝」については、「家世伝引用書目」[*4]（松浦博所蔵）が伝存している。このなかには、「引用書目」すなわち「家世伝」に「採用」された史料七七一点のほかに、「不採用書目」すなわち「採用」されなかった史料八点の書名が列記されている。注目すべきことに、先述の「土肥先祖書」は「不採用書目」のなかに含まれている。

そこで、「採用」された先祖書と、「土肥先祖書」を含む「不採用」となった先祖書を比較し、藩が修史事業においてどのように史料を選択したのか明らかにしよう。そして、藩による歴史認識と藩士以下の歴史認識の関係性について考察し、本稿のまとめとしたい。

## 2 先祖書の「採用」と「不採用」

表1に示したように、「家世伝」に引用すなわち「採用」された書目のなかには、二四点の先祖書がみられる。「家世伝引用書目」においては書名に簡単な書誌が付されているが、先祖書については「小澤先祖書　家臣小澤安春先祖書」・「赤木先祖書　壱岐瀬戸浦人赤木貞平次先祖書」などと記されている。「家臣」に限らず藩領内の広範囲に及ぶ地域から、「浦人」・「村人」などの所蔵する先祖書が収集されていたことがわかる（図1参照）。

これら二四点のうち、二〇点は「先祖書類」（松浦博所蔵、全三巻）所収の先祖書と一致し、原文を確認することができる。これらの主張内容をみると、古参家臣としての由緒のなかでも、特に松浦氏の戦国大名化における戦功や、文禄・慶長の役についての具体的な記述が多く含まれている（表1参照）（拙稿　二〇〇八年）。「家世伝」が編纂された文政期には、「家中先祖書」のなかからこのような記述を含む先祖書が必要とされ、家臣の先祖書に限らず、戦国期から近世初期には家臣として松浦氏に仕えていたという由緒を有する浦人らの先祖書も収集されたのである。

一方、「不採用書目」については、書名と内容および「不採用」理由が記されている。

「土肥先祖書」の「不採用」理由は、次の通りである。

按土肥先祖書、以市三郎為法印公之妻朝鮮某氏所生、小澤安貞覚書亦以市三郎為法印公子、且安貞与土肥甚右衛門・土肥市兵衛書亦以土肥氏為公家之釣合家筋之土肥氏如前文、則蓋安貞所謀矣、安貞後称安純、安純当時蔵記録人也、以市三郎法印公子事ハ諸本・諸系図・記録等所無也、安純抛何証何為此歟、唯非構矯誣之説惑人流毒後世而巳、遂至掠安靖公之明最虚誕荒妄不可論故一切不採、

藩はこの先祖書について、市三郎を法印鎮信の子とし、土肥氏を「公家」すなわち松浦家と「釣合」の家としたのは、「蔵記録人」であった小澤安貞が「謀」ったものかと推測している。そして、「不採用」の主な理由は、一点目は「諸本・諸系図・記録等」にみられず裏づけができないということ、二点目は藩主が土肥氏の由緒を認めれば安靖公すなわち八代藩主誠信の「明」を「掠」める、すなわち松浦氏の権威に悪影響を与えるということであった。ここでは、松浦家の庶家である松浦内膳家の由緒も、小澤氏作成の先祖書を裏づける史料とはなりえなかった。先述のように、享保期には浦の統制の必要もあり、土肥氏の由緒が藩に認められたが、「家世伝」が完成した文政期には、土肥氏の由緒に限らず、根拠なく松浦家との関係を主張する由緒は否定されたのである。

ここで、「土肥先祖書」以外の「不採用書目」およびその理由をみてみると、自らが松浦氏の系譜を引くと主張する「壱岐人」の系図、自らの寺を松浦氏の先祖が造営したと主

張する住職の記録、文禄・慶長の役における松浦氏の軍勢を三〇〇〇名ではなく二〇〇〇名とする法印鎮信の書状の写しなどが含まれている。根拠なく松浦氏との関係性を主張するもののほか、軍勢を少なく記録するなど、歴史的に形成された松浦氏の権威を低下させるものが「不採用」とされたのである。

「家世伝」が編纂された文政期は、列強の接近という新たな対外問題が意識され始めた時期である。そこで、松浦家の支配する平戸を対外関係・近世国家との関わりのなかで位置づける論理が形成されつつあったと思われる。これは、「家世伝」の収録する時代のなかでは文禄・慶長の役に関する由緒に相当するが、家臣・浦人らが自らの戦功を示すとともに、松浦氏が近世大名として国家に貢献したという論理も含むものでなければならなかった。そのため、松浦氏の歴史的正当性の確保が重要となっており、先祖書のなかで軍役によって松浦氏と自らを結びつける由緒は「採用」されたが、松浦家の系譜や歴史認識に害を及ぼす由緒は「不採用」となったのである。

以上のような理由から、藩は土肥氏の由緒を「採用」せず、小澤安貞が造り上げたものと推定したのである。しかしながら、由緒の真偽はともかく、先祖書が伝わっていた壱岐という地域が、由緒の成立しうる境界としての歴史性を有していたことに注目すべきであろう。「土肥先祖書」を「採用」された先祖書と比較すると、藩とは異なる対外認識がみられる。文禄・慶長の役について、藩の重視した由緒は軍役であったが、壱岐においては朝鮮の人々との混血も含む交流の歴史として意識されていたのである。中世以来の平戸・朝鮮間の交易ルート上に位置し、近世に朝鮮通信使の接待の場とされた壱岐の歴史性がなければ、この論理は成立しなかったであろう。さらに、同様の土肥氏の由緒は今福・田平《たびら》（海寺所在地）など藩領内の沿岸部に広く伝わっていたのである。

このような沿岸・島嶼部の歴史性を象徴しているのが、「土肥先祖書」のなかで、市兵衛を養育した大島高野浦の彦三郎が「七八反ノ舟を持方々仕候者」であったと記されていることである。彦三郎は、豊臣秀吉の海賊停止令にみえる「舟つかひ候もの」（藤木久志一九八五年）のように、中世に平戸近辺から東アジア海域まで赴き、交易を行っていた者の存在を象徴している。これらの人々は平戸藩によって浦人・百姓・町人として編成されていくのであるが、自らが東アジア海域で活動したという由緒が、藩の認識とは異なる形で伝えられていた。そして、藩の由緒と被支配層の由緒が相克しつつ、対外関係と関わる重層的な地域の歴史認識が形成されていったといえよう。

## おわりに

以上みてきたように、近世前期の平戸においては、すでに自らを対外交流と関わらせる由緒が藩士・浦人らの間に形成されていた。その一例である「土肥先祖書」の場合、享保期には藩による役付与の根拠とされたが、文政期の修史事業においてはその正当性を藩に否定されるようになっていたことが明らかとなった。同じ由緒であっても、地域社会における位置づけは時代状況に応じて変容していったのである。

このような由緒の取捨選択を経て、近世後期の平戸藩においては、近世初期の平戸にて松浦氏が東アジア海域・ヨーロッパとの関係を含む包括的な対外交流を担っていたとの認識が形成されるに至る。これは、「鎖国祖法観」に象徴される幕府の対外認識の影響を受けてはいるが、幕府の「口」成立以前の、「口」の枠組みを乗り越える対外交流も含まれ、境界としての地域の独自性が反映されているのである。寛政期以降の日本における対外認識を理解するためには、幕府の認識に留まらず、幕府や藩の意識と相克するなかで、近世前期以来の地域社会における意識がいかに形成され、変容していったのかを明らかにする必要があると考える。

なお、一九八〇年代に盛んとなった由緒研究においては、由緒を権力との関係で捉える傾向が強かったが、近年は地域社会に固有な由緒形成のあり方を捉え直す研究が進んでいる。平戸において形成された由緒は、中近世移行期において権力が確立しておらず、異なる民族同士の交流が展開していた境界としての地域の歴史が、近世を通じてどのように認識されていったのかという課題を解明するうえで、示唆を与えるものである。今後、対外関係を意識した由緒が享保期以前にどのように成立していったのか、具体的な社会背景を含めて検討することを課題としたい。

表1：「家世伝」に引用された先祖書
（「家世伝引用書目」・「先祖書類」により作成）

| 「家世伝引用書目」の書誌 | | 「先祖書類」の記述 | | | |
|---|---|---|---|---|---|
| 書名 | 身分 | 収録 | 戦 | 朝鮮 | 提出時の身分 |
| 深江先祖書 | 家臣 | 未 | — | — | |
| 小澤先祖書 | 家臣 | | ○ | × | |
| 桑田先祖書 | 家臣 | | ○ | × | |
| 深江記所載桑田先祖書 | 家臣 | | ○ | × | |
| 山本先祖書 | 家臣 | | × | × | |
| 牧山先祖書 | 家臣 | | × | ○ | |
| 山田先祖書 | 家臣 | | ○ | ○ | |
| 井上先祖書 | 家臣 | | ○ | ○ | |
| 遠藤先祖書 | 家臣 | | × | × | |
| 立石先祖書 | 家臣 | | ○ | ○ | |
| 桑山先祖書 | 家臣 | 未 | — | — | |
| 氏田先祖書 | 家臣 | 未 | — | — | |
| 川尻先祖書 | 家臣 | | × | ○ | |
| 内野先祖書 | 家臣 | | × | ○ | |
| 柴山先祖書 | 家臣 | | ○ | × | |
| 紫加田先祖書 | 家臣 | | ○ | ○ | |
| 長峯先祖書 | 家臣 | | ○ | × | |
| 野中先祖書 | 佐々人＊ | | ○ | ○ | 御長柄者 |
| 松本先祖書 | 壱岐住吉村人＊ | | ○ | × | |
| 鷹嶋十人衆先祖書 | 鷹嶋十人衆＊ | | ○ | ○ | |
| 赤木先祖書 | 壱岐瀬戸浦人＊ | | ○ | ○ | 町年寄 |
| 近藤先祖書 | 小値賀人＊ | | × | ○ | |
| 池田先祖書 | 早岐人＊ | | × | × | |
| 伊島先祖書 | 家臣 | 未 | — | — | |

凡例）
収録：未　「先祖書類」に未収録
戦：○　松浦家の戦国大名化における戦功を含むもの
　　×　松浦家の戦国大名化における戦功を含まないもの
朝鮮：○　文禄・慶長の役における戦功を含むもの
　　　×　文禄・慶長の役における戦功を含まないもの
＊：地名については図1を参照されたい
　（ただし、壱岐瀬戸浦については特定不能）

注

＊1…平戸藩領の支配は、①町方（町人を支配）、②郡方（百姓を支配）、③浦方（浦人・加子・浦町の町人を支配）にわけられる。浦人は漁業に限らず、農業にも従事した。

＊2…現在の平戸市田平野田免にあった真言宗醍醐派の古刹。船舶の安全を祈るため、近世には松浦氏の崇敬を受けていたが、一八七二（明治五）年に廃寺となった。

＊3…この五冊は「家世伝」の本巻に相当するが、このほかに別巻として、「夫人伝」・「公族伝」・「公女伝」・「家臣伝」・「雑氏伝」の計三五冊が同時に編纂された。

＊4…「家世伝」編纂と同時に、松浦棟の原稿・清の纂輯・熈の校訂によって一八二五(文政八)年に成立した。

付記)本稿は、平成二一年度科学研究費補助金(特別研究員奨励費)「近世平戸における対外関係と地域再編——平戸藩士・浦方の編成とその意識を中心に——」の成果の一部である。本稿執筆にあたっては、財団法人松浦史料博物館と同館学芸員久家孝史氏より、特別の御高配と貴重な御教示を賜りました。記して厚く御礼申し上げます。

**参考文献**

◉荒野泰典……『近世日本と東アジア』東京大学出版会、一九八八年
◉木村直也……「近世対外関係史研究の現在」、『歴史評論』六五四号、二〇〇四年
◉長屋隆幸……「平戸藩における地方知行廃止政策と在郷家臣」、『日本歴史』六八二号、二〇〇五年
◉藤木久志……『豊臣平和令と戦国社会』東京大学出版会、一九八五年
◉藤田覚……「鎖国祖法観の成立過程」、渡辺信夫編『近世日本の民衆文化と政治』河出書房新社、一九九二年
◉藤野保……「平戸藩」、長崎県史編纂委員会編『長崎県史　藩政編』吉川弘文館、一九七三年
◉松尾晋一……「正徳・享保期唐船問題への大名家の対応」、今西裕一郎編、九州大学二一世紀COEプログラム(人文科学)『東アジアと日本』、二〇〇七年
◉行武和博……「平戸オランダ商館」、荒野泰典編『江戸幕府と東アジア』吉川弘文館、二〇〇三年
◉吉村雅美……「近世対外関係形成期における商人の基礎的研究——平戸の安藤氏を中心に——」、歴史人類学会編・発行『史境』第五五号、二〇〇七年
◉吉村雅美……「近世前期の平戸藩と浦方の家臣——先祖書の記述を中心に——」、長谷川成一監修、浪川健治・河西英通編『地域ネットワークと社会変容——創造される歴史像——』岩田書院、二〇〇八年
◉吉村雅美……「『御家世伝草稿』のなかの初期平戸藩像——対外関係の認識を中心に——」、社会文化史学会編・発行『社会文化史学』第五一号、二〇〇九年

# 第4章

# 現代社会と歴史理解

# 開かれた小学校歴史教育と国際的視野

中妻雅彦

## 1 「世界」「東アジア」を意識して

### 1 世界の視点で教育実践を広げる

筆者は、一九八〇年代半ばから、学習指導要領による低学年社会科の身のまわり主義や生活科の活動・体験的な学習を批判して、低学年の学習を実践してきた。その学習は、平和を愛し、世界の人びとと手を結び、社会の主人公として生きていくことを願って、学習が構成されていた。低学年の学習が、子どもに分かりやすいとか、身近な内容でという理由で学習内容が決められ、本来子どもが持っているさまざまに広がっている学習の眼、学習の可能性を狭めていると考えている。

教室には、世界地図を掲示し、さまざまな国をえがいた絵本を読み聞かせた。「あさのはなし」(スピーチ活動)では、世界の話題を積極的に取り上げて、その話題を社会科や生活科の学習につなげてきた。それは、社会認識形成を進める学習の中に「世界」の視点を取り入れることが、学習の可能性を広げ、小学校学習を変えていくことにつながると考えていたからである(中妻雅彦　一九八七年、一九九二年)。

これらの実践を取り上げて、鈴木亮は、帰国児童を迎えた実践、世界地図や絵本の読み聞かせなど、低学年から意識的に世界を取り上げることが、自分とは違った経験・体験を受け入れる態制をつくることになると指摘している(鈴木亮　一九九四年)。

私は、六年生の歴史学習でも、世界史は日本史を含み、日本史は世界史をふくんでいるという鈴木亮の提起に学んで実践を進めてきた。小学校歴史学習では、世界とのつながりを学習することはできにくいように見えるが、古代史から現代史まで、世界とのつながりのない授業は考えられない。また、日本の歴史であっても、中央中心の歴史学習ではなく、中央の歴史と地域の歴史がどのようにつながっているのかを学ばない歴史学習では、小学生は歴史学習を「覚える」学習と感じ、自ら考え、学ぶことにはつながらない。ヨーロッパ中心の世界史の克服と同じ課題が、小学校歴史学習の中央と地域、日本と東アジア、世界の問題ともなっている。

## 2　地域とつながる教材の価値――中央と地域――

小学校歴史学習で、中央と地域の関係を考えるには、地域にある学ぶ価値のある教材を掘り起こさなければならない。地域教材に学ぶ価値があるかどうかを判断するのは、歴史学的には大変難しい問題ではないかと考えられている。しかし、学習を実践している教師の立場でみると、それほどのことではない。歴史的な事実を、子どもと一緒に考え、それが、教科書の記述や子どもたちが調べてきた内容とどこでつながり、中央の歴史が、地域にどのようにつながっているのかを見極めればいいことなのである。そのつながりが、学習で確かめられた時、地域教材は、学ぶ価値のあった教材と言えるのであり、学習する中で学習価値を見出すことになる。

学習することによって、学ぶ価値があるのかどうかを確かめていくのだから、子どもが取り巻かれている状況によっては、学習することそのものが問われることもある。

四月から古代の学習を進めていて、五月になり、家庭訪問が始まった。その中で、「私は、国籍を結婚のために変えたんですよ。古墳や国分寺の学習で、朝鮮のことを勉強している子どもを見て、おばあちゃんがありがたいね、と話したんですよ」という言葉を聞いた。学区には、大正時代からの多摩川砂利採取現場があり、一九三〇年には、在日韓国・朝鮮人の集落ができていたと言われている。クラスにも、日本名を名乗る子どもや国籍を変えた子どもを含め、どの学年にも一定の数の在日韓国・朝鮮人の子どもたちが在籍していた。彼らの親の中には、企業を興し、一定の成功を収めている方がいる一方、苦労を重ねている方もいて、日本の植民地支配の問題を、近代史学習で実践しにくい状況があった。複雑な問題であり、世界、東アジアの視点で実践をするのだ、と頭では考えていても、古代からの授業を、現代までどのように進めていけばいいのか、迷いながらの授業開きであった。その状況の中で、家庭訪問のこの言葉は、歴史学習を世界や東アジアの視点で広げて実践することを励ましてくれる言葉となった。

その後、「うちのおじいちゃんとおばあちゃんも、朝鮮から来たんだって、時代は違うけどね。その時代になったら、話してあげてもいいよって言ってた」と話してくれた子どもがいた。それを聞いたクラスの子どもは、「お前のうちは、大和朝廷の時代からあったのか」「ハーフなのか」という頓珍漢な発言もあったが、「朝鮮と日本のつながりは今もあるんだ」「かっちゃんのおばさんも、韓国人なんだよ」「うちも、元は、朝鮮人だったんだ」「悪口を言ってはいけませんって、保育園で言われた」などの声が上がった。

この学年の歴史学習は、祖父母や父母からの聞き取りをもとにして、近代史の授業を実践することができた。近代東京の建設、関東大震災からの復興のために、朝鮮半島から多くの朝鮮人が日本に来たこと、それが日本の植民地時代の出来事であったことを学んだ。聞き取りの内容は、資料の写真とともに、学習内容をすとんと落とすことになった。

子どもたちは、日本と朝鮮半島の関係史によって身近な存在に気がついてはいたが、それが学校の学習の対象や内容になることではないと考えていたであろう。学習する価値のある教材かどうかは、子どもと学級を取り巻く状況によって決まることではないだろうか。

それから二年後、前の学年で実践ができたので、次に担任した六年生でもこの学習が使えると考えていた。この学年にも、二年前に話を聞いたことのあるおじいちゃんのお孫さんがいたので、筆者が、授業のお願いをしに伺った。しかし、この学年では、きっぱりと断られてしまった。「おじいちゃんは話すかもしれないけど、商売をしていることを考えると、過去の事に今更触れるのは得することではない。名前を隠してきたことの辛さは忘れたい、私には話せないし、子どもにも話したくはない」ということであった。この学年では、聞き取りはすることができなくて、授業は淡々と進んでいった。小学校を卒業してからしばらくして、中学生になった子どもが遊びに来た時、「先生、うちに社会の勉強を頼みに来たことがあったでしょう。大変だったんだよ。お母さんには話すなって言われたんだけど、お母さん、泣いてね。いろいろ話してくれたんだ。だから、名字の意味がわかったんだよ」と話してくれた。

同じ歴史の事実であっても、教材として授業実践に使えるかどうかは、その教材に学習する価値があるかどうかではなく、地域や子どもの状況によって変わってくる。教材の学習価値は、子どもと一緒に学習できるかどうかによっても判断することが必要であり、実践者である教師の側から教育実践を通して提示することによって、新しい価値の判断が生まれることになるのではないだろうか。

## 2 小学校歴史学習に「世界」と地域の視点を入れて

### 1 古墳時代の学習

小学校の歴史学習では、古墳時代（教科書の記述による）は、「米づくりのむらから古墳のくにへ」（東京書籍）や「国づくりへの歩み」（教育出版）という単元にくくられている。

この単元の目標を、東京書籍は、「我が国における農耕の始まりや古墳、国の形成に関する考え方に関心をもつようにし、農耕が始まったころの人々の生活や社会の様子、各地に豪族が出現し、やがて大和朝廷により国土が統一されていった様子を理解できるようにするとともに、現代に続く水田稲作農耕の基礎を築いた先人の働きを思う心情を育てる」、「水田跡や集落跡などの遺跡や、農具や出土品などの遺物を見学・調査したり、写真や復元画、神話、伝承などの各種資料を効果的に活用したりして、我が国における農耕の始まりと古墳について具体的に調べ、調べたことや読み取ったことを目的に応じた方法でノートや年表などにまとめることができるようにするとともに、大和朝廷による国土の統一という歴史的事象を、より広い視野から考える力を育てる」としている。

「大和朝廷による国土統一」という理解だけで、中央と地域の関係を見る視点や東アジアとの関係は書かれていない。これは、教育出版も同様であり、学習指導要領が規定している学習内容を反映している。

東アジアとの関係は、評価規準の【関心・意欲・態度】に、「大陸との関係や古墳に関心をもち、大和朝廷による国土統一の様子について調べようとしている」(東京書籍)と記述されている。

指導計画では、東アジアとの関係は、東京書籍は第五時で、「大陸文化が伝わる『吉野ヶ里と大陸との関係』の資料などをもとに、大陸からの文化的影響について話し合い、分かったことをノートにまとめる」としている。教育出版は第四時で、「古墳がつくられる様子の想像図から、古墳をつくらせた人物が強大な権力と富を持っていたことや、大陸から伝わった技術を用いていたことをとらえさせることができるようにする」としている。中央と地域の関係は、教科書に、地域の古墳調べや渡来人との関係を示唆する学習の手引きなどがあり、これを手がかりに実践を進めてきた。

前述した勤務校では、社会科フィールドワークを、四月「東京都埋蔵文化財センター」、五月「多摩川台古墳（大田区）から野毛大塚古墳（世田谷区）」、六月「鎌倉」と三回実施し、子どもが興味を持ち、子どもの目から歴史を理解し、実感できることをねらった。地域から見る中央の歴史が視野に入れればと願っていた。

多摩川台古墳は、ほぼ完全な形で残る亀甲山古墳（一〇〇メートル級の前方後円墳、未完成）と都内最大の前方後円墳である蓬莱山古墳の間に、一〇メートルほどの前方後円墳や円墳がいくつか並んでいる。野毛大塚古墳は、珍しい帆立貝式古墳が復元されている。この周囲には、大小の古墳があり、その数は、一〇〇を超えるとも言われている。また、『日本書紀』の「武蔵国造の乱」（五三四年）の地とも推定されている。これらのことは、多摩川台公園の中にある大田区古墳資料館の展示解説で学習することもできる。この資料館は、観音塚古墳の復元があり、小学生にはたいへんわかりやすく、学習ができる。教科書に記述されている「ワカタケル」の鉄剣の話や前方後円墳の分布の資料が、大和朝廷が南東北地方から九州地方を支配したという中央から見た歴史とすれば、一六〇〇年も前に未完成のまま放置された古墳という歴史の現場に子どもが立ち、考えることは、地域から見た歴史の姿である。

多摩川台古墳フィールドワークをした翌週、フィールドワークの資料とメモをもとにして、まとめの授業をした。

T「先週のフィールドワークで、一番心に残ったのはどんなことでしたか」
S「前方後円墳の本物があったこと。思った以上に、大きかった」
S「亀甲山古墳が、造る途中で完成していないこと。大和朝廷との争いがあったからだと思います」
S「戦いに負けて、多摩が、朝廷になっちゃったこと。でも、よくわからない」
T「タカシくんが、武蔵国の争いをよくわからないと言っていたけれど、他にもわからないことはありましたか」
S「蓬莱山が先にできていて、先にできた方が大きいのはどうしてですか」
S「蓬莱山や亀甲山は、土を盛り上げて、石も積み上げたでしょう。そんなに人がいたのですか」
S「一〇〇メートルを超えるような前方後円墳や帆立貝式の古墳をデザインしたり、造り方を考えたりした人はだれですか」
T「古墳資料館の展示やみんなが調べてきたことをもとにして、今まで出された疑問を考えてみましょう。最初に、武蔵国の争いについて、調べてきたことや分かっている人はいますか」

S「日本書紀という歴史の本に出ています。東京都、埼玉県、川崎市のあたりが武蔵国です。その中で、豪族が争っていて、大和朝廷に助けを求めたオミが、オキとオグマを破って勝ちました」
S「サキちゃんに続けます。資料館で聞いたら、オミが埼玉で、オキが亀甲山の豪族だと、説明がつくそうです」
S「サキちゃんとヨッちゃんの説明がとてもよく分かりました。すると、教科書に載っているワカタケルの鉄剣の理由もわかるような気がする」
S「教科書に、九州から関東までの豪族を従えるようになりましたって書いてあるから、さっきのオキとオミの話は、よくわかります」
T「古墳の建設やデザインはどうだろう」
S「古墳の中から、鏡や刀やかぶとが出てきているでしょう。だから、鉄や銅製品をつくる技術を持っていたわけだから、渡来人が造ったか、教えてもらったんだと思います」
S「教科書にも、渡来人の活躍が書いてあります。渡来人は、青銅や鉄の道具、建築や土木工事、養蚕や織物などの進んだ技術を日本に伝えましたと書いてあります。だから、古墳のデザインや建設も、渡来人が活躍したと思います」

子どもたちの発言からは、多摩川台古墳から野毛大塚古墳のフィールドワークによって、教科書に書かれた中央の歴史を地域から見直すこと、そして、渡来人を通して、東アジア、世界とのつながりを感じていることが分かる。もちろん、フィールドワークと一時間の授業だけでこれらの発言がされるわけではない。世界地図をはじめとした世界に目を広げる学習の取り組みは普段からしてきた。教師が、中央と地域、日本と東アジア、世界を意識して、学習を組み立てることが大切である。

## 2 武蔵国分寺と渡来人

国分寺の建立は、聖武天皇の命によってなされたことなので、教科書には、東大寺の大仏との関係が書かれている。国分寺の建立された場所を描いた地図が東京書籍、教育出版ともに掲載されている。

中央と地域の視点でいえば、国分寺を教材にすることは、教科書にも書かれている事実を身近に学ぶことができ、地域から中央の歴史を考えることができる。さらにより身近な地域教材では、大丸遺跡（稲城市）が、武蔵国分寺や武蔵国府の瓦を焼いていた遺跡である。近くには、瓦谷戸という地名があり、そこでも、瓦窯跡が発掘されている。この瓦窯の跡からは馬の線刻画が見つかっていて、新聞でも報道された。それを使って授業を進めた。また、武蔵国の各地から国分寺造営、瓦を焼くために動員された人々のお話も作り、授業の中で配布し、子どもたちに読ませた〔中妻雅彦　二〇〇一年〕。

この授業では、子どもの学習の視点を広げていく疑問として、次のような発言が出された。

S「瓦を焼きに来た人たちは、普段は、農民でしょ。瓦の焼き方が分かったのですか」

S「武蔵国分寺の跡に行ったことがあります。瓦のかけらも落ちてました。すごく広いはらっぱでした。建物も大きかったと思うし、瓦の数も、何万枚にもあったわけだから、指導者とか教えてくれた人がいたと思います。きっと、渡来人だと思うけど、どうですか」

S「渡来人が教えてくれたとすると、国分寺は東北から九州まであるのだから、そんなに広く渡来人が住んでいたのですか」

これらの発言について、次の授業までに調べて、発表することにした。

S「お父さんに聞いたら、お父さんの生まれた埼玉県の田舎の近くに高麗神社があると教えてくれたので調べました。七一六年に、朝鮮半島にあった高句麗から来た若光という人が、この神社の神様です。聖武天皇が、国分寺をつくる命令を出したのが七四一年だから、もうこの近くに渡来人が来ていたのだから、瓦を焼いたりするのを教えてくれたと思います」

S「図書館で聞いたら、狛江とか、埼玉県の新座市も、渡来人と関係があると教えてくれました。教科書や資料集にも、渡来人に関係の深い地名があって、国分寺の建設に関係していると思います」

S「教科書に書いてあるけど、奈良の大仏の開眼式に、インドや中国、朝鮮のお坊さんが来たんだから、渡来人の人たちは、いろいろといたと思う」

子どもたちが調べてきたように、東大寺の大仏や国分寺の建立も、聖武天皇の願いだけではなく、東アジアとの関係で見ることができる。それは、意図的に見せようとする視点を教師が持つことによって、子どもの中に育ってくるものである。それは、地域から中央の歴史を見ることができるような教材を準備することによって可能となる。そして、地域から中央の歴史が見えるようになった子どもたちは、東アジア、世界も視野に入ってくるであろう。

## 3 教科書執筆を通して

筆者は、小学校教科書を執筆している。教科書執筆も、歴史教育実践だと考えている。もちろん、学習指導要領準拠の教科書だが、教科書を通じて学習している子どもが多いことは事実であり、子どもの中では教科書は「権威」のある書物である。授業実践でも、「教科書に書いてあった」と発言する子どもがいる。調べ学習は、まず教科書にあたること、教科書を読んでみて関係することを探すことだと話してきた。さまざまな環境の中で生活している子どもたちだが、教科書を調べることはだれでもできる調べ学習だと指導してきた。

教科書執筆者としても、中央と地域、日本と東アジア、世界を意識して執筆をしている。もちろん、学習指導要領の制約はあるが、できるだけそのつながりが分かるような執筆を考えている。

学習指導要領の文言では、古代から明治時代初頭までで、東アジア、世界にかかわる記述は、「大陸文化の摂取」「キリスト教の伝来」「黒船の来航」「欧米の文化を取り入れ」となっている。近代以降は、日清・日露戦争、条約改正、日華事変、第二次世界大戦などの学習を通じて、「国際的地位の向上したこと」や「国際社会の中で重要な役割を果たしてきたこと」を学習するとなっている。

教科書では、本文では書けなかったことを、弥生時代の「米づくりが伝わった経路」「吉野ヶ里遺跡」の地図に東アジアを入れたり、「古墳をつくった人々」のページに「渡来人の活やく」のコラムを入れたりしている。これらは、古代の日本列島の歴史が東アジアとつながりを持っていることを地図から読み取ってほしい、日本列島に強力な権力を広げた力が東アジアのつながりのなかで形成されたことを感じさせたいと考えて、執筆している。「大陸文化の摂取」以前から、日本列島と東アジアのつながりがあり、日本の歴史が日本列島の中だけで積み重なってきたかのような学習ではなく、子どもの目をひらかせるような学習の可能性を広げたいと考えている。教科書では、「身近な古墳を調べてみよう」「渡来人に関係の深い地名が各地に残っているよ。コマ、ハタなどの発音が入ることが多いよ」と学習の示唆を入れて、地域から、中央の歴史を見る視点も記述している。

現行学習指導要領では、「はってん」として扱われている学習ページだが、「三人の武将」と「江戸時代」の学習の間に、「世界で活やくした人物に目を向けよう」を一ページ使って、マルコ・ポーロ、マゼランなどの人物を通して日本と世界のつながりを考えさせたい。「はってん」の調べ学習の中で、マルコ・ポーロ、マゼランを取り上げている。「鎖国」についても、「鎖国下の日本」で二ページの扱いで「長崎＝ただ一つの貿易港、琉球＝貿易と文化の国、対馬＝朝鮮との交流の窓口、松前＝アイヌの人たちとの交易」の四つの窓を掲載している。

前述した鈴木亮氏は、世界史像や国際感覚の獲得は、日本史像の形成や日本史理解も媒介として行われ、先進中心の日本史ではなく、沖縄・北海道・東北・東国・奄美がはみ出さない日本史教育、東アジアを視野に入れた日本史教育、日本史叙述の重要性を教えてくれたが、私の実践が、この答えの一つになっていれば幸いである。

## 3　世界、地域との出会いで授業を変える

前述したように、学習指導要領の文言では、東アジア、世界を視点に入れた学習は十分ではない。これは、中央と地域の視点においても同様である。

しかし、子どもたちを取り巻く社会は、東アジア、世界を抜きにしては成立していない。授業を実践した地域の子どもたちは、少なくとも八〇年近い日本と東アジアの歴史を背負って生きている。オリンピックやサッカーワールドカップの影響もあるが、世界の国々の国名は、二〇年前に担任した子どもと二年前に担任した子どもを比べれば、二年前に担

任した子どものほうがはるかにたくさんの数をあげることができる。二〇〇八年九月の金融危機以後の経済の影響は、現在の勤務地である愛知県では、在日日系人の生活を直撃している。世界は、身近な存在となっている。

また、地方分権が正しい政策のように言われている。これは、食育や農業政策で言われている「地産地消」という言葉に象徴されるように、地域からものごとを見ようとすることであろう。

小学校の歴史教育は、当然のことのように考えられているこれらの世界や地域からものごとを見る目をきちんと育ててきただろうか。子どもの発達に配慮するとか、深入りはしないとかという理由で、子どもが本来持っている学習の興味や広がりを狭めていることはないだろうか。これによって、中央中心の歴史、ヨーロッパ中心の歴史を教えることになってきたのではないだろうか。

世界に目を開くことを考えて、低学年の絵本の読み聞かせを実践していると、絵本の選択をしながら、アジアやアフリカに共通するいくつかのお話や地域性のある自然の見方を、まず筆者が学ぶことができた。地域の在日の方の聞き取りを教材化しながら、日本と朝鮮半島、東アジアのことを学び直したのは、筆者であった。地域の古墳と大和、河内の巨大古墳の築造年代を表にして比べてみて、これは歴史をつかむ面白い視点だと感じたのは、筆者自身であった。

東アジア、世界、そして地域を視点とすることは、歴史教育実践者の歴史観を鍛え、歴史研究を進めることになる。それは、子どもを取り巻く現代の問題を考えることでもある。

こうした歴史研究、教材研究によって実践された歴史学習は、地域に根ざし、子どもの生活に根ざした歴史学習を創りだすことにつながる。子どもにとっても、それぞれの子どもが背負ってきた歴史や取り巻かれている現実の理解をすすめることになる。また、閉ざされた日本の歴史ではなく、開かれた日本の歴史、つながりのある日本の歴史を学ぶことができる。

学習指導要領は、「我が国は長い歴史をもち伝統と文化をはぐくんできたこと、我が国の歴史は政治の中心地や世の中の様子によって幾つかの時期に分けられることに気付くようにすること」を、小学校歴史教育の内容の取扱いとして掲げている。その伝統や文化が、東アジアとつながりをもち、影響を受けて成立してきたこと、政治の中心地の出来事と地域の歴史事象がつながっていることを学習することが、「我が国の国土と歴史に対する理解と愛情を育て、国際社会に生きる平和で民主的な国家・社会形成者」を育てることになるであろう。


**参考文献**

『小学社会六年上』教育出版、二〇〇六年
◉鈴木亮　『日本からの世界史』大月書店、一九九四年
◉中妻雅彦　「子どもたちの心を世界へ」、『臨教審「生活科」をのりこえる授業』あゆみ出版、一九八七年
◉中妻雅彦　『いきいきわくわく生活科』あゆみ出版、一九九二年
◉中妻雅彦　「2貴族の世の中」、『わかってたのしい社会科6年の授業』大月書店、二〇〇一年

# 基地の街・朝霞から見える日本・世界

中條克俊

## 1 地域と平和学習

一九八一年（昭和五六）に朝霞市内の公立中学校教員になってから現在に至るまで、戦争と平和は私の研究テーマである。そして、その成果はできるだけ自らの教育実践に反映できるように努力してきた。戦争と平和を地域でどう教えるかを自らに突きつけた最大の課題とした。しかし、「戦後五〇年」が過ぎた頃から、戦争体験（加害、被害、加担、抵抗）ばかりでなく、戦後復興体験（「焼け跡」「闇市」「買い出し」と「占領体験」）の風化が著しくなってくると、地域から発信する平和学習の問い直しが迫られてきた。

一九五一年（昭和二六）九月八日、サンフランシスコ講和条約と同時に日米安全保障条約も調印された。翌一九五二年四月二八日、日本は独立を回復した。現在につながる日米関係が形成された占領時代は、戦後日本の原点となった。「戦後六〇年」以上も経つと、戦争はおろか、占領時代を知る人も少なくなった。占領時代の掘り起こし・聞き取りを早急に進める必要性を私自身強く感じた。地域で「戦後史をどう教えるか」も私自身の課題となり、ここに地域の戦前・戦後を視野に入れた平和学習のあり方を問いはじめることになった。

本稿でいう地域は「身近な地域」に限定している。中学生の目で地域の課題を発見していく作業は重要である。その作業は同時に主権者意識の形成にもつながるであろう。なぜならば、地域に無関心であっては、地域の学習課題、生活課題を見つけることはできないからだ。関心と批判の目を持って、地域の課題をとらえていくことは中学生の主体性を育てていくことになる。ただし、地域のことを地域だけで考えるのでは、地域のたこ壺化に陥ってしまう。地域と日本と世界をつなげる発想力、つまり地域の問題は日本の問題であり世界の問題でもあるという眼力を育てたい。生徒同士だけでなく、教員も生徒も共に学ぶという姿勢で現実のあり方を考えあうことは、社会の形成者となる子どもたちの主体の力を育てることになろう。

日本の片隅にあって、基地の街と呼ばれた朝霞の占領時代の歴史の一つひとつに、日本と世界を、そして今の時代を考えさせるヒントが散りばめられている。私はそれらを教材化して中学生に伝えたいと強く願うようになった。アメリカの世界戦略を抜きに語ることのできない朝霞という地域の現代史学習は、平和学習そのものである。

なお本稿には、差別的合意のある用語を、歴史的な観点を重視して「　」を付してそのまま使用している。

## 2 基地の街朝霞―現代史の現場

東武東上線池袋駅から一五分ほど電車に揺られると、武蔵野の面影がわずかに残る水と緑豊かな埼玉県朝霞市の風景が目に入ってくる。人口一三万人の朝霞は「埼玉都民」が多く住む東京のベッドタウンでもある。朝霞駅南口から徒歩一五分で、総敷地面積約九〇万平方メートル、訓練場約七〇万平方メートルを有する陸上自衛隊朝霞駐屯地に着く。

朝霞駐屯地のかつての姿は、三つあった。ひとつは一九三二年（昭和七）に造られた東京ゴルフ倶楽部の朝霞コース（約二〇万坪の敷地）である。ちなみに朝霞という地名は、東京ゴルフ倶楽部総裁をつとめた皇族の朝香宮鳩彦《あさかのみややすひこ》にちなんで付けられた。陸軍中将でもあった朝香宮鳩彦は、一九三七年（昭和一二）一二月の南京攻略戦に上海派遣軍司令官として参加している。その過程で南京大虐殺はひきおこされたのだが、朝香宮鳩彦の存在とその果たした役割は大きい。

二つめは、一九四一年（昭和一六）に開校した、「軍人精神とは死ぬことと見つけたり」の陸軍予科士官学校である。開戦を前に朝霞コースは取りつぶされ、その跡地に陸軍将校養成の予科士官学校が市ヶ谷から移転してきたのである。この陸軍予科士官学校の建設には強制連行された朝鮮人があたっていた。現在の和光市役所付近にあった朝鮮人飯場には五軒長屋が四〇棟くらいあり、およそ二〇〇人の朝鮮人が生活していたという。私はこの朝鮮人強制連行・強制労働の事実から、なぜ多くの朝鮮・韓国人が日本に住んでいるかを教えることにしている。なお、この時期に陸軍被服本廠朝霞出張所も造られ、その影響で周辺には軍需産業が進出し、朝霞はちょっとした軍都になった。

そして三つめが、米軍基地キャンプ・ドレイク（サウス・キャンプ）である。一九四五年八月末日、占領軍が埼玉県内で一番早く進駐してきた場所こそ朝霞であった。米軍は日本占領を視野に入れて、陸軍予科士官学校、陸軍被服廠の施設をほとんど無傷のまま温存していたのである。時を待たずに、朝霞は基地の街と呼ばれることになった。地域住民は、ガム、チョコレート、コカ・コーラなどのアメリカ文化にいち早く触れることができた。基地の街に流れた進駐軍ジャズは日本人に受け入れられ、ジャズブームがあっという間に全国に巻き起こった。しかし、その一方で、さまざまな風紀上の問題も起きた。その結果、「日本の上海」が朝霞の代名詞となるのであるが、それは何を意味したか。中国が半植民地状態であった時代の「オールド上海」は、犯罪の多い「魔都」であった。当時の「上海」がいかに差別的で悪意のこもったものであったかは、英単語「Shanghai」を見ればわかる。意味は「（酒・麻薬・暴力で）人の意識を失わせ、船に連れ込んで水夫にする」である。基地の街の中心地であった朝霞南栄通りは、朝鮮戦争の頃になると、「米兵、ポン引き、やくざ、『第三国人』（筆者注、GHQ用語で、占領下における朝鮮人、中国人、台湾人を指す差別語）、凶悪犯、そして喧嘩、口論、暴行、陰謀、殺人、誘拐、裏切り、密輸、賭博、ドル買い、酒、麻薬、警察との癒着、そして買売春。その中で街中にジャズが響き渡る」とマスコミで騒がれたため、暗くなるとそこに近づく地域住民はいなかった。

地域住民にとって、「基地売春」問題は最も深刻であった。米兵相手の女性「売春」者は「パンパン」と呼ばれた。一九四五年（昭和二〇）九月段階で一〇人であった朝霞の女性「売春」者は、年末には約二〇人になった。朝鮮戦争が勃発し、全国各地の米軍部隊が入れ替わり立ち替わり朝霞に駐留するようになると、北は北海道から南は九州までの女性「売春」者が米軍兵の後を追うようにして朝霞に集まってきた。一九五五年には最大五〇〇人の女性「売春」者がいたと推定されている。米軍基地がある限り、「基地買売春」はなくならなかった。彼女たちは国家が始めた戦争の被害者であり、誤った国策の被害者でもあった。厚生省（当時）が、戦争ですべてを失い、自らの身体をもってしか生きる術のなかった彼女たちを「特殊婦人」「女の浮浪者」と切り捨てたことはとうてい許せない。占領時代の女性史を抜きに、日本の女性史を語ることはできないであろう。

現在の陸上自衛隊朝霞駐屯地に目を向けてみよう。一九六〇年（昭和三五）の日米暫定使用協定によって、米軍基地（サウス・キャンプ）跡地に開設されると、翌年には駐屯地内に自衛隊体育学校がつくられ、マラソンの円谷幸吉、重量挙げの三宅義信が東京オリンピック（一九六四年）で活躍することになる。一九七三年（昭和四八）には、観閲式の会場が神宮外苑絵画館前から朝霞駐屯地に移され、現在は三年に一度（陸海空の持ち回りで）閲覧式が開かれている。一九九四年（平成六）になると、一都一〇県の防衛警備・首都防衛・災害派遣を担当する東部方面総監部が市ヶ谷から移駐され、朝霞駐屯地は専門的職務を担う二四個部隊を有する巨大組織となった。二〇〇一年（平成一三）、防衛大臣の直轄機関として設置された陸上自衛隊研究本部は、ＮＢＣ兵器つまり核・生物・化学兵器の対処に関する調査研究も行い始めた。翌年には、実践さながらのシミュレーション体験ができる陸上自衛隊広報センターが朝霞門横に造られている。二〇〇七年（平成一九）、駐屯地内に中央即応隊集団司令部（二〇一二年末にキャンプ座間に移転予定）が設置された。この司令部の役割は、国内でゲリラや特殊部隊による攻撃等が起きた場合に、各地に部隊を迅速に派遣すること、さらに国際平和協力活動の際には先遣隊を送り派遣部隊を指揮することにある。二〇〇九年三月には、防衛大臣が発令した「破壊措置命令」により、ＰＡＣ３（地対空誘導弾パトリオット３）が朝霞基地に配備されたことは記憶に新しい。

以上見ての通り、戦前は「軍都」、戦後は「米軍基地の街」、基地返還後は「自衛隊基地の街」が朝霞の変遷史である。基地の街朝霞は、朝霞・日本・世界がつながる現代史の現場と言ってよい。

## 3　地域での出会いは宝

幸いなことに、私は公立中学校の教員になって以来数多くの朝霞の住民と話をする機会を得ることができた。学徒勤労動員で風船爆弾製造にたずさわった元女学生、命からがら帰還した体験を持つ旧日本軍兵士、「暁に祈る」姿に涙したシベリア抑留体験者、被服廠で軍服を縫製していた元青年工員、米兵の発砲事件を目の当たりにした元基地労働者、戦後民主教育を支えていた元青年教員等々、会う人、会う人が、それまで語ることのなかった自らの体験を証言してくれた。そして証言の端々に、朝霞という街を心底愛していることも聞き手の私に伝わってきた。とりわけ基地の街といわれた時代をここ朝霞で生き抜いてきた住民にとって、朝霞は文字通り「人生劇場」であった。

社会科教員としての生命線は、地域をどれだけ見て、聞いて、歩いてきたかである。地域での出会いは宝である。教員に目の前の子どもたちが生まれ育った地域への興味・関心がなくては、地域学習は血の通わない通り一遍の学習になるであろう。そこには驚きもなければ、発見もない。教員が地域を多面的にとらえる発想がなければ、地域のすばらしさと同時に課題を見つけ、それらを掘り下げて調べ、そして考えるという回路は子どもたちにも生まれてこない。教員の役割は、子どもたちに地域のどの点に興味・関心を持たせるかであろう。

地域で数多くの方と出会いインタビューしたなかで、次に紹介する三人の方との出会いが最も印象に残る。一人目は「日本の上海」と言われた時から今でも経営を続けているジャズ喫茶（一九五一年開店、現時点でおそらく現存する日本最古のジャズ喫茶であろう）のマスターである。バー、キャバレーと「基地売春」で成り立っていた「日本の上海」でジャズ喫茶を開店するにはさまざまな邪魔が入ったという。その邪魔に屈することなく開いたジャズ喫茶には、白人米兵、黒人米兵関係なく純粋に「ジャズが好き」という人間が出入りした。アメリカ本国で公民権運動が起こる前の話で、公然と黒人差別がおこなわれ、白人専門店・黒人専門店がつくられていた時代のことであった。私はジャズ喫茶で聞き取りをくり返すうちに、マスターが講師となって子どもたちと一緒に社会科の授業を開くことを思いついた。ついには勤務校でジャズコンサートまでも開催してしまった。学校と地域の連携があったからこそ、全生徒、全教員で朝霞の戦後史を共有する場を持つことができた。

二人目は、教会の牧師である。牧師は「混血児」たちを育てるための施設を基地近くにつくった。一九五三年（昭和二八）は、「混血児」が日本の小学校に入学した最初の年であった。同年三月一九日付『埼玉新聞』に、「絶対差別するな　混血児県下で一五人が入学。混血児の入学する小学校は本庄小一名、児玉七本木小二名、所沢市我妻小五名、所沢小三名、朝霞第一小三名、川口市領家小一名、計一五名ある（県教委調査係調べ）」という記事が載った。白百合の花のように咲いて欲しいと願って付けられた白百合幼稚園には、地域住民の子どもたちが二〇人くらい、「混血児」の子どもたちが一〇人くらい生活していた。さまざまな人間が暮らしていた朝霞で、やくざ同士の抗争の仲介に入ったこともあったと牧師はいう。わたしは牧師に子どもたちの前での講演をお願いして、占領下の朝霞について語っていただいた。牧師の語りは、子どもたちばかりでなく教職員の心にもまちがいなく響いた。

三人目は、朝霞駅前通りにある昔ながらの定食屋の女将さんである。薪を使ってのお釜のごはんは、一九五四年（昭和二九）の開店以来現在に至るまで変わっていない。この定食屋をきりもりしている生まれも育ちも朝霞のご夫婦は、地域の「昭和史」の証言者でもある。私は子どもたちを引き連れて、一九六〇年代を感じさせる店内で、朝霞の陸軍被服廠で働いていたことや現在の市庁舎あたりに米軍の戦車が五〇台ほど置いてあったことなどを子どもたちと一緒に女将さんにインタビューした。この時のインタビュー内容が、勤務校の学校新聞の特集で組むことができたのも楽しい思い出となった。

## 4 地域学習をどのようにすすめてきたか

自らの教育実践を振り返って具体的に地域学習を整理(表1参照)してみたら、五つに分類することができた。いずれも子どもたちと一緒に取り組んできた地域学習である。そして、地域の方々の協力があってのものである。したがって、教材も与えられたものではなく、自作であり、自主編成の地域学習である。

表1 地域学習の実践史

| | |
|---|---|
| ・文化祭のテーマから迫る地域学習 | |
| 1983年 | 「朝霞の寺」(二年) |
| 1984年 | 「自衛隊あなたはどう考える－朝霞基地と入間基地」(三年) |
| 1991年 | 「朝霞市戦没者遺族へのアンケート調査」(三年) |
| 1992年 | 「朝霞市学校給食残飯のゆくえ」(一年) |
| 1993年 | 「朝霞でも作られた風船爆弾」(中学三年間のテーマ) |
| | ※1995年前後に全国的に文化祭が学校行事から削除されはじめた。 |
| ・学年行事「朝霞フィールドワーク」から迫る地域学習 | |
| 1992年～ | 「朝霞フィールドワーク」(二年学年行事・一日コース) |
| ・社会科学習から迫る地域学習 | |
| 1994年 | 「朝霞の子どもたちも作った風船爆弾」(二年歴史・近現代) |
| 1998年 | 「朝霞の国政選挙投票率はなぜ低いのか」(三年選択社会科) |
| 2000年 | 「朝霞の板碑の授業」(二年歴史・中世・博物館連携授業) |
| 2000年 | 「朝霞の創作民話を聞く」(二年歴史・近世・ゲストティーチャー) |
| 2001年 | 「広沢池で青空教室—古老のお話」(三年選択社会科・ゲストティーチャー) |
| 2001年 | 「朝霞と進駐軍ジャズ」(三年選択社会科・ゲストティーチャー) |
| 2001年 | 「風船爆弾紙芝居」(三年公民・ゲストティーチャー) |
| 2001年 | 「中学生にもわかる朝霞の古文書学習」(三年選択社会科・博物館連携授業) |
| 2002年 | 「地域を調べよう」(一年地理・「身近な地域の学習」・夏休み課題) |
| 2002年 | 「航空写真から見る朝霞」(一年歴史・近現代・博物館連携授業) |
| 2003年 | 「イラク戦争と自衛隊海外派遣」(二年歴史・近現代) |
| 2004年 | 「柊塚遺跡ミニフィールドワーク」(二年選択社会科・博物館連携授業) |
| 2006年 | 「基地の街－朝霞の近現代史」(二・三年歴史・近現代) |
| ・総合学習から迫る地域学習 | |
| 2006年 | 「わが街朝霞」(二年総合学習のテーマ) |
| | a、地域学習スライド自主作成と上映(米軍基地跡地の撮影) |
| | b、講演「基地の街と朝霞第一中学校」(地域住民がゲストティーチャー) |
| | c、朝霞ミニフィールドワーク(半日、博物館連携授業) |
| | d、「平和ジャズコンサート」(地域住民と連携) |
| ・郷土研究部(二〇〇七年創設)から迫る地域学習 | |
| 2008年 | 郷土研究部報『ひざおり』創刊号発行 |
| | テーマ「朝霞の坂・末無川源流・塩味醤油工場・老舗　増田屋旅館」 |
| 2009年 | 郷土研究部報『ひざおり』第二号発行 |
| | テーマ「シベリア抑留と朝霞」 |

地域を見つめるためのヒント（表2参照）も作成し、主権者の目で地域を見つめようと自問自答させながらの地域学習をめざした。地域の歴史、現状、課題を他人事としてではなく自分の問題としてとらえ、それらを自分自身の目で確かめ、自分自身の頭でどうしたらよいのであろうかと中学生なりに考えていく姿勢は大切にしたい。子どもたちが自由に討論できる力を身につけていくことになれば言うことはない。討論できる地域教材、地域・日本・世界という認識の広がりがある地域教材はまだまだ埋もれているはずで、私た

表2　身近な地域を調べよう　調査テーマを決めよう

| 項目 | 内容 |
|---|---|
| 朝霞の自慢 | ①朝霞に伝わる伝説や文化<br>②朝霞に伝わる習わし<br>③朝霞の伝統行事<br>④朝霞の民話<br>⑤朝霞に伝わる遊び<br>⑥朝霞に伝わる名物料理<br>⑦朝霞の名産品<br>⑧朝霞の自慢の銘菓<br>⑨朝霞の自慢のお祭り<br>⑩朝霞の自慢話 |
| 歴史 | ①朝霞の遺跡·古墳<br>②朝霞の石碑<br>③朝霞「歴史の道」<br>④朝霞の神社、寺<br>⑤朝霞と日清·日露戦争<br>⑥朝霞と15年戦争·アジア太平洋戦争<br>⑦朝霞と風船爆弾<br>⑧朝霞第一中学校の歴史 |
| 環境 福祉 | ①朝霞の環境問題と対策<br>②朝霞のゴミ問題と対策<br>③黒目川の汚染問題と対策<br>④朝霞のバリアフリーを考える<br>⑤朝霞の福祉<br>⑥朝霞の少子高齢化 |
| 交通 | ①朝霞の舟運<br>②朝霞の鉄道東武東上線と武蔵野線）<br>③朝霞の交通事故発生多発地区と対策 |

| 項目 | 内容 |
|---|---|
| 産業 経済 | ①駅前商店街の移り変わり一駅前通りマップ<br>②地域の伝統産業一伸銅業<br>③受け継がれる職人技<br>④朝霞の農業<br>⑤朝霞の工業<br>⑥朝霞の漁業 |
| 市政 | ①朝霞市議会は今<br>②朝霞の財政<br>③朝霞の教育行政<br>④朝霞の課題 |
| 町づくり | ①朝霞の観光名所<br>②朝霞の観光マップ<br>③朝霞の駅前再開発<br>④朝霞の四市合併問題<br>⑤基地跡地の利用 |
| 平和 国際 | ①東京ゴルフ倶楽部朝霞コース<br>②幻の朝霞大仏<br>③陸軍予科士官学校<br>④陸軍被服本廠朝霞出張所<br>⑤米軍基地キャンプ·ドレイク<br>⑥朝鮮戦争の時の朝霞<br>⑦ベトナム戦争の時の朝霞<br>⑧イラク戦争の時の朝霞<br>⑨朝霞の平和都市宣言と世界の平和<br>⑩朝霞の中の外国ー在日韓国·朝鮮人<br>⑪陸上自衛隊朝霞駐屯地 |
| 人物 | ①朝霞の民衆一「この人はすごい朝霞人」<br>②朝霞の著名人<br>③朝霞出身の政治家、文化人<br>④朝霞の古老<br>⑤朝霞の地名の由来一朝香宮鳩彦 |

ち教員は地域でのネットワークを地道に作り、それらを掘り起こしていく必要がある。地域教材を掘り起こした実践例として、戦時下の「中学生たちの風船爆弾」[*1]と占領下の「君たちに伝えたい、朝霞そこは基地の街だった。[*2]」を紹介したい。

## 5 中学生たちの風船爆弾

風船爆弾とは戦後になって呼ばれた名称で、正式には「ふ」号兵器という。戦局打開のために研究開発された陸軍の特殊兵器には秘匿名称がつけられ、「ふ」号兵器は風船爆弾の頭文字をとったものであった。ねらいは、本土決戦に向けての日本国民の士気昂揚と火災の恐怖・毒ガス兵器が積まれるのではないかとアメリカ国民を攪乱する心理作戦にあった。直径一〇メートルの気球の原材料は、和紙二四〇〇枚とこんにゃくのり九〇キログラムである。試作段階では埼玉県小川町の細川紙が使われ、その後全国の和紙産地で気球紙は大量生産されることになる。気球内にはボンベ五〇本分の水素ガスが充填された。動力源は一一月から三月にかけて日本からアメリカに向けて吹く偏西風（ジェット気流）である。風船爆弾の発射基地として、偏西風に乗せやすい太平洋側の千葉県一宮、茨城県大津、福島県勿来の三カ所が選ばれた。時速約二二〇キロメートルの偏西風に乗った風船爆弾は、上空一万メートルあたりを漂うようにしてアメリカ本土に五〇時間ほどで到達している。一万発の発射に対して、約一割がアメリカ本土に到達したのではないかといわれている。この純国産の風船爆弾には、当時の金額で二億五〇〇〇万円＝現在の約六六〇〇億円もの軍事費と最高の技術ならびに頭脳が投入されていた。風船爆弾が、国家プロジェクトの決戦兵器であり秘密兵器であったことは、案外知られていない。

一九九三年から一九九五年までの足掛け三年間にわたって、私は子どもたちと一緒にこの風船爆弾の調査活動をおこなった。朝霞に気球部分の紙貼り作業の軍需工場があったことが風船爆弾の調査・研究・発表へとつながっていった。風船爆弾に関しては、『朝霞市史』にわずか数行の記述があるだけで多くは謎であった。まさに眠っていた地域の歴史教材であった。「わからないならば自分たちで調べてみよう」と、クラスの子どもたちは八つのグループに分かれ、和紙産地の小川町まで行って聞き取り調査をしたり、紙貼り作業に従事した女学生のその後を追ったりと、謎解きの旅ともいえる活動が動き出した。

調査活動が進むにつれて、一三歳から一六歳の子どもたちが気球部分の紙貼り作業や木枠の乾燥機への運搬を行っていたことがわかってきた。しかも風船爆弾製造の全工程はすべて極秘にすすめられていた。このことは、学徒動員された埼玉高等技芸女学校（現細田学園）の卒業生の証言からもわかった。

工場でやっていることは一切しゃべるなといわれた秘密作業だったので、家族にもその話はしませんでした。戦後も一切話しませんでしたが、風船爆弾が投下されたらしい程度のことはわかっていました。朝霞四中の生徒さんがいらしてはじめてくわしくわかりました。それにしても、風船爆弾によって死んだ方がいらしたとは……。

「死んだ方」とは「オレゴンの悲劇」と呼ばれる被害を指す。アメリカ本土に向けて飛ばされた風船爆弾がロッキー山脈の森林に落下して、ハイキングに来ていた牧師一家と子ども合わせて六人が、知らずにそれに触れて亡くなったのである。また風船爆弾がハンフォード核施設の送電線にからみ、その結果瞬間的に停電となり、のちに長崎に投下されるプルトニウム型原子爆弾の製造計画に支障を与えた事故も起きた。学徒動員された元女学生のみなさんはこれらの事実を知って驚き、そして悲しまれた。聞き取りをしていた中学生は、朝霞の軍需工場での出来事が日本・世界へとつながっていったことに驚いた。

そのうちに調査活動の成果を記録に残そうということになった。結果的に三年間で三冊の手作り冊子ができ上がった。最初の冊子『中学生と風船爆弾』発刊時には、子どもたちと手作りの出版記念会も開いた。出席された元女学生のみなさんが「この冊子は家宝にします」と発言されたことは、忘れることができない。一連の活動状況が、新聞（毎日・朝日・埼玉・東京の各新聞社）、NHKニュース、NHKFMラジオなどで紹介され、手作り冊子は全国のみなさんに読んでいただくことになった。その反響は大きく、全国各地から激励の手紙や風船爆弾に関する多くの手記・資料が学校に届いた。さらに、私たちは風船爆弾を保管しているアメリカのスミソニアン航空宇宙博物館に冊子を送ることにした。アメリカ軍は風船爆弾を「生け捕り」してその構造を徹底的に分析していたのであるが、その研究データを送って欲しい旨の手紙を添えることも忘れなかった。そうすると、五カ月後に英文研究資料と手紙が届いた。私たちはその誠実な対応に感動した。二〇坪という限られた空間＝教室での学びには限界がある。風船爆弾調査で、地域の方々との結びつきが日本全国そして世界につながっていくことを体験的に知ることができたことは大きい。地域は、人と人とがつながる、人と人とをつなげるネットワークの場であり、そのつながりが世界に続くこともある。驚きの連続の調査・学習活動であった。

## 6 君たちに伝えたい、朝霞そこは基地の街だった

風船爆弾調査に続いて、私は米軍基地キャンプ・ドレイクの聞き取りに本格的に取り組み始めた。朝霞の戦後復興は、米軍基地の「恩恵」と「罪悪」が目に見える形で進行していった。地域占領時代史なり地域現代史を明らかにするために、私は浦和の県立図書館に日参して、一九四五年（昭和二〇）から一九七五年（昭和五〇）までの朝霞に関する新聞記事をマイクロフィルムで拾う作業をおこなった。しんどく、つらい作業であったが、占領下の朝霞をイメージすることはできた。その次にやったことが検証である。記事から浮かび上がった当時の朝霞の世相が事実であるのかどうか、今となっては難しいその検証作業のひとつが地域での聞き取りであった。すでに故人となられた関係者が多いことを考えると、今までに聞き取りした約二〇〇人の証言は貴重なものとなった。占領下の朝霞を記憶するために、私は多くの証言を記録として残し、子どもたちをはじめ多くの方々に伝えたいと思った。

## 1 基地の街朝霞から見る戦争

朝霞は、今でも基地の街である。一九四五年（昭和二〇）から一九八六年（昭和六一）までは米軍基地の街、そしてそれ以降は自衛隊基地の街なのである。基地の街朝霞の住民は、朝鮮戦争、ベトナム戦争、イラク戦争と否が応でも関わらざるを得なかった。どういうことなのだろうか。

私は占領初期に中学生だった女性（一九三五年生まれ）に聞き取りをしたことがある。「アメリカ人が来たときは、話がわからないのでこわかった」と言い、敗戦直後の日本人にとって、アメリカ人は戦時中の「鬼畜米英」そのものであった。ところが、一九五〇年（昭和二五）朝鮮戦争が起こり、キャンプ・ドレイクに集結した第一騎兵師団一万五〇〇〇人もの兵隊が前線の攻防に向かうようになると、朝霞は特需景気の「恩恵」を受ける。しかし、その一方で風紀は一気に悪化し、さまざまな犯罪が発生する街となった。荒れ狂う風紀の乱れの中で「パンパン遊び」「ポン引き遊び」が日常的となり、アメリカ人が身近な存在となった基地の子たちは「楽をして生活する」ことを求めるようになってしまった。地域占領時代史、占領下教育史の裏面史ともいえる基地の子のくらしは、今の子どもたちにはまったくわからないであろう。しかし、荒れ狂う風紀の乱れの中で、地域の親と一緒になって「子供会」を組織した教員と地域住民は、基地の子の生活文化を高める活動を展開し、基地問題を乗り越えていく存在となった。

ベトナム戦争の頃になると、朝霞の基地内に傷病米兵のための野戦病院と付属施設の仮死体処理場が造られ、住民にとって「隣は戦場」という状況が生まれた。恐ろしい数のベトナム人を殺した米兵も深い傷を負った。ベトナム戦争の傷病米兵は、ベトナムから沖縄経由で立川基地に運ばれ、そこからヘリコプターで朝霞の野戦病院に運ばれてきた。私は、かつてこの野戦病院で働いていたボルチモア在住のT氏（一九四八年生まれ）に偶然会うことができた。彼は一八歳の時にベトナム戦争に徴兵されるが、戦場のベトナムで傷を負ってしまった。フェンス越しからじっと基地跡地を眺めていた彼は、テト攻勢の時に傷病米兵が朝霞の野戦病院に入れ替わり立ち替わり運ばれてきたことを語ってくれた。テト攻勢とは一九六八年一月三〇日の南ベトナム解放勢力による大攻勢のことで、この時期（一九六六年～六八年）こそベトナム戦史上最大の激戦期であった。'Many Americans died in this place.'（「多くのアメリカ人がこの場所で死にました」）とつぶやいた彼は、野戦病院のあった場所を指さした。現在、そこは朝霞第一中学校の新校舎敷地となっている。私はことあるごとにこの話を子どもたちにしている。「君たちが勉強しているこの敷地はかつて米軍基地であり、野戦病院があった」と。朝霞の米軍基地はすべて返還されたが、それは単に本土の基地問題が沖縄に転化しただけであった。現在進行中の米軍再編問題は今もって沖縄県民をないがしろにしていることを忘れてはならない。

二〇〇三年に始まったイラク戦争では、「ブーツ・オン・ザ・グラウンド」という米国の要求を背景に、自衛隊の「海外派遣」が現実の問題となった。自衛隊員の子どもは「父が戦死するのではないか」という不安に駆られ、心配だと私に声をかけてきた。二〇〇六年（平成一八）、第九次イラク復興支援群に選ばれた朝霞駐屯地の隊員約六〇人は任期三カ月でイラク南部サマワに「派遣」された。この「海外派遣」が自衛隊員の生死にかかわる問題であるだけに、私は中学三年社会科「公民」の授業でこの問題を子どもたちと話し合うことにした。まずは子どもたちと「自衛隊は合憲ですか、それとも違憲ですか」と意見交換をした。その結果は、ほぼ一〇〇パーセントの生徒が「自衛隊は合憲」であった。かつての教科書には自衛隊違憲論と合憲論の両方が併記されていたが、現行の教科書では自衛隊容認の記述のみである。そのことが反映されているのかもしれない。私はその時にふと考えて「隊」の一文字を「軍」に変えて、再び意見交換を試みることにした。今度は、逆にほぼ一〇〇パーセントの生徒が「自衛軍は違憲である」と答えた。軍隊には「NO」なのである。新たに起こるかもしれない戦争に対して、若者世代こそ真剣に考えねばならないと痛感した。学校現場の教員は「今の日本は平和ぼけ」と嘆くのではなく、戦争体験者の証言を記憶として若い世代と共有していく作業をしていかなければならない。

多くの国民が、平和憲法を理解し大切にしてきたからこそ、つまり平和の理念を共有してきたからこそ、戦後六〇年以上一度も他国を攻撃することなく過ごすことができた。戦争体験者、占領体験者の証言があってこそ、平和憲法は生きる。証言者に残された時間がない今こそ、地域で証言を記録化していかなければならない。そして、その記憶を子どもたちに伝えていくのが私であり、教員の仕事だと考えている。

## 2 地域学習と地域住民

朝霞の戦後六〇年を振り返ると、基地問題やそれに付随する風紀の乱れ、基地公害などの社会問題が次から次へとおこりながらも、朝霞の地域住民はそれらを乗り越えていった。米軍基地、基地問題と折り合いをつけてきたのである。反対運動やデモ行進に参加した人たちは、それが終われば朝霞を去る。しかし、地域住民はそうはいかなかった。朝霞の光と闇を丸ごと受け入れたのである。大変だった時代に生きてきたにもかかわらず、証言した方々はみんな本当に朝霞が好きなんだなぁということを実感した。

今までに、私は基地の街の歴史を繰り返し子どもたちと話し合い、そして一緒に歩き回った。共に学んだ子どもたちは、基地の街朝霞から何を学びそして未来につなげようとしているのであろうか。大学生となった卒業生たちと話す機会（二〇〇六年八月六日）があったので、彼らの声を紹介したい。

大学では日本文学を専攻している関係で日本のことを学び、趣味の旅行や読書で沖縄や京都、アジアのことを学びました。日本を学び、アジアを学んだ。ただ、何かが足りない。そう思っていた矢先、先生が卒業文集に書き残したメッセージ『朝霞四中に前史あり』（注・米軍基地跡地に朝霞四中は建設された）を思い出しました。そうだ、僕は日本人である前に朝霞人だ。僕が生まれ育った朝霞を知るからこそ朝霞を愛し、地元を愛することができる。地元を愛することによって日本を愛することができる。自分を尊び、地域に誇りを持ち、日本を愛することでこれから新しい局面を迎える地球を生きていくことが大切なのではないだろうか。そんなことを感じました。私はこれから社会の一員になりますが、このメッセージを忘れずに社会で自分を表現していきたいと思います。また、先生の十三年にも渡る粘り強い取材活動、この執念を少しでも見習って私もＮＨＫのドキュメンタリーを作っていきたいです。（一九八三年生まれ、当時大学四年・ＮＨＫ就職内定）

中條先生のお話にも、牧師の江川先生のお話にも、心を打たれてしまってずっと目がウルウルしていました。中條先生のお話は、授業を聞いていたときと同じようにテンポ良く楽しく、朝霞という土地がお好きなんだなあ、ということがグッと伝わって来ました。『夜の女』『日本の上海』のような内容については、今になってようやく理解できたというのが正直な気持ちです。戦争というより、死そのものがぼんやりしてしまっている現代はむしろ戦争当時の空気に近いところがあるのではないかと感じました。もちろん戦時中でも現代でも、一所懸命に生きる方が多いのだろうとは思いますが、生きる目的がぼやけているような、何を求めれば良いのか分からないまま生きている人たちも多いのではないだろうかと思います。（一九八六年生まれ、当時大学二年）

変わり続ける街の中で、何を歴史として残すかということを考えさせられました。また、今、私は大学で作品を作っています。基地跡地をどうしようかも話し合っています。この行動がどう評価されるのか、それとも忘れ去られるのか、未来の誰かが歴史をまとめる時に決まるのでしょうね。そんな訳で、今作られている歴史って何なんだろうか？　と考えさせられました。（一九八六年生まれ、当時芸術大学二年）

地域の底力を感じさせる発言であった。卒業生達が、自ら育った朝霞を原点に、日本、世界、地球のことをそして平和について考えていてくれたことは嬉しい限りである。地域で教員と子どもたちが共に学びあうことは、人間の主体性を確立していくことにつながっていくことがわかった。そのことは同時に、地域社会で個人が相互に尊重しあい、支え励ましあい、助け合うという共同・連帯関係についても学ぶことになるのであろう。

**注**

＊1…中條克俊『中学生たちの風船爆弾』さきたま出版会、一九九五年、参照。
＊2…中條克俊『君たちに伝えたい朝霞、そこは基地の街だった。』梨の木舎、二〇〇六年、参照。

# 在日朝鮮人一世の生業と夜間中学
## ―「ひのき縄」の仕事と記憶を想起する学び―

福島俊弘

## 1 はじめに

「ひのき縄」は、マキハダとも言う。檜の木の皮を加工して縄状に綯《な》い、主に木造船の防水詰具として使われた。本稿は、「ひのき縄」の仕事と、この仕事を生業とした奈良県桜井市における在日朝鮮人の暮らしを、夜間中学という学校での取り組みを通して明確化しようとするものである。「ひのき縄」は、本来は「マキハダ」や「檜肌縄」などと表記すべきであるが、生産に携わってきた人たちが、「ヒノキナワ」と呼んできたことを尊重して使用した。

「ひのき縄」の先行研究として、広島については、大段徳行「造船業の木江町（大崎上島）」（『地理』一九巻一二号　一九七四年）や『瀬戸内の漁船・廻船と船大工調査報告』瀬戸内海歴史民俗資料館　一九八七年に織野英史「マキハダ職人と釘鍛冶」がある。桜井については、横山浩子「マキハダ―県内における桧皮繊維利用の一例―」(『民俗博物館だより』八五、奈良県立民俗博物館　二〇〇一年)や櫻井町『櫻井町史』一九五四年がある。しかし、本稿は「ひのき縄」の縄綯い作業をしてきた実際にしてきた人たちの記憶をもとにしているところに特徴があろう。

## 1 夜間中学

夜間中学は、子どもの頃に仕事や貧困差別などによって教育を保障されなかった人が、教育を取り戻す場である。公立の夜間中学は全国に八都府県三五校しかないが、奈良県には三校の公立と三つの自主夜間中学がある。天理の夜間中学は、一九七九年に市民ボランティアによって運営される自主夜間中学ができ、二年後の一九八一年に公立化された。在籍生徒数は五九名であるが、九割が女性で、年齢は一〇代後半から八〇代と年齢幅は大変広い。高齢の生徒さんは在日朝鮮人一世で、現在九名在籍している。天理市内だけでなく周辺市町村から通学していて、国籍は、日本、中国、朝鮮、韓国、ベトナム、タイ、ペルーと多彩である(二〇〇九年一月現在)。学校に全く行ったことのない人は、「あいうえお」から学ぶことになる。

夜間中学は、人生の終わりのころに行われることにもなり、人生のはじめに行われる子どもたちに対する学校教育とは少し異なる目的もある。夜間中学生自身が、生きてきた時代を見つめ直し、子や孫にはどんな時代を生きてほしいかを学び取るということである。

## 2 学びの一方法としての記憶想起

夜間中学生が持っている過去の出来事に関する記憶はよい。読み書きに不自由してきた夜間中学生は、自身が持つ記憶力で人生をカバーしてきたとも言える。夜間中学で私は、その優れた記憶の蓄積を丁寧に引き出すことで、人生を振り返る学び（記憶を想起する学び）を作り出そうとしてきた。

夜間中学生の中でも、ここでは朝鮮人一世のハルモニ（おばあさん）に焦点を当てている。一世の人たちは、朝鮮が植民地にされることによって日本に渡ることになる。教育の世界とはほとんど無縁で、鉛筆を一度も握ったことのない人が少なからずいる。戦時中も戦後も暗くきつい仕事と暮らしの中にあって生きてきた意味を見いだせずにきた人も多い。

そんな在日一世が生業としてきた、「きたない」「しんどい」「低賃金」の仕事の意味や仕組みを知り、その上で、歴史や文化を考えることは夜間中学の学びの大切な部分である。

## 3 「ひのき縄」産業

木材は、さまざまな用途で私たちの暮らしと共にあった。とりわけ、建築物や家具・道具など什器、また燃料などと、身の回りを支えてきた。しかし、近年のプラスチック製品や金属加工した製品が出回り、木材の出番が少なくなってきているのも事実である。「ひのき縄」も例外ではなかった。木造船は、その材料が強化プラスチックに替えられていくことで生産が七〇年代以降激減している。国内に数か所あった産地では、六〇年代から九〇年にかけて次々と廃業に追い込まれていった。そして、最後まで残っていた桜井の工場も、二〇〇六年に職人が亡くなったことで生産が終了した。

「ひのき縄」は、桜井の特色ある地場産業として存在していた。しかし、その存在に光が当てられてきたとは言えない。木材産業の「廃材利用」部分であるからなのか。木材から出る埃が舞うような労働環境が悪いことからなのか。在日朝鮮人が担った仕事であったからなのか。いずれの理由からにせよ、文献、資料ともに数少なく、記録されていない産業となっている。

## 2 「ひのき縄」をするまでの暮らし

「ひのき縄」を生活の糧とした在日朝鮮人がこの仕事に就くまでの生活を、夜間中学生である朴さんの歴史を通して見ておく。

### 1 朝鮮での暮らし

朴尚任《パクサンイム》さんは、一九一九年朝鮮の慶尚南道陜川《ハプチョン》に生まれた後、両親と一緒に慶尚北道玄風《ヒョムプン》に引越しして、二一歳まで暮らしている。玄風は大邱《テグ》の南方二〇キロメートルの地にあり、人口一万七〇〇〇人（一九三七年当時）の小都市である。朴さんは、七〇年前のこの地域の様子を思い起こして地図に表した。

地図を概観しておこう。町の東西に洛東江の支流の玄風川が流れ、その川に大邱から海沿いの馬山《マサン》へ通ずる道が交わっていて玄風橋が架かる。この地図には、学校や店、警察署、専売局、銀行、米屋、飲み屋、銭湯が書かれている。店の名前には記憶に残っている日本人の名前が添えられている。例えば、「はやしせいまいしょう（林精米所）」「ぐすりやばんどさん（薬屋坂東？さん）」「うっ덕천（上の徳川？）」「あれ덕천（下の徳川？）」などという具合である。日本植民地時代の暮らしが地図を見る者の脳裏に浮かんでくる。

私は、この地図を片手に現地を歩いた。玄風橋の袂には朴さんの地図の警察の位置に交番があった。七〇年前から交通の要所であるこの位置に「警察」が変わらずにあることになる。当時、玄風川に架かる橋は玄風橋一つしかなかったが、今は数本の橋が架かる。コンクリート製の建物も少なからず見える。また、朴さんの地図には（朝鮮人）学校が書かれている。橋から堤防に沿って上流へ歩いて、一区画北に入ったところだ。今の小学校もそっくりそのままの場所に建てられていた。他にもこういった例はたくさんあるのだが、驚くのは、朴さんの記憶力である。記憶の中に鮮明に刻み込まれた一九三〇年代の町を地図に描き、第三者である私が追体験できるほど「正確」な記憶に敬服する。

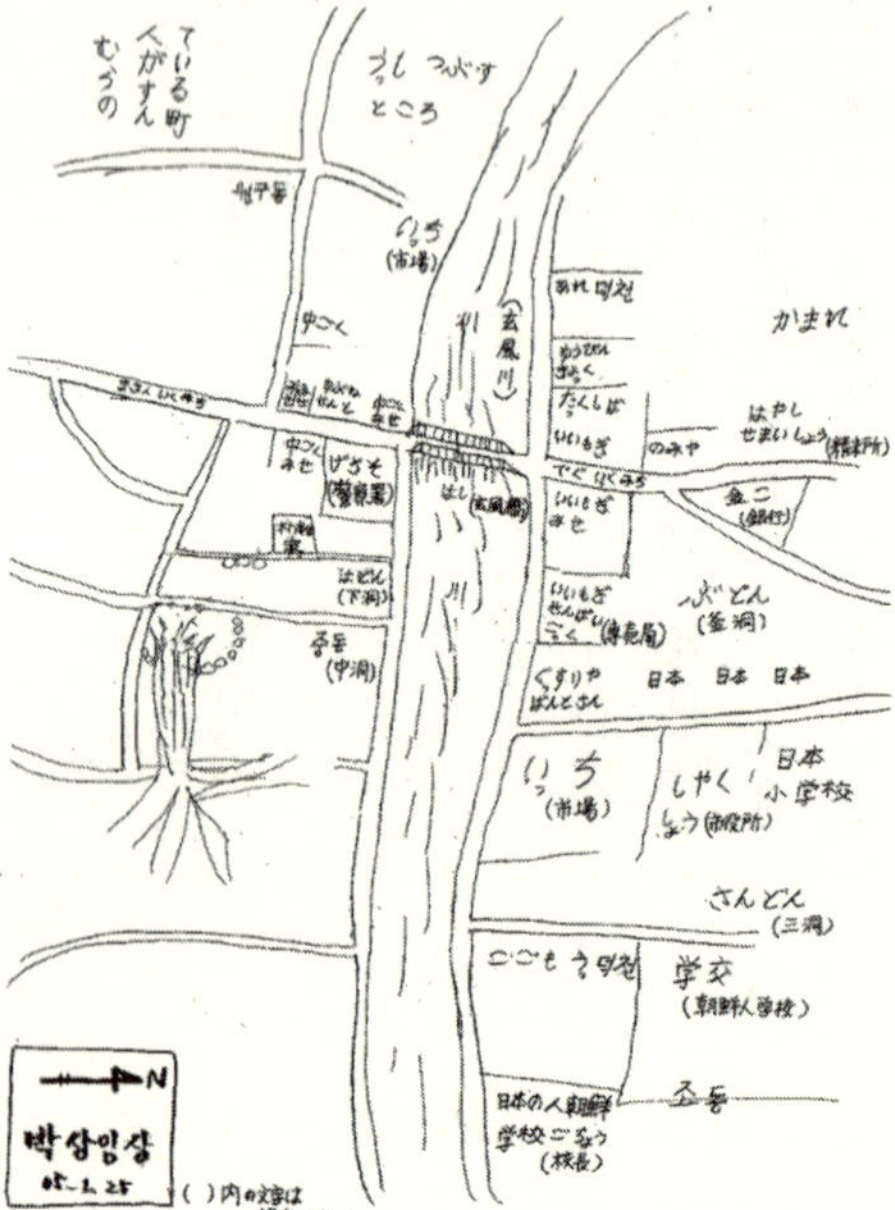

朴肖任さんのふるさと地図

## 2 渡日後の暮らし

朴尚任さんは、一九四一年に二一歳の時、夫が暮らしていた日本に住むことになる。朴さんは、皇国臣民化の教育を近所の人から受け、日本人として生活を始める。「障子をあける時は、膝をついて両手で開ける」「お茶を飲む時は、左手に茶碗をのせて右手は茶碗に添えて飲む」「歩く時は、つま先の先にもう一方の足を真直ぐに持って行き、一直線に進む」など、具体的に日本文化を教えられている。一九四五年八月一五日の「玉音放送」を聞いた時は、「六軒の（朝鮮人の）人が一けんの家にあつまって、みんな頭をさげてなやみました」と言い、「このときは、私たち朝鮮人も日本人になりきっていました」（全国夜間中学校研究会 二〇〇五年）と、心の中まで日本人になっている様子が明確に述べられている。その後、数年して桜井に転居して「ひのき縄」の仕事をすることになる。

## 3 作文にみる「ひのき縄」仕事の実際

天理の夜間中学で学ぶ一世の夜間中学生は、そのほとんどが「ひのき縄」の仕事をしてきている。子どもも含めた家族全員でこの仕事をしていた。夫は、皮を剥いだり叩いたりする力仕事を担当し、妻や子どもは縄綯いなどの軽労働を扱うという形をとっている。しかし、分担はそんなにきっちりとなされているわけでもない。女性も「男仕事」をしないわけにはいかない状況は多々あった、という。低賃金である状況は、長時間労働をすることで一定の水準を保っていたようだ。

それでは、学校で書かれた作文を通して、具体的に見ていこう。

## 1 川の流れとともに

まずは、縄綯いをしながら子育てをした一九二八年慶尚南道生まれの鄭さん。「いやな仕事だったので、とんなくろうしても（どんな苦労しても）、子どもにはこの仕事はさせたくありませんでした」と語る。

川の流れとともに　鄭真任《チョンチンニム》〔『はらから』一一号　一九九一年〕

私の人生は、初瀬川の水のながれといっしょにねおきしたようなものです。
むかしは川のはばがせまいので、雨がふると水があふれてくるので、ひのきなわの仕事だったので、かわをむいて川原にほします。このひのきなわというのは、ふねのそこのすきまにつめるなわのことです。せいざいしょでひのきなわのかわをむいて包丁でけずって一週間くらいほして水につけます。天気の日は、一日でかわきます。むろ（室）にひっこ（おが屑）をいれて火をおこして、かわをやいてきかいでうちます。それから手であみます。これでしあがりです。ほこりのきつい仕事なので、体のすみまでほこりがしみこんでまっかになるので、毎日ふろにはいらないとへやにあがることができません。

夜に雨がふると、かわを川の水につけてあるので心配でねられません。夜中に川の水をながめながら、いったりきたりで、夜があけるときがたびたびありました。

冬のさむいときは、川の水のつめたさに手足がしびれて、ゆびがいごかない（動かない）ときもありました。かわのたばを三十そくも四十そくも堤防まで肩にかついではこびました。一まいずつほしたりとったりするのに何十かいこしをまげたかわかりません。

とくに夏は、夕立の雨がふるときは、川につけたしなものがながれてしまいました。脂汗をながした品物をながした水をながめながら、なさけなくて、私も水にながれたいと思うこともありました。雨はふるし子どもは背中でぴいぴいなくし、品物は雨でながれるし、私も雨まじりのなみだがおちるときもありました。川原におちるなみだの足あとをおもいだしながら、わらいながら話ができるときがくると思いながら、生きてきました。

いやな仕事だったので、とんなくろうしても、子ともにはこの仕事はさせたくありませんでし

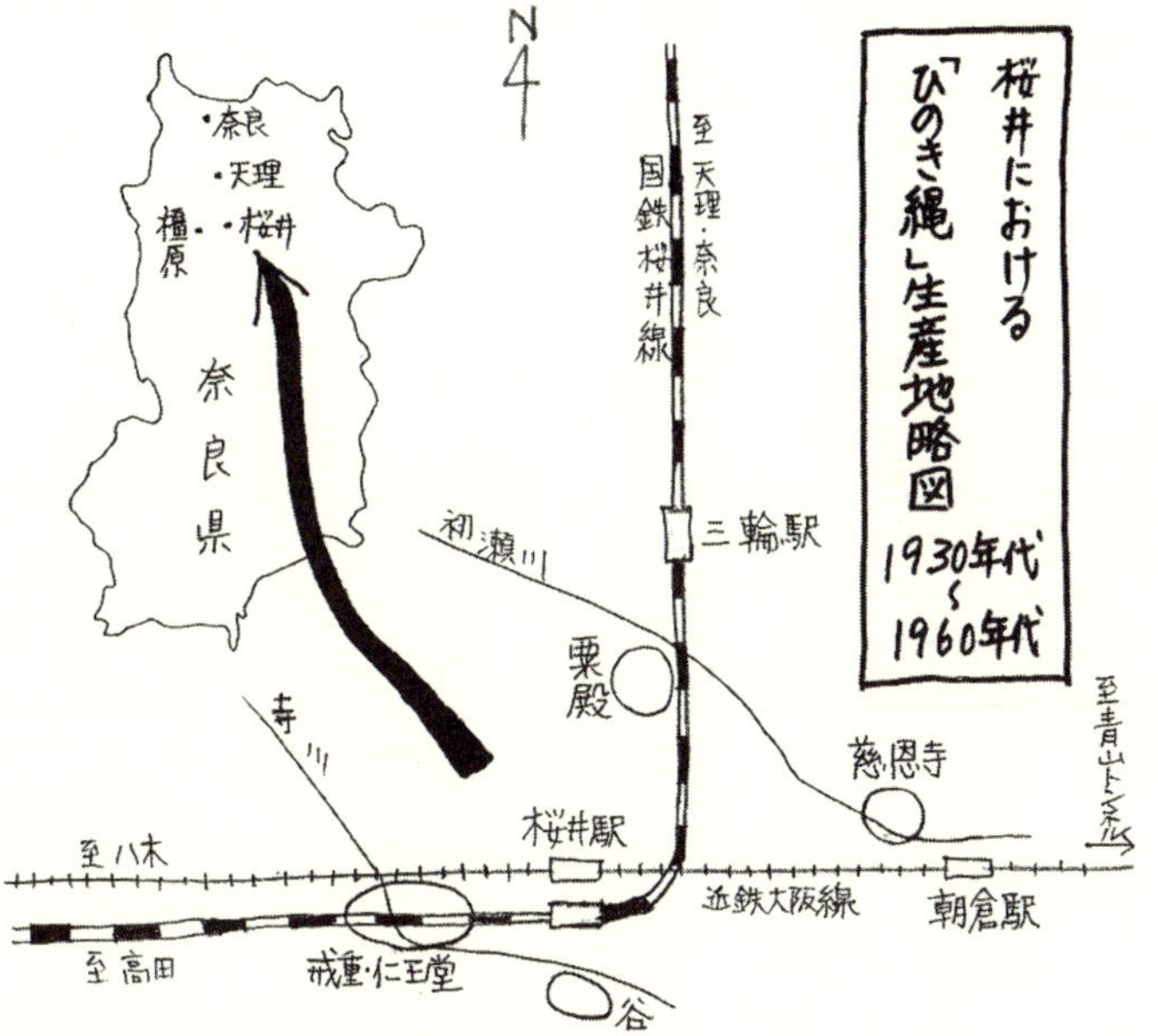

た。大雨がふるときは、私は水の中をはしりながらかわをひらいあつめました。ときどき水をながめながら、なみだをなしながら、何十年もいながら、堤防にすわりこんで、空をみあげて、私の古里が心のささえでした。

## 2 朝鮮から日本に来て

次に、息子に修学旅行にレインコートを持って行かせるために寝る間を惜しんで仕事をした、一九一九年慶尚南道生まれの姜さんの話。どんな苦労も苦労と思わないで我が子のために働きぬいた、一世の姿がわかる作文だ。

朝鮮から日本に来て　姜必善《カンピルソン》〔『はらから』一〇号　一九九〇年〕

（前略）仙台へそかいして、また名古屋にうつって、せんそうがおわりました。それから、桜井に来ました。夫は仕事をしようと思っても、日本の国の人とちがう、朝鮮人やから、ゆうて、仕事をさせてくれませんでした。私はひのきなわの工場へ三日間作り方をならいに行きました。そのあと、自分でやりはじめました。品物を作ったら、こうてくれる人がありました。でも、お金は、しゅうとめさんが全ぶひきとって、買い物もするので、私は仕事するだけで、お金の顔もみられませんでした。

長男が中学三年になると、しゅうとめさんと夫は、「高校へ行かすことといらん。」と、言いましたが、私は自分が字を知らんので、せめて高校だけは行かさんなんと思って、行かせました。

長男が、高校三年のしゅう学りょ行の時、みんなレインコートをきて行きました。私は、レインコートを作ってやりたいけど、お金は全ぶしゅうとめさんがもっています。私は、近所の人に、「うちの子にレインコート一つようきせんの、私つらいですわ。」と、ゆうと、「ふく作るとこで、心やすいとこ知ってるから、月ぷにしてくれるように話したるから行こ。」と、ゆうてくれました。そして、あつらえたら、六千五百円でした。毎月、五百円ずつはらうことにしました。どうしたらいいか考えて、しゅうとめさんに「昼はたらいた分はいいから、夜九時まわってはたらいた分は、私にください。」と、ゆうたら「そうしたろ。」と、ゆうてくれました。ところが、下の子どもがつぎつぎねつを出したりすると、仕事ができないし、毎月五百円作るのは、ものすごくしんどかったです。それでも、長男は、そのレインコートをきて、よろこんで東京へ行きました。私は、それを見たら、なみだが出てとまりませんでした。長男は、東京から、「おかあさんのおかげで、友だちといっしょにここにこられました。」と、ゆうて、手紙しなくてもいいのにくれました。（後略）

# 4 「ひのき縄」を概観する

## 1 名称

「まきはだ」・「まきはだ縄」・「ひのき縄」・「ひのき肌縄」など、呼び方は地域地域によって異なっている。ひかわ（青森）、ひわだ（輪島）、ひなわ、まきなわ（高野山）、まきな（三重県気勢町）などと表現している地域もある。

## 2 使用方法　琵琶湖『丸子船』船大工　松井三四郎さんの作業（二〇〇二年三月）

松井三四郎さん（一九一三～二〇〇六年）は、竹で自作した「さきやり」や「やとこ」を使用した。「さきやり」は、長さ三七センチメートル、幅三・五センチメートル、竹の肉厚一・八センチメートルの長方形である。先端が半円よりほんの少しだけ先細の丸みを帯びている。そして、板の隙間に口を開けやすいように鋭く尖っている。広辞苑で「さきやり」と引くと「先槍」という漢字が当てられ、「槍を持って先頭に立つ者」とある。まさに、「ひのき縄」を打ち込む準備をする仕事をする道具になっている。「やとこ」は、幅や肉厚は「さきやり」と同じで、長さが半分以下の長さ一五センチメートルと小ぶりだ。先端は、ほんの僅かに鋭角に切り落とされている。

ひのき縄を詰め込む作業をみてみる。この場合は、丸小船の船の底部分を修復する作業の一部である。底板の継ぎ目に沿う形で立膝の姿勢になる。左手の前に「さきやり」の先端を当てる。やりを上方向に引きあげて隙間をこじ開ける。すばやく、斜め三〇度に戻して同じ作業をしていく。一秒間に一サイクルくらいのテンポよい速さで二〜三ミリメートルの隙間が開けられていく。「さきやり」の竹と船板のすれる音がキーコキーコと小気味よく聞こえる。時々、てんぷらの廃油をしみ込ませた布が入っている缶の中にさきやりを入れて、滑りを良くする。

このあと、「やとこ」でひのき縄を詰める作業に移る。口が開いた板の間にひのき縄を打ち込むのだが、まず、直径二センチメートルくらいの縄を隙間の大きさに合わせて細くほぐす。それを、今度はヤトクといわれる切り出しナイフ状のもので四層くらい詰込む。

## 3 製造過程

作業工程を『櫻井町史』（一九五四年）にみておく。「①長さ三尺余の檜皮のあら皮をそぎとる。②広場に広げ水、雨であくをぬく。③蒸釜に入れて三十分程蒸す。④相当に乾いたのを七、八枚重ねてたたく。⑤柔軟になったものを適当にしめして一夜をおく。」「このようにしたものを三〜四分の太さに綯い七・五巻（約一〇匁）を一くくりとし、二〇巻集めて一把（二二〇匁）とし、四〜五〇把を一箇にまとめて菰巻する。」

①…ひのき縄づくりの作業小屋。1960年代
②…上：檜の皮　中：内皮（檜皮の外皮を剥いだ部分）　下：ひのき縄
③…ひのき皮を電車堤に並べて乾燥する。かたわらで遊ぶ子どもたち
④…室に内皮を数枚並べて蒸す
⑤…内皮を数枚重ねて機械で叩く
⑥…縄状にする

## 4 生産地

現在までに産地として著者が確認しているところは、北から青森市（ヒバ）・輪島市（アスナロ）・金沢市（アスナロ）・岐阜県七宗村（檜）・伊勢市（檜）・尾鷲市（檜）・桜井市（檜）・和歌山県高野町（高野槇・檜）・広島県大崎上島（檜）の九か所である。括弧内の樹木名は「ひのき縄」の材料にする樹種。他にも、岐阜市など業者等が未確認の場所や小規模の産地も数か所ある。

### a 広島県大崎上島

日本における「ひのき縄」の最大の産地は、広島県大崎上島である。江戸時代から始められ、全国の七割を生産したという。瀬戸内海にあって造船業が盛んな島である。マキハダ船という名の船で「ひのき縄」をはじめ、船道具類の販売を瀬戸内を拠点に行っていた。船が最盛期には三〇〜四〇隻もあり、「ひのき縄」を綯う仕事をする綯い子が一〇〇〇人もいたという。檜皮は、岐阜や桜井から貨車で購入している。一九五二年には「槇肌元祖記念碑」を建立し、一九六〇年には、三二業者で「広島県まきはだ協同組合」を設立した。木江町ふれあい郷土資料館開館には、「ひのき縄」の展示がされている。

### b 和歌山県高野町

和歌山県の高野山摩尼地区（西ヶ峰・南・林）では、高野槇の木の皮を材料にして、一九七〇年ころまで生産されていた。高野槙で作られているのは、文字通りまきはだである。地元では「まきなわ」とよんでいる。

二〇〇七年秋に、現地の上岡幾子さんに高野槙の皮を使って「ひのき縄」綯いの再現をしていただいた。「ひのき縄」を綯っていた生徒さん二人も現地に同行し、その作業を見守った。三五年ぶりという仕事であるが、その長い隔たりを感じさせることのないスムーズな手さばきは、見事であった。同行した二人は、「ひのき縄」づくりの記憶と感触とは微妙に違うこの作業に見入るとともに、自分たちがしてきた「ひのき縄」作業を思い起こしていた。

高野山で、「まきなわ」づくりを35年ぶりに再現した

## C 韓国慶尚南道南海

韓国にも戦後桜井から帰国した人たちが、釜山の前島である影島で工場を作り、しばらくの間生産していたという証言を聞いている。実際に影島へ調査に行っているが、確認はできなかった。

韓国慶尚南道南海の海辺の町で一軒だけ生産を続けている。「ナメ（南海）テックル」という名の工場で、テックルというのは「ひのき縄」の意味である。韓国では原材料になる檜の木が取れないので、ここの檜皮は桜井からの輸入品である。地元では、「マキハタ」という言葉で理解できるようだ。それほど、この地域で生産がなされていたということである。また、日本との強い関連が言葉に表れている。

# 5 桜井の「ひのき縄」を振り返る

## 1 歴史概略

『桜井木材業史』（一九七三年）をもとにして、桜井での「ひのき縄」歴史をみておく。『『ひのき縄』は、三〇〇年ほど前に丹波の国でつくり始められ」、一九一五年頃に、「谷の西峯氏が桧縄の生産を桜井に伝える」。一九三〇年には、七、八軒であったのが、一九三五年には、製造業者数は五七、その従業員数は二五〇名に達」している。

戦後、一九六〇年代までは需要があったが、木造船が強化プラスチック船に替わることにより、需要が激減する。そして、二〇〇六年には国内で最後まで残っていた工場もなくなり、日本国内では製造されていない。

## 2 「ひのき縄」の始まり

『大和の展望』（一九三九年）では、当時の各種の産業が農業林業工業など産業別にあげられた後に、特産物として売薬、吉野木材、貝釦、蚊帳、大和西瓜、奈良墨など二五の産物の名があげられている。その一つに檜肌縄がある。

檜肌縄は明治初年磯城郡桜井町新谷末松が和歌山県伊都郡高野町にて、其の製法の伝

> 授を受け、製造を開始したが、幸にして原料の桧皮豊富なる関係上漸次普及せられ、現今其の産額に於て全国第一位を占め、造船上欠くべからざる材料となつた。明治十一年奈良県檜肌縄工業組合を設立し、益々発展の域に進みつゝある。

この記載に従えば、明治初年、つまり一八六八年から桜井のひのき縄製造がはじまったことになる。『櫻井町史』（一九五四年）によると、「製造のはじまりは約三百年前、丹波の国と伝えられている。後広島県大崎郡明石方面に於いて興隆を極めた。現在はその外に奈良、和歌山、岐阜でつくられている。四十年位前、谷の西峯氏が岐阜から桜井に伝えたとあるが、大正七年の職業調査には記録はない。」また、榊原貴士「瀬戸内の槙肌船」一九八八年には、福士章介さんの話として、「大正中期頃、高野山から移り住んだ樅ノ木さんという人が槙皮作りの技術を生かし、檜の皮を用いて始めた。」としている。「ひのき縄」の始まりがいつ、どのようなかたちであったのか、また、桜井へは誰が伝えたのかは、文献によって違いが見られて確定しにくくなっている。

## 3 戦時中の新聞記事から

次に引く大阪朝日新聞の火事の記事にあるように、「檜肌縄製造第二工場付近は檜肌縄街といわれるほど住宅や工場が密集している」と、この地域を「檜肌縄街」と表現している。また「着のみ着のままで避難した罹災者はいづれも半島人《ママ》で六十余名におよび」と、朝鮮人の存在を明確にしている。

一九四一・五・二九　工場二棟住宅十一戸　城島村の工場火事　夕刊紙既報＝二十八日午前二時ごろ福土治三郎氏所有の磯城郡城島村大字戒重、檜肌縄製造第二工場から出た火は深夜の出来事でもあり可燃性資材が工場内に山積してあつたのでたちまち燃え広がつてしまつてまたたく間に同工場二棟（建坪六十坪）をなめ尽し、更に棟続きの半島人の住宅に燃え移り……消火に務めた結果前記工場二棟のほか住宅十一戸及び工場内にあつた檜肌縄原料、製品を多数焼失して同三時三十分漸く鎮火した　着のみ着のまま　罹災者は半島人　檜肌縄製造第二工場付近は檜肌縄街といわれるほど住宅や工場が密集している、……罹災者はいづれも半島人で六十余名におよび……

## 4　戦後すぐの二つの会社

戦後の『奈良県商工名鑑』（社団法人奈良県商工會議所、一九四八年刊）によると、同書磯城郡編には福土治三郎商店と大谷産業株式会社の二社が掲載されている。戒重の福土治三郎商店は、個人ノ部に、その扱い品目として「檜肌縄、杉皮、ヒワダ、打皮」が挙げられている。また、櫻井の大谷産業株式会社は、会社ノ部に「カルタ製造、檜肌縄」と書かれている。この名鑑には、福土商店の広告が掲載されている。事業品目を造船用檜肌縄（まきはだ）・打皮・ヒワダ・杉皮とし、錦印檜肌縄製造元と名乗っている。

戦後の早い時期には、この二事業所が桜井のひのき縄産業を牽引していたといってよいであろう。その後、戦後復興のつち音が大きくなり、造船業も回復基調に入ることによってひのき縄産業は右肩上がりの増産の道を確固としていく。

## 5 「ひのき縄」工場の分布

「ひのき縄」工場の実態を乾燥室《むろ》の分布で概観してみようと、生徒さんの協力を得て地図に記入してみた。乾燥用の室は、縦約一七〇センチメートル、横約二〇〇センチメートルで、工場内の一画に地面を数十センチメートル掘り込まれて作られている。おがくずを燃料として檜皮を数枚ずつ並べて乾燥させる。乾燥加減が品質を左右するので経験がものを言う。室の火が元になる火事が多くて注意を要したという。

戦時中から戦後の最盛期で最大分布ということになるが、仁王堂・戒重地域には三二カ所、粟殿地域には一五カ所の室が確認できた。一つの工場に二つの室を持つ所もあり、規模の大きさが分かる。工場の分布は、寺川や初瀬川の近辺に集中しており、この仕事が水と深く関わることが実感できる。水は、生徒さんの作文にもあるように、皮の灰汁抜き作業上必要である。

今は埋め立てられて住宅地になっているが、大きな溜池が重要な「灰汁抜き」の場所であることも同時に確認できた。また、共同井戸や共同風呂の位置も確認した。共同風呂は、埃多い仕事であるこの仕事にとって欠くことのできない場所で、特別に作られている。

## 6 電話帳（一九七四年）からみる実態

『奈良県五〇音別電話帳』（日本電信電話公社、一九七四年三月二〇日刊）の「桜井市」で当時の状況を読み取ってみる。この作業にも地元の一世に加わってもらった。名前を読み上げると、「この人は日本人で、次の人は朝鮮人」「この人は、だれそれの長女の嫁ぎ先」「この人は、韓国へ帰って死んだ」などなどと、詳しく説明してくれた。

仕事として「ひのき縄」が記載されているのは二五軒である。表記は、「桧肌縄」一二軒・「マキハダ（平仮名の「まきはだ」含む）」一〇軒・「桧縄」二軒・桧肌一軒である。

地域別でみると、粟殿六軒・戒重仁王堂六軒・谷四軒・慈恩寺三軒・その他六軒となる。そのうち、粟殿五軒・戒重仁王堂四軒・谷三軒・慈恩寺三軒は、朝鮮人である。その他六軒の状況は不明である。つまり、「その他」の六軒を含めた二五軒のうち一五軒が在日朝鮮人と言うことになる。六割である。

ただし、電話帳から見ているので不正確ではある。すべての家庭が電話を架設しているわけではないし、職業を記載している家庭も半数を切っている。しかしながら、一万四千数百件の記載のうち、二五軒が「ひのき縄」の仕事を職業として明示しているのである。

## 6 まとめ—自分史を歩き直す

在日朝鮮人一世は、多くが八〇歳代に入っている。渡日して七〇年を超えた人も多い。戦時中より戦後の暮らしのほうがむしろ苦しかった、といわれる。そんな頸木を知恵と独特の工夫で乗り越えてきた。しかし、学べなかった人たちには、日本語の読み書きが十分にできないという苦しみが追い打ちをかけてきた。その上、日本での暮らしが長くなるにつれて、そこここに朝鮮民族としての文化を残しつつも、家族の生活状況は日本式に限りなく近づく。日本で生まれた子どもや孫が日本人に「帰化」する事例も少なからずある。「(一世である)私だけが朝鮮・韓国籍だ」と悲しそうに語るのをよく聞く。

そんな中にあって、「ひのき縄」という切り口を通して在日一世の閉ざされていた歴史と生活を生徒さんと教員が共同で明らかにしてきた。それは、この仕事が桜井の財産であったということだけでなく、日本の産業を支えたという事実である。

二〇〇四年の三月から六月に開催された、国立民族学博物館特別展『多みんぞくニッポン』に「ひのき縄」道具類数十点が展示されて注目された。また、二〇〇四年九月にそれまで集めてきた資料や写真・道具類を整理して、夜間中学の廊下に展示コーナーを作って常設展示を始めた。解説パネル一〇枚、道具類四〇点、写真二〇枚などを公開するなど、「ひのき縄」を誇りうる展示物とした。

そういった効果もあったのか、自分の孫から「ハルモニは、どこの学校に行ってたん」と聞かれた朴尚任さんは、次のように答えたという。「ハルモニはな、『ひのき縄』の学校に行っててん」と。「ひのき縄」の学校など実存しないが、孫に語った「ひのき縄」の学校という表現は、生活を支えてくれたこの仕事への感謝の気持があらわれている、とみておきたい。

趙渭済《チォウィヂェ》さんは、「先生が集めたり聞いたりしなかったら、忘れていたと思う。ひのき縄の仕事のことは振り返ったりすることはなかったし、思い出したくもなかった。そして、自分を見つめること、歴史を見つめることはしなかった。」と述べている。

姜必善さんは、次のように語っている。「作文も書きました。『朝鮮から日本に来て』『ヒノキ縄のしょうばい』『はかりの話』です。また、ヒノキ縄のことと学校の福島先生が調べられていて、二〇貫はかれるはかりや道具を贈りました。夜間中学に展示してあります。いまも学校通うのが楽しみなんです。」（姜尚中・小熊英二編　二〇〇八年）

先頃、二人のハルモニが言った言葉が耳から離れない。夜九時に授業が終わって手押し車を押して帰る時、「日本に来てよかったぁ」とニコリとして言った。また、ある集会に参加した後、「長生きしてよかった」とぽつりと言った。その言葉を聞いた時は、少々のとまどいを感じながらも、夜間中学の小さな取り組みが、社会や歴史に痛めつけられたハルモニを包む大切な時間と場

ひのき縄づくりの作業を終えて、1950年代

所に少しは成りえたのかと思えた。

## 参考文献

◉大段徳行……『造船業の木江町（大崎上島）』「地理」古今書院　一九巻一二号、一九七四年
◉織野英史……『瀬戸内の漁船・廻船と船大工調査報告』瀬戸内海歴史民俗資料館、一九八七年
◉川瀬俊治……『奈良・在日朝鮮人史』ブレーンセンター、一九八五年
◉姜必善……「朝鮮から日本に来て」、天理の夜間中学『はらから』一〇号、一九九〇年
◉姜尚中・小熊英二編……『在日一世の記憶』集英社新書、二〇〇八年
◉櫻井町……『櫻井町史』一九五四年
◉桜井木材協同組合……『桜井木材業史』一九七三年
◉榊原貴士……「瀬戸内の槙肌船」、『あるくみるきく』二五五号、一九八八年
◉週刊朝日編……『値段史年表』一九八八年
◉鄭真任……「川の流れとともに」、天理の夜間中学『はらから』一一号、一九九一年
◉奈良縣……『大和の展望』一九三九年
◉朴尚任……「私たち朝鮮人も日本人になりきっていました」、全国夜間中学校研究会『夜間中学生』東方出版、二〇〇五年
◉福島俊弘……「マキハダづくりを追って（上）（下）」、『民俗博物館だより』九九、一〇〇奈良県立民俗博物館、二〇〇七、二〇〇八年
◉横山浩子……「マキハダ―県内における桧皮繊維利用の一例―」、『民俗博物館だより』八五、奈良県立民俗博物館、二〇〇一年
◉奈良縣商工會議所『奈良縣商工名鑑』一九四八年
◉日本電信電話公社『奈良県五〇音別電話帳』一九七四年
◉福島俊弘編『新聞で読む奈良　戦時下・戦後の日本人と朝鮮人のくらし』二〇〇二年

# 近代地域社会の相克
## ―地租改正と入会の変容―

貝塚和実

## はじめに

地球温暖化の防止が人類全体の課題となっているもとで、環境問題を念頭においた学問研究が求められている。また、環境問題に果たす社会科教育の役割も大きい。環境問題は、社会科学に対して、「生産力の無限の発展」というシェーマからの転換を促し、「持続可能な発展」というテーマをクローズアップさせた。一方、戦後の歴史研究が前提としてきた発展段階論に対しては、すでに多くの疑問が出されているが、歴史の大きな流れをつかむ上では、それに代わる「グランド・セオリー」は登場していない。そのため、発展段階論は、いまなお歴史研究の理論的前提、歴史教育の暗黙の前提になっている。

ところで、発展段階論の重要なテーマの一つが近代化論であり、その中心に近代的土地所有権の成立をめぐる議論がある。近年、歴史研究において所有論が再びテーマとなっているが、それに対して東洋史家小谷汪之《ひろゆき》は、「私的土地所有の発展」というシェーマから歴史を描くことに疑問を投げかけている〔小谷汪之　二〇〇七年〕。この小谷の批判に応えることは、現在の歴史研究の大きな課題であり、発展段階論の正否にもつながっていくと思われる。

本稿は、このような問題関心のもとで、日本の近代化過程における私的土地所有権の問題を、「入会《いりあい》」を対象に考えようとするものである。歴史教育では、「入会」は高校日本史で、「惣村」と「地租改正」の項目で学習するが、軽く触れる程度であるし、国民の歴史意識では影の薄い存在である。他方、近年、諸学問で急速に研究が盛んになったコモンズ論や資源論では、注目を浴びているテーマである〔室田武・三俣学　二〇〇四年、など〕。共有資源およびその利用をめぐるコモンズ論や資源論の背景には、「有限な資源」という問題意識があり、入会はその共有資源に対する管理方法として見直されているのである。また、コモンズ論には「所有」よりも「利用」を重視する視点があり、従来の所有論に対する批判的観点がある。このような問題意識は、上記の歴史研究の課題に即応したものであるし、資源の共同管理・共同利用に着目することで、私的所有論の相対化ないしは再定置に有効な問題提起と理論的装置を提供している。

そこで、本稿は、それらの研究を念頭におきながら、地租改正という近代土地所有政策の変遷をたどり、さらに、資源管理組織としての入会集団の性格を考察する。具体的な研究対象とするのは、山梨県である。山梨県のほぼ全山を占める「旧小物成《こものなり》山林」三五万町歩のうち、地租改正によって民有地に編入されたのは、わずか三〇〇〇町歩あまりで、残りの九九パーセントは、地租改正とそれに続く官民有区分によって、官有地に編入された（『山梨県林政誌』）。そのもとで、全国でも「最強固の入会慣行」（『帝室林野局五十年史』）が存在しており、私的土地所有の導入と入会慣行のせめぎあいを最もよく示す事例である。

# 1 近代的土地所有と山林原野

近代の山林原野の基本的性格は、日本に私的土地所有権を導入した地租改正によって決定づけられた。本節では、林野改租の概観をおこなった上で、山梨県における官民有区分の経過をたどることにする。[*1]

## 1 林野改租の開始

地租改正の前提作業として、壬申地券の発行による所有権の確定が、一八七二年（明治五）に始まったが、山林原野に対しても、耕地同様に地券を交付することになった。すなわち、同年二月の「地所売買譲渡ニ付地券渡方規則」第九条で、「山林原野其他」の地所が売買譲渡された場合には、地券を渡すことが定められた（『法令全書』第七冊）。これによって、林野にも私的所有権が与えられることになったが、その後、地券の発行は、①江戸時代に高請《たかうけ》されていたか、あるいは、②売買が行なわれた事実が存在し、それが村役人によって公証されていることが地券発行の要件とされるようになったため、この規定では、近世において権利関係が不明確な山林原野には私的所有権が付与されない結果となる。

そこで、このような地券交付の要件を欠く「村持山林原野」や「村々入会山野」については、同年九月の「地券渡方規則」追加令（大蔵省達第一二六号）第三四条・三五条において、次のような規定がなされた（同前書）。第三四条は村持山林原野についての規定であり、村持ちの山林原野について、地価が決定できるところは決定し、決定できないところは「公有地」とし地券を発行する。第三五条が入会についての規定であり、数か村の入会地（村々入会地）についても地価が決定できないであろうから、入会村々の「公有地」と定め、地券を発行する。これにより、江戸時代に高請や売買が証明できない山林原野にも地券が発行されることになった。

## 2 無制限林野払下政策

地券交付と並行して、明治政府は、林野を無制限に払下げる政策を打ち出した。政府は早くから、「荒蕪《こうぶ》不毛の地」に対しては、民間に払下げることによって開墾を進める政策をとり、一八七〇年（明治三）九月には「土地開墾規則」を出し、翌年、開墾局を設置して全国開墾適地の調査を実施した。この政策は、資力のあるものによる生産力の発展を期するとともに、士族授産の意味合いもあったとされる（福島正夫　一九六二年、五二一ページ）。さらに、二年後、大蔵省達第七六号によって「是迄官林ト唱、伐木差留有之候山林都《すべ》テ御払下」（『同前史料』）に取り計らうべしという「破天荒な」（同前書　五二三ページ）法令が発令された。この法令には、「旧来の利用慣行を一切無視して、完全な（独占的排他的な）私的土地所有権を打ち立てようとする政府の意図」が見られる（丹羽邦男　一九八七年、二〇二ページ）。例えば、第四条では「年々下草永等上納致シ来候場所ハ其年ヨリ相廃シ」（『同前史料』）とされ、旧来の入会や山稼ぎ解体の方向が打ち出されたのである。結局、このような強引な無制限林野払下政策は、一八七三年（明治六）に廃止されることになったが、私的土地所有権の創設という明治政府の基本方針は以後の林野政策でも貫かれた。

## 3 地租改正

地租改正実施に際して、土地区分の基準となったのが、一八七三年三月に発令された「地所名称区別布告」（太政官布告一一四号）と、翌年一一月の「地所名称区別布告改正」（太政官布告一二〇号）である。「地所名称区別布告」では、全国の土地を、①皇宮地・神地、②官庁地・官用地、③官有地・公有地、④私有地、⑤除税地に分類し、さらに同改正では、公有地を廃止して一部を官有地（四種）に、残りを民有地（三種）に編入することにした。このうち、民有地の第一種が私有地である。本稿で問題とする山野は、官有地第三種の「山岳丘陵林藪原野」と、民有地第二種の「一人民数人或ハ数村所有ノ確証アル…牧場秣場」に分かれていることに注意したいが、とにかく、この区分によって、政府による官有地と民有地の定義（「官民有区分」）が確定した。

この区分にもとづいて地租改正作業が実施されたが、山野改租は耕地の改租よりも遅れ、一八七六年（明治九）後半から、地域によっては七八年から七九年に着手されることになった。山林原野の改租は、耕地改租と異なり、租税の確保を主目的とはしていない。改正による山野の地租額は、耕地の約一・五パーセントに過ぎない。[*2] 山林原野の改正の中心課題は、官有地に編入するか民有地に編入するかという所有権の確定作業（官民有区分事業）にあった。その場合の基本方針は、山林原野に対する従来の諸権利を無視して、広大な「未開拓地」を官有地に編入することであり、そのことによって富国強兵・殖産興業策を推進することにあった。福島正夫は、それを「強烈な本源的蓄積の過程」とし、それにより「大規模な土地処分」がおこなわれたとする（福島前掲書　五六九ページ）。以下ではこの過程を山梨県を例に述べていくことにする。[*3]

## 4 山梨県の地租改正と林野政策

一七二四年（享保九）以降幕領支配となった甲斐国全域は、一八七一年（明治四）一一月に山梨県の管轄となった。本県の、官民有区分事業を含む地租改正は、七三年（明治六）八月から始まり、八一年（明治一四）末に、山林原野のうち、争論などにより官民有区分を決定できない未定地を除いて終了した（『近代林野制度資料集』資料一六八）。この事業を一貫して進めたのが、大小切騒動で免官となった土肥実匡《さねまさ》県令の後任として、七三年一月に着任した熊本藩士出身の藤村紫朗《しろう》権県令（のち県令・県知事）だった（『山梨県史　通史編5』）。

## 林野改租の開始

山梨県の地租改正の過程で、最も問題となったのは、入会林野の帰属である。一八七五年（明治八）二月、山梨県は、県下の「山林原野小物成地」の官民有区分の見込みについて内務省に上申した。それによれば、第一条で、「地所名称区別改正」にもとづき、①検地帳に記載がなくても、山論をきっかけとする裁許状によってその村が山野を「進退」していると認められるとき、②「小物成米金割合帳」があり、地所の「進退」をしている場合には、その帳簿を証拠として「民有地第一種」に編入する見込みであること。また、数村または、一か村の秣場は、第一条の判断と同様にして「民有地第二種」に編入する見込みであることなどを述べた（『近代林野制度資料集』資料三五）。内務省は①の裁許状について、「進退」の文字だけでは判断できないので、今後個別に上申することを求めたが、それ以外は「伺之通」とした。

## 官有地化の推進

ところが、山梨県の方針は地租改正事務局の方針転換によって、一八〇度転換することになった。地租改正事務局は、一八七五年（明治八）六月の「地租改正事務局達乙第三号」によって、入会地については、「仮令簿冊ニ明記無之候共、慣行ヲ以民有ノ確証ト視認シ是ヲ民有地ニ編入」するようにと命じ、入会地民有化の方向を進めるかのように思われた（『法令全書』第一〇冊）。だが、同年一二月、「地租改正事務局達乙第一一号」で、「乙第三号」は、「従来之成跡上ニ於テ所有スヘキ道理アルモノヲ民有ト」定めるべきであって、冥加永などの小物成を上納してきた慣習だけでは「民有ノ証トハ難見認」と解釈を加え、入会地民有化の方針を後退させたのである〔同前史料〕。さらに、翌年一月の「派出官員心得書」〔地租改正事務局別報第一一号達〕では、官民有区分の基準を次のように定めた〔『近代林野制度資料集』資料五〇〕。

①官林帳に記載されている場合は、「民有地第二種」に編入する。②従来、秣永・山永・下草銭・冥加永等を納めてきていても、「培栽ノ労費」なく、「自然生ノ草木」を伐採・採取してきていただけの場合は、官有地と定める。③幕府の裁許状があっても、②の如き場合は官有地とする、などである。

これを踏まえて山梨県は、以後、「乙第一一号」・「派出官員心得書」を基準として、官民有区分調査を進めた。その結果、山林原野のほとんどが「官有地第三種」に組み入れられることになった。このような官有地化方針に対して、県下では、調査の結果、小物成場である山野は官有地に帰着し、樹木の伐採ができなくなるとの噂が広がり、勝手に立木が伐採された。これに対して藤村県令は、一八七九年〔明治一二〕、たとえ調査の上官有地になったとしても、旧慣がある場合には、「詮議ノ上従前通」伐採を許可するはずなので心得違いをしないようにと諭した。しかし、一方、この調査の期間中は、調査の障害になるので一切の立木の伐採を禁止するという処置に出たのである〔『近代林野制度資料集』資料九三〕。これは、かえって濫伐を助長することになった。

## 官有地化方針の特徴と払下げ政策

山梨県と藤村県令が山林原野の官有地化を進めた理由については、次のように考えるべきであろう。まず、県令藤村や官員は政府の方針に忠実な能吏であったということである。一八七五年（明治八）の時点では、当時の政府の方針に従い、山林原野の民有化を図った。その後、政府の方針が変わると、従来の調査を破棄して官有地化を積極的に進めた。また、県の改租事業は、常に政府とコンタクトをとりつつ進められている。[*4] 山梨県の政策は、「私的所有権はいかにあるべきか」、あるいは「私的所有権は何によって付与されるのか」という法理論を念頭において進められたのではなく、時の政府の意向を忠実に実現しようとしたのである。しかし、それだけではなかった。山梨県の官有民事業の特徴は、官有地化とともに、入会権の存続を図る政策が模索されているところにある。それを端的に示すのが、政府に対する度重なる「官有地第三種山林原野払下」げの申請である。

その最初は、一八七九年（明治一二）の「入会秣場開墾ノ儀伺」（『近代林野制度資料集』資料九四）だったが、官民有区分が確定していないという理由で内務省に拒否された。そこで、翌年からは、官有地に確定した山林原野のうち、「地民必要ノ土地ナルヲ以テ其村々へ素地相当代価」によって払下げを許可することを願い出たが、これも拒否された。そこで、官有地を維持したまま、用材・薪炭・肥料の取得を「貸渡」すという形で許可することによって、入会権存続の方向を計ることにした。地租改正事務が終了した一八八一年（明治一四）には、政府の許可を得ないまま、「官林草木伐刈出願心得並手続」を布達し、官有地においても、出願によって草木の払下げを許可するという方針をとった。この「出願並手続」によると、①販売用の板などの用材、②販売用の薪炭材、③自家消費用の薪炭材、④肥料・秣用の柴草、の四種について、入会集団から「慣行ありて事情止を得さるものに限り、その請願に依り」、「相当代価」をもって払下げるとしている（『近代林野制度資料集』資料一四〇）。

この政策のもとで、県内では出願利用制度が先行開始され、入山の許可地域が確定した。県は、その区域を上申して、改めて許可を求めた結果、翌一八八二年（明治一五）に農商務省から「上申之趣特別ヲ以テ聞届候事」と許可が下った。このような背景を経て、改正布達されたのが、「官有山林原野草木払下条規」（一八八三年（明治一六）甲第二号布達）（『近代林野制度資料集』資料一九五）である。この条規では、①樹木は二〇か年、柴草は五か年以内の年季を定めて、相当の代価によって払下げること。ただし、国土保安に関する土地は除外する。②山野を三種に分類し、第一種（針葉樹林＝板または角物に供する用材林）、第二種（闊葉《かつよう》樹林＝薪炭などに供する用材林）、第三種（柴草生地＝立木がなく肥料・秣などに供する柴草生地）とする。③第一種は、一か年に伐採すべき土地を区画して、その区域中について伐木年度のきた樹木を選んで間伐すること、その後需用に欠乏がないように、跡地に必ず土地適応の樹木を栽培すること。第二種は、一か年に伐採する地を区画して、季節を定めて年々順次輪伐すること。第三種は、立木は一切伐採しないこと。などの条件を付けた上で、請願によって入会権を許可する体制が成立したのである。

## 県の政策の背景

以上のような県の方針の背景には、従来の入会秣場が官有に帰しては、「生業に差支候趣ヲ以陸続苦情申出、旧ノ儘《まま》被据置度旨出願」があった。また、県の政策と民衆の困難を見た「壮年書生輩等」が官民有区分を非難する論を主張し、「頻ニ人心ヲ煽動スルヨリ、既ニ説諭ヲ了解シタルモノモ苦情再燃」しているような状況があった（『近代林野制度資料集』資料一六二）。後者の運動は、民権運動家の依田道長・古屋専蔵・田辺有栄らが、県民の基本的権利の侵害として反対運動を起こしたもので、民権派の機関誌『峡中新報』が再三取り上げ、演説会も開催された。ただし、有泉貞夫によると、「民権派活動家が行動を呼びかけても、一般農山村民は動こうとしなかった。」という状況であった（有泉貞夫　一九八〇年）。入会稼ぎをおこなっている民衆は、県の方針に従って払下げを請願する方向に動いたと考えられる。政治活動を目的とする運動家と、実利を求める一般民衆との方向性の違いがここに見られる。

## その後の官有地

山梨県内の官有林は、一八八九年（明治二二）、社寺上地林とともに、皇室領である御料林に編入された。御料林を管轄する御料局は、先の「条規」を引き継いだが、それは「殆ど徒法に属して何等の権威なく」、そのため濫伐が激しかったとされ、樹木払下げを永世とする「御料地草木払下規則」に改正された（北條浩　二〇〇〇年、四三六ページ）。その後、御料林は、一九一一年（明治四四）に至り、県に下賜されることが決定し、約三〇町歩が

「恩賜県有財産」となった。これは、県下全般が水害を被ったことに対する救済特別措置であったとされる〔有泉貞夫 一九八〇年、三二九ページ〕が、御料地の過半には「古来、複雑な入会の慣行があって合理的に経営し難」かったからだともいわれている〔『帝室林野局五十年史』〕。

## 2 近代成立期における入会の構造分析

政府の官民有区分により、県下の山林原野の大部分は官有地となった。入会権は、山梨県、ついで御料局による許可制によってのみ存続が可能になった。このような入会権の実態と性格がいかなるものであったのかを、考えて見ることにしよう。

### 1 入会の対象と目的

一九〇九年〔明治四二〕当時、山梨県の山林原野の中で、入会地の占める割合は、四分の三に上っていた[*5]。これらの入会利用の実際は多種多様なものだった。

その中で、先の「官林草木伐刈出願心得並手続」に規定されている四種の用途が代表的なものであり、それを利用対象という側面からまとめると、①材木販売を目的とする用材、②販売・自家消費を目的とする薪炭材、③農業生産の補助的生産手段としての肥料・秣になる。また、以下のような事例がある。

（1）中巨摩郡宮本村には、「小白木職」といわれる木材加工職人が存在していたので、その用材として「小白木用木」の払下願いが県に提出された。[*6]

（2）明治以前、養蚕で蚕に繭を結ばせる灌木枝条《かんぼくしじょう》（「やといもや」）に使用する「蚕萩・十六手成」などとよばれる「蚕業肝要」の雑木や、落葉・薪などの採取が、「山手米大豆」を上納する根拠になっていた。

（3）明治期、北巨摩郡朝尾原の内の一部は、一八八九年（明治二二）の規約によって、「転々開墾輪換作付畑」として使用されていた。[*7]

（4）家屋が焼失したので、木材の伐出を許可されたいとの願いが、南都留郡忍野村から県に提出された。[*8]

（5）明治以前、北都留郡大原村では、村内の堤防・架橋の用材とするため、材木伐採に制限がなされていた。[*9]

（6）北巨摩郡大泉村では、八ヶ岳からの強風を避けるため、各戸ごとに松を植え付け風除林として保護してきた。また、民家火災の際の救助や橋梁材にも使用してきた。[*10]

以上の事例から、①用木の伐採は板材だけでなく職人による小商品生産を目的とするものや、養蚕業のための補助材の取得を目的とするものもあったこと。②切替畑など農地として利用する場合もあったこと、さらに③農家や村落を維持するための公共財や防災としての目的もあったこと、が判明する。

以上の点から考えると、山梨県や御料局によって設定された入会利用権は、当時の民衆の必要性を満足させるに足りるものではなかったことがわかる。しかも、山梨県の規則では期間も限定されていた。

また、官有地となった入会地の用途に関しては、次のような事例もある。

（7）東八代郡日影村では、一八七〇年（明治三）に、水害によって村内道路が大破して普請金が多分にかかったので、小物成山だった入会村山二か所を、代金一五〇両で渡辺半兵衛へ売り渡した。*11

この事例は、入会地が地上採取物（「毛上」）の利用対象（使用価値としての性格）であるだけでなく、土地自体が貨幣収入を得るための交換価値としての性格を持つことを示している。だが、この権利は、官有地化によって否定された。

民衆にとっての入会地の必要性は、一八九三年（明治二六）に実施された「山林原野慣行調査」で提出された中巨摩郡大井村からの回答に示されている。

> 現今ノ処ニテハ、村民農業ノ余暇アルニ望ンデハ、薪肥料秣等ヲ収得シテ、以テ自家用料トナシ、或ハ他ニ販売シテ生計ノ幾分ヲ補ヒ、極メテ細民ニ至リテハ専ラ木材薪肥料秣等ヲ販売シテ生計ヲ立ツル

ここには、農民の生計が入会地によって成り立っていることが端的に示されている。以上のことを、当時の民衆にとって入会地がいかなる意味をもっていたかという点からまとめると、①自給生産の補助手段、②小商品生産の手段、③地上採取物や土地自体の商品価値、③生活環境の維持手段になるだろう。

## 2 入会管理の様相

次に、入会管理の状況を見ることにしよう。幕藩体制下において入会地は、村中入会、あるいは村々入会として、旧村を単位とする入会集団によって運営されていた。管理集団としての入会集団の基本的性格は、近世村が行政村の下部単位である「部落」となっても変わらなかった。ただし、地租改正の進展にともない、集団内部には変化も生じた。一つは、近世にも頻発していた入会争論が再燃したり、性格を変えたことである。土地区画の調査が実施される中で、入会争論の典型である境界争論が起こった。[*12]

また、入会の利用権をめぐる争論が、境界争論から、地盤所有権をめぐる争論に発展した場合もある。例えば、北都留郡広里村内大月沢井組と同郡禾生《かせい》村内田ノ倉組との「入会柴山地券申受」をめぐる事件は、入会地に対する地券を出願する過程でおきた事件で、両村が土地所有権を争った。この争論は、一八七九年（明治一二）に、大阪高等裁判所によって、両村の「共有地」とするという判決が下ったが終決せず、同年、大審院によって、「原被共ニ所有ノ証ナキニ依リ」として管轄庁である山梨県の処分を受けるようにという判決が下った。それにより、結局、八六年（明治一九年）、官有地化が決定した。[*13]

一方、林野改租の過程で入会規約の制定や確認をおこなう入会集団もあった。北都留郡大原村内旧猿橋村・旧小沢村・旧朝日小沢村内幡野組は、従来、入会権をめぐって争っていたが、入会区域の協議を行なって利用することを契約した。あるいはまた、入会利用の期間や負担についての約定書を取り交わした入会集団もある。さらに、一八八一年（明治一四）の「出願心得並手続」から始まる出願入会制度は、従来の入会権に変更をもたらした。この制度では、先に見たように、品目に応じて払下代金を上納する代わりに、入会権が保障されるものだったが、この制度に対応した入会管理・利用方法についての約定書が作成された。例えば、西八代郡鴨狩《かもがり》津向《つむぎ》村・岩間《いわま》村両組合では、地元村である鴨狩津向村を中心に、①費用負担の方法、②入会山への通行路の保全、③野火の取締り、④草刈りの期間の取極めを行なった。このような規約は、各地域の旧慣を継承したものだが、出願制度の下で、入会の維持・保護管理の内容が規約とされることで、入会制度が整備される意味を持った。ただし、この制度に対しては、さまざまな批判があった。

❶維新前には、入会村民が「総代人」の命を受け、野火などの非常事態が生じたときには、直に現場に駆けつけ防御していたが、維新後は緩慢になった。それは、従来のように自由に草木を取得することができなくなったからである。*14

❷官有林のもとでの輪伐制度では、輪伐区域の最初から最終区まで年限を経過しても、とうてい私有地のように営林の材木量を取得するに至らない。しかも、毎年伐採量に応じて払下代金を徴収するやり方は営林に差し支える。*15

❸「私有地」の時には、官有地のような煩雑な取締法はなく、入会者は一般的に便益を感じていた。たとえ、官有地であっても、草束や樹木の数量を計ることにはひとかたならない手数がかかる。また、輪伐区においては、その区域内で伐採しなければならないことに不便を感じている。「私有地」の時代には、このような手数を省いても季節を限って入山するなどして樹木の濫伐を防ぐことができ、また、入会者の「自治精神ヲ以テ」

相互に取締をしていたので、費用も省略でき取締も行き届いていた。[*16]

以上のように、入会集団が自由に入会権を行使していた時代に比して、上からの規制によって入会権の行使が制限され、それが管理の弛緩を生んでいるという認識が、地域にはあったのである。

さらに、これまで述べてきた官民有区分・官有地入会制度が、民衆レベルでの新たな法観念を想起させたことを指摘しておきたい。上記の❸にみられる「私有地」という意識は、官民有区分のもとで生まれた「官有地」に対比される意識である。また、官有地に編入されることによって「入会権」は消滅したという認識も生まれた。そこでは、土地所有権の決定により従来の関係が断絶され、「農業其他諸山林ニ因リテ漸ク生計ヲ営ムノ関係村民ハ忽チ其稼業ヲ失イ、田圃ヲ荒蕪シ見ルニ忍ビザル惨状ヲ呈スルニ至ハ必然ノ勢ナリ」という捉え方がなされる。そして、「入会権ヲ回復セントスルノ念ハ一時モ忘ル能ワザルガ如シ」とするのである。[*17]

## 3 官有地入会権の構造

最後に、本稿の分析を踏まえて、実態レベルから官有地入会権の構造をまとめると図のようになる。官民有区分の結果、山梨県下の山林原野の大部分は、官有地となり地盤所有権は国家に帰属し、その所有権のもとで、用益権も基本的には国家に帰属した（図の地盤所有権）。その管理主体は、山梨県である。入会集団は、地盤所有権を権源とする用益権の一部を限定的に付与されることで、入会権を行使できた（図の下級用益権）。村々入会の場合は、いくつかの旧村から構成され、その連合体が入会集団である。入会に含まれるさまざまな資源は入会集団によって管理され、そのもとで構成員（入会村に所属する村民）は、個別に利用権を持ち用益権の制限下で資源を自由に取得し処分できる。

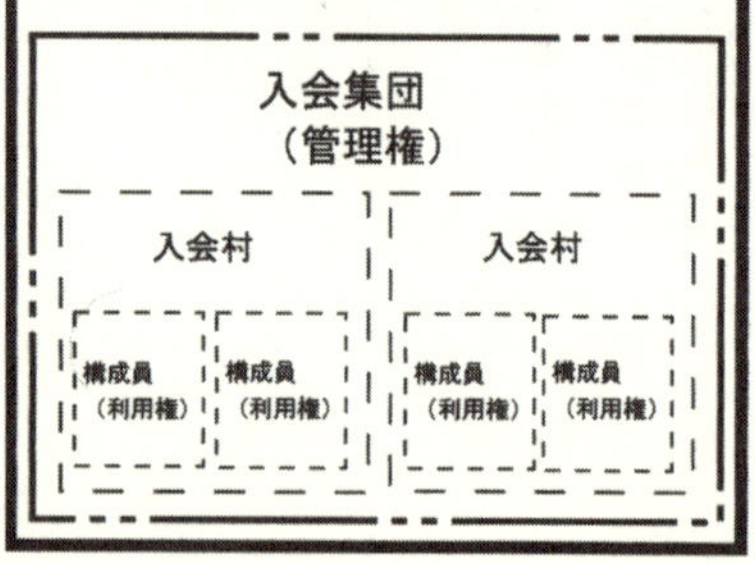


図…官有地入会の権利構造（村々入会の場合）

## おわりに

社会人類学者杉島敬志は、「土地・身体・文化の所有」（杉島編　一九九九年）において、次のように述べた。日本の近代的土地所有を語るときには、欧米諸国という近代世界システムの「中核」諸国とせめぎあい、からみあう過程を考慮する必要がある。一方、「辺境」の地域社会が、世界システムを導入するときには、地域社会の規則や信念とせめぎあい・からみあう過程が重要であるとして、このようなせめぎあい・からみあう過程を「歴史的もつれあい」と呼んだ。

本稿では、日本の近代的土地所有の形成過程も、「辺境」の地域社会が直面したのと同じ課題に直面したことを述べて、その「歴史的もつれあい」を解きほぐそうとした。明治政府が導入した私的土地所有権は、近代世界システムの「中核」諸国において発展した法体系だった。その法体系のもとにおいて、「慣習」としてしか位置づけられなかった入会権と所有権の相剋。近代国家法を導入しようと計る政府と地方行政との相剋。旧来の入会権を維持しようとする入会集団と地方行政との相剋。入会集団と入会集団の相剋。少なくとも、以上の「歴史的もつれあい」によって近代の官有地入会が成立したということは、不十分ながらも明らかになったのではないかと思う。

冒頭の小谷汪之の危惧を受け止めながらも、「私的所有」を相対化するためにこそ、歴史学における所有論の理論的深化が必要な地点に来ていると思われる。入会研究は、戦後の一時期を除いて法学・法社会学によって進められてきた。そこでは、入会裁判という現実的な課題が研究を支えてきた。「はじめに」で述べた歴史学の課題を果たすためには、法学で蓄積されてきた理論的成果に学ぶことが必要である。その一方で、コモンズ論や資源論などの現代的問題関心・概念を共有して研究を進めることが、私的所有の相対化を踏まえた歴史理論の再構築に結びつき、また歴史教育に何らかの寄与ができるのではないかと思う。[*18]

注

*1…以下、地租改正の経緯については、（福島正夫、一九六二年）・（丹羽邦男、一九八七年）・（北條浩、二〇〇〇年）などに依拠している。

*2…（福島正夫、一九六二年）五六六ページ表参照。

*3…山梨県の官民有区分の変遷については（北條浩、二〇〇〇年）などを参照。

*4…『近代林野制度資料集』所収の山梨県からの諸上申を参照。

*5…「山梨県林野所有別面積」（北條浩、二〇〇〇年）から算出。

*6…「小白木并薪炭用材払下之義ニ付伺」（『近代林野制度資料集』資料一四九）

*7…「朝尾原輪換作付畑保護取締規約書」（『明治二十六年全国山林原野入会慣行調査　山梨県』）

*8…（『近代林野制度資料集』資料一二〇）。

＊9…「入会区域ノ儀に付協議行届候ニ付御聞届ケ願」（『明治二十六年全国山林原野入会慣行調査　山梨県』）
＊10…（「回議」『近代林野制度資料集』資料二七二）
＊11…「旧小物成山官有地ニ決定セシ分、買得ニ係ルヲ以テ民有地ニ下渡ノ儀ニ付伺」（『近代林野制度資料集』資料一九九）。
＊12…（『大審院民事判決録』司法省）・（『明治二十六年全国山林原野入会慣行調査　山梨県』）などを参照。
＊13…以上の経緯については、（『大審院民事判決録』司法省）・（『近代林野制度資料集』資料二五二）を参照。
＊14…（北巨摩郡小泉村目録書『明治二十六年全国山林原野入会慣行調査　山梨県』）
＊15…（東八代郡竹野原村目録書『明治二十六年全国山林原野入会慣行調査　山梨県』）
＊16…（北巨摩郡清里村目録書『明治二十六年全国山林原野入会慣行調査　山梨県』）
＊17…（東八代郡右左口村目録書『明治二十六年全国山林原野入会慣行調査　山梨県』）
＊18…なお、本稿では紙数の関係から、入会をめぐる法学などの研究史や、最近のコモンズ論・資源論への具体的言及はいっさい省いた。この点については稿を改めて論じたいと思う。

**参考文献**


◉有泉貞夫……『明治政治史の基礎過程』吉川弘文館、一九八〇年
◉小谷汪之……「「土地神話」と戦後歴史学」、『学術の動向』二〇〇七年三月号
◉杉島敬志……『土地所有の政治史』風響社、一九九九年
◉福島正夫……『地租改正の研究』有斐閣、一九六二年
◉北條浩……『入会の法社会学（上）』御茶の水書房、二〇〇〇年
◉丹羽邦男……「近世における山野河海の所有・支配と明治の変革」、『日本の社会史　第二巻』岩波書店、一九八七年
◉室田武・三俣学……『入会林野とコモンズ』日本評論社、二〇〇四年
◉山梨県編……『山梨県史　通史編五　近現代一』山梨県、二〇〇五年

# 野菜と食生活の近代

## ―北方社会におけるキャベツの受容を例として―

清水克志

## はじめに――日本人の食生活に溶け込むキャベツ

現代日本において生産量が上位を占める野菜の中には、西洋野菜であるキャベツ・タマネギ・トマト・レタスや、中国野菜であるハクサイなど、近代以降に諸外国から日本へ導入された外来野菜が数多く含まれている（図1）。またニンジンのように、近世以前から普及していた在来野菜の中にも、現在では日本在来種よりも外来種が主流となっているものが少なくない。外来野菜は、近代初頭の導入からわずか約一世紀半の間に日本人の食生活に溶け込んできたといえる。それゆえ、その受容過程を解明することは、近代における日本人の外来文化の摂取や食文化の変容を探る上で、重要な課題といえる。

外来野菜の中でもキャベツは、作付面積・収穫量ともに在来野菜であるダイコンに次ぐ位置を占める野菜であり、とくに春キャベツは千葉県銚子や神奈川県三浦半島、茨城県西

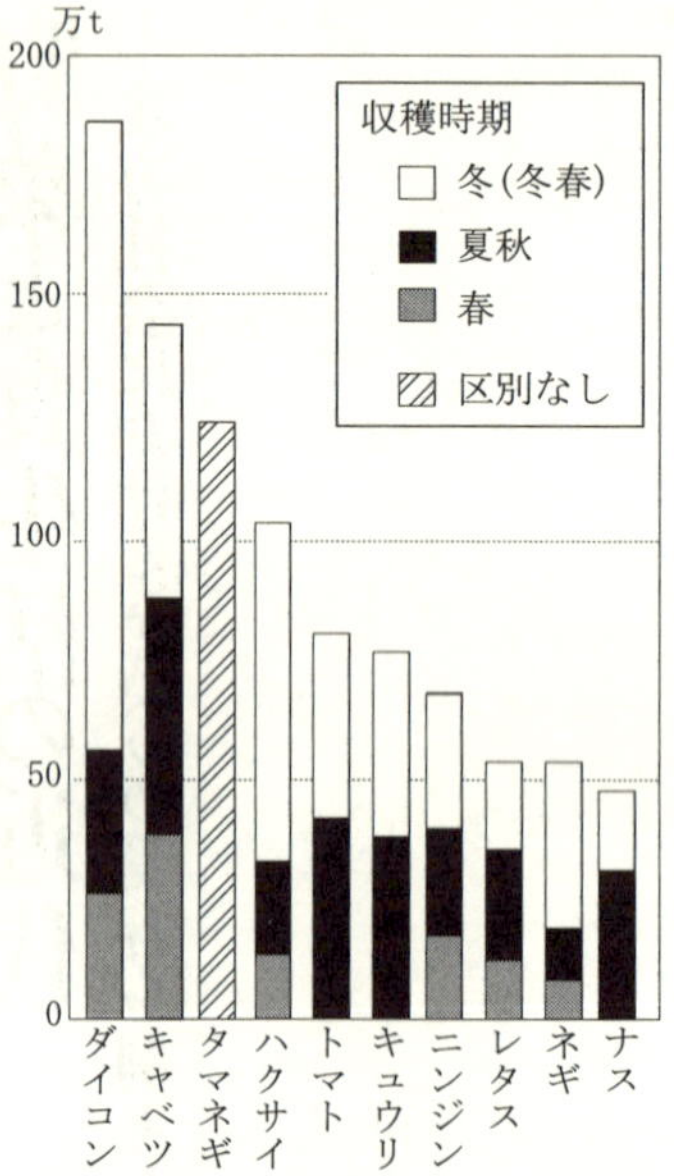


図1…日本の主要野菜の収穫量と収穫時期
(上位10品目、2000年)
農林水産省『第77次農林水産省統計表』より作成

図2…キャベツの都道府県別収穫量とその収穫時期
(2000年)
農林水産省『第77次農林水産省統計表』より作成

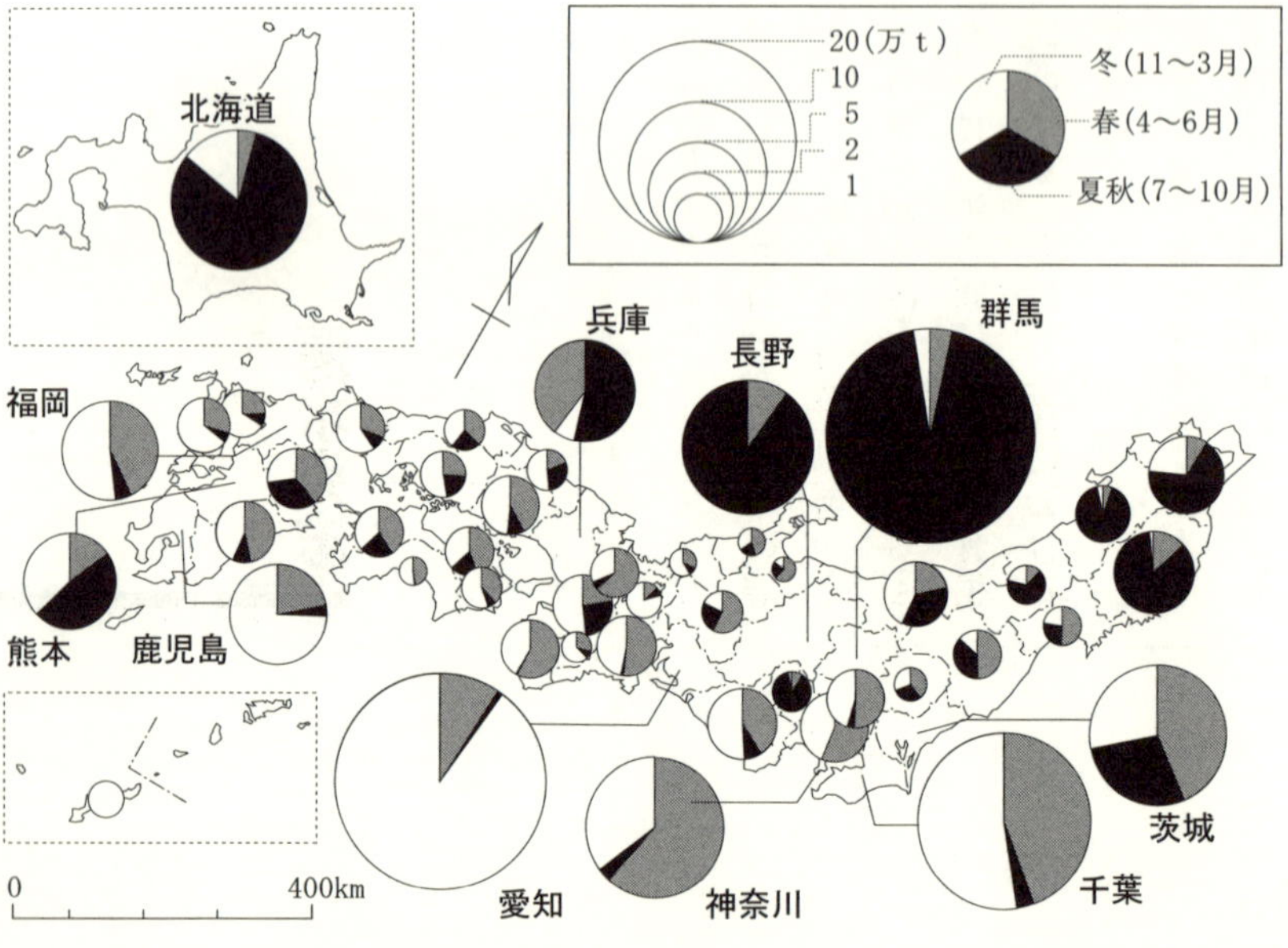

部など、夏秋キャベツは群馬県嬬恋や長野県南佐久など、冬キャベツは愛知県渥美半島などを中心に大規模な主産地が形成されている〔図2〕。キャベツは、地域的に多様な日本の自然環境を巧みに利用した産地のリレーによって、露地野菜でありながら、他の野菜にも増して、通年的かつ安定的に供給されている。

ところで、外来野菜の普及過程をめぐる従来の研究では主として、明治初期の政府主導による導入政策が、当時の日本人の食生活との乖離から不振に終わったこと、第二次世界大戦後の食生活の洋風化と主産地形成により急激に普及したことの二点が指摘されてきた〔青葉高　一九八二年〕。明治末から現代までのキャベツ生産の推移をみると、たしかに一九五〇年代から七〇年代にかけて飛躍的に増加しており、青葉による後者の見解が是認される〔図3〕。そして農業地理学の分野でも、この高度経済成長期における主産地形成について検討が加えられてきた〔市川健夫、一九六六年　岩瀬好弘、一九六七年〕。しかしながらキャベツ生産は、明治末から昭和戦前期においても着実に増加していることから、この時期にキャベツが日本人の食生活に広く採り入れられたとみなしうるのである。しかし、この点に関しては、先行研究においてほとんど言及されていない。

筆者は、このような問題意識から、明治中・後期に都市の知識人がキャベツの新たな調理法を考案し、大正期以降、それが婦人雑誌や新聞で紹介されたり、軍隊・学校給食に利用されたりすることを通して、都市住民の間でキャベツの食習慣が定着したこと、そして個々の地域では、都市住民の嗜好に合致する国産品種を育成して生産地域の成立を促したことを指摘した〔清水克志　二〇〇八年〕。その際、都市におけるキャベツ需要の増大にいち早く対応しえた生産地域内部におけるキャベツの導入や定着の在り方の解明が、課題として残った。とくに北方地域、すなわち北海道・東北地方は、明治以前、他の地域よりも先駆的かつ連続的にキャベツ生産が展開した地域であり（図3参照）、なかでも岩手県盛岡周辺地域は、東京市場への出荷において、日本でも屈指のキャベツ生産先進地域であった。そこで本稿では、北方社会、とりわけ岩手県盛岡周辺地域においてキャベツが受容されてきた過程を追跡しながら、近代日本における外来の食文化受容のあり方を、地域的展開に即して具体的に提示しつつ考察することを目的とする。

# 1 北方社会におけるキャベツの導入と定着

## 1 導入から定着への連続的展開

明治政府は、殖産興業政策の一環として外来野菜の導入を推進し、一八七一年（明治四）には札幌において開拓使が、また一八七四年（明治七）には内務省勧業寮の内藤新宿試験場が、キャベツを含む多くの外来野菜の試作を開始した。内藤新宿試験場は、外来野菜の栽培適地を把握するため、各府県に主要七品目（燕麦・甘藍・大茄子・蕃茄・玉蜀黍・豌豆・菜菜[*1]）を含む外来野菜の試作を依頼した。これが日本における甘藍《かんらん》（キャベツ）栽培の濫觴であった。キャベツ種子の配布を受けた府県数は、史料によって確認できるだけでも、当時の府県数の三分の二に相当する四二府県に及び、その数は外来野菜の中でも最多であっ

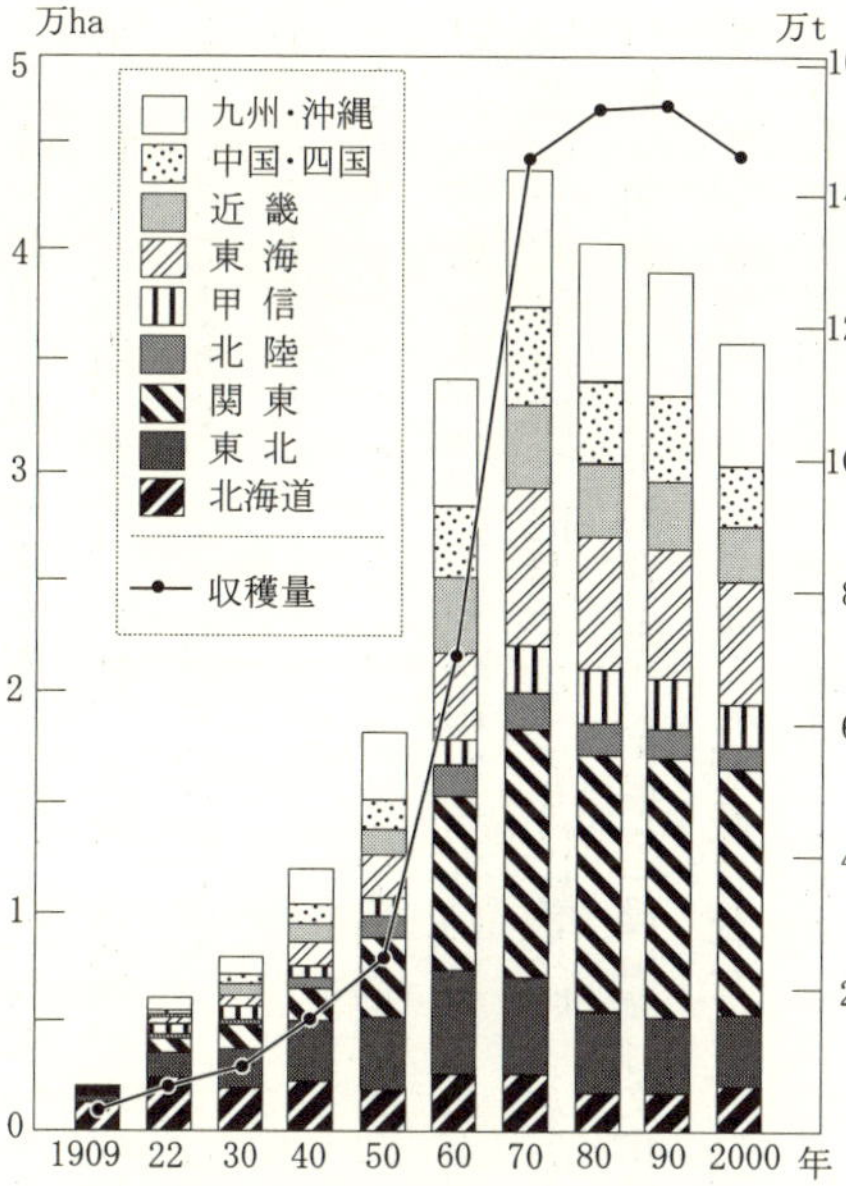


**図3**…キャベツの作付面積と収穫量の推移
(1909〜2000年)

**図4**…キャベツを使用した調理法の分布
農山漁村文化協会(1997)
『CD-ROM版日本の食文化全集』より作成

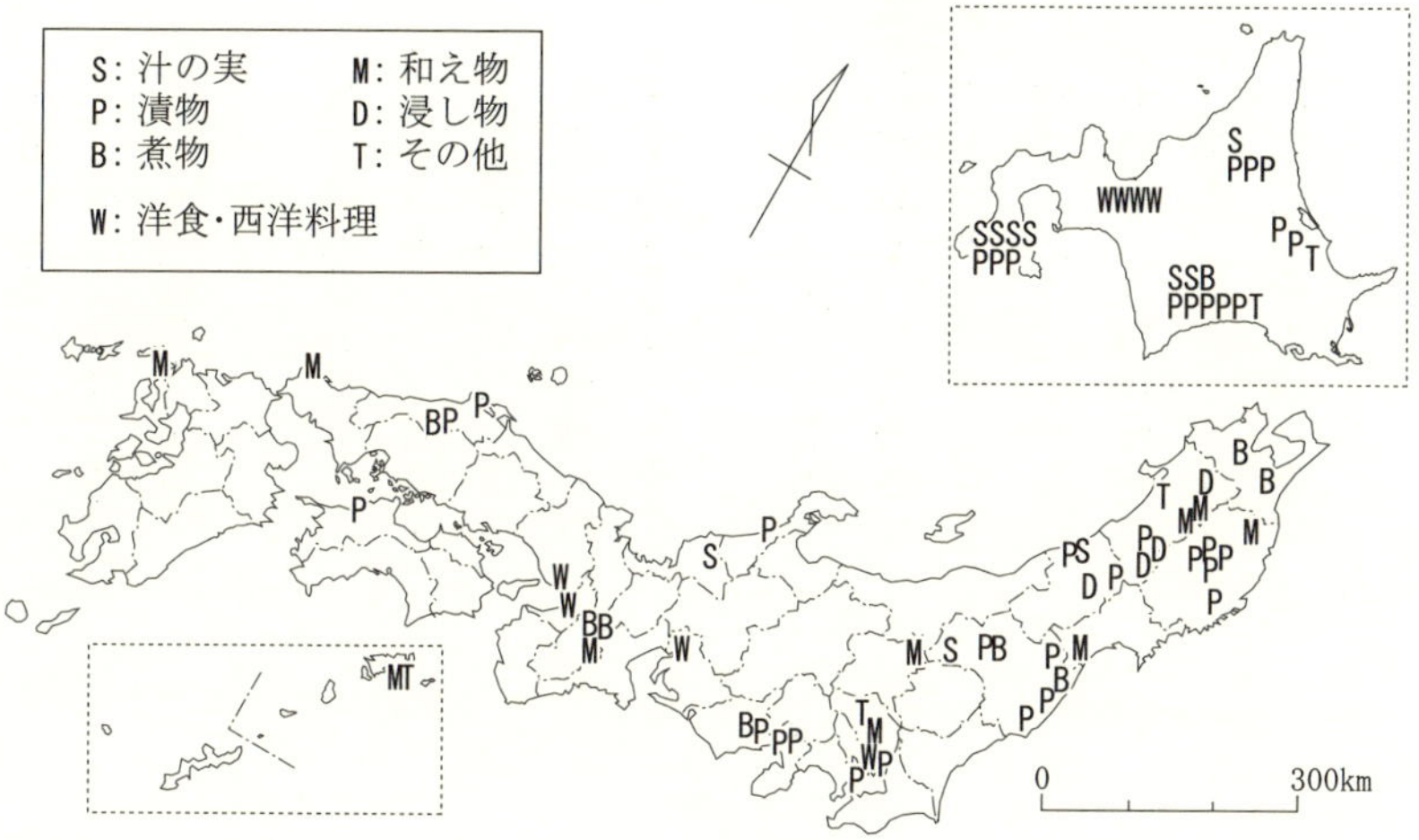

た。また政府に試作結果を報告した一八府県のうち、岩手、宮城、秋田、置賜、栃木、千葉、筑摩、石川、福井、京都、大阪、豊岡の東北日本を中心とする一二府県で試作に成功していることから、この時導入されたキャベツは、冷涼な自然条件により適する品種であったことがわかる。

その後、キャベツがどのような定着の過程をたどったかについては、農商務省統計における「甘藍（キャベツ）」の初出が一九〇九年（明治四二）であることなどもあって、日本全国を統一的な指標で把握することは難しい。そのような中で、以下に示す、『CD―ROM版　聞き書き日本の食生活全集』（農山漁村文化協会　一九九七年）および『日本植物方言集成』（八坂書房　二〇〇一年）に記載されたキャベツの伝統的な調理法や地域名称の分布は、こうした史料的制約を補う意味でも貴重な資料といえる。

まずキャベツを使用した調理法は、全国で八〇例確認できる。このうち北海道と東北地方に二十七例ずつが集中し、残りの二十六例が関東地方以南に散在しており、北方地域に分布が密であることがわかる（図4）。調理法別の内訳をみると、ロールキャベツ、スープなどの西洋料理や、せん切りキャベツ（洋食の付け合わせ）の調理例は八例で、これらはいずれも札幌や東京、名古屋、大阪、神戸など大都市に限られ、残りの七十二例は味噌汁やけんちん汁の実、漬物、煮物など日本在来の調理法である。これは都市において西洋文化の受容が先行したことを示す一方で、ごく早い時期からキャベツを在来の食生活体系に取り込んでいた農村が存在することを示唆している。

次にキャベツの地域名称の分布に着目すると、玉菜（たまな）と甘藍（かんらん）が多く、両者が福島県あたりを境として分布域を異にしていることがわかる（図5）。これらのうち「甘藍」は漢名であり、「玉菜」は玉葱と同様、結球した形状から意訳されたもので、山形県と香川県の「まきな」や長野県と山梨県の「まりな」もこれと同じ理由によるものであろう。これに対して、北海道や青森県、秋田県に分布する「かいべつ」は、英語の「cabbage」が音訳されたものとみられる。この地域名称の存在は、大正期から昭和戦前期にかけて「キャベツ」が標準的な呼称として全国的に定着する以前から、地域社会においてキャベツが普及していたことを傍証するものであろう。

以上のように、明治初期に日本に導入されたキャベツは、局地的にではあるものの、その後連続的な定着がみられた地域が確認できる。なかでも、伝統的な調理法や地域名称の分布が密である北方地域は、在来の農業生産や食生活体系の中にキャベツをいち早く取り込み、定着させた地域と位置づけることができる。

## 2 キャベツ生産先進地域としての盛岡周辺地域

岩手県へのキャベツの導入は、一八七四年（明治七）の内務省による外来野菜種子の一斉配布に続き、一八七八年（明治一一）には島惟精県令による勧業奨励策の一環として、また一八八七年（明治二〇）以降には、後に園芸学の権威となる恩田鉄弥岩手県農事講習所長によって実施された。岩手県におけるキャベツの試作状況は、一八八七年（明治二〇）に記録された「明治七年御下付ノ種苗現今ノ景況」[*2]に、「能ク地質ニ適シ且ツ食用ニ供シテ其味ヒ美ナルヲ以テ民間ニ於テモ好テ之レヲ栽培ス（略）現今之レヲ栽培スル者管内殆ント七八分位ノ多キニ至レリ」とあることから、導入直後から良好であり、一八八七年頃には栽培者が増加していたことがわかる。

岩手県では、一八七八年（明治一一）には、キャベツ以外に中国原産の清国山東菜と体菜などを導入している。[*3] そしてその試作結果において、「（清国山東菜）地味ニ適シ生育甚タ宜シク且味頗ル美良ナレハ、尋リ種子ヲ採リ漸次管下ニ繁殖セント欲ス」、「（体菜）山東菜ニ比スレハ其味稍劣ルト雖トモ亦以テ尋常ノ蔬菜ニ非サレハ明年ハ種子ヲ採種シテ管民へ払下可キ積リ」と、両種を品質の優れた漬菜として高く評価した上で、これらを積極的に実用化しようとしていたとみられる。また、盛岡周辺地域では「玉菜」の呼称が普及していたこと（図5参照）や、主として漬物として利用されていたこと（図4参照）を考慮すると、盛岡周辺地域において、キャベツは在来種よりも優れた漬菜のひとつとして受容されたとみなすことができるのではないか。

さらにキャベツが、山東菜や体菜と較べて優れている

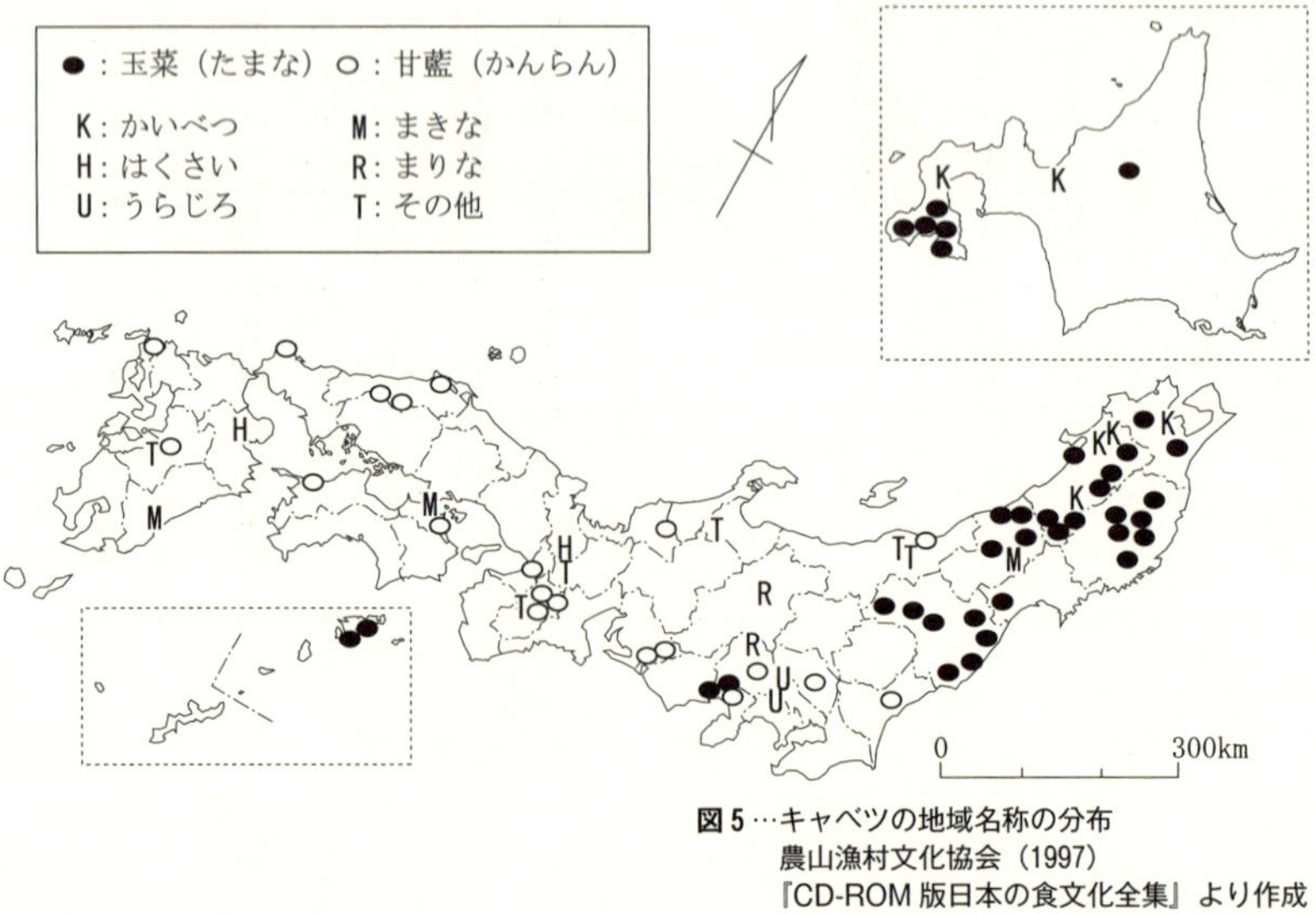


**図5**…キャベツの地域名称の分布
農山漁村文化協会（1997）
『CD-ROM版日本の食文化全集』より作成

点として、冬季において貯蔵が可能な結球野菜であった点が挙げられる。一九〇四年（明治三七）に、日本で最も初期のキャベツ国産品種である「南部甘藍」を育成したことで知られる盛岡市神子田町の工藤惣太郎が、一九〇二年（明治三五）頃、冬季に自家消費するために土中に埋めて貯蔵したという記録が残っている[*4]し、一九三六年（昭和一一）に刊行された『岩手県栄養指導書』にもキャベツを土中に埋めて貯蔵する方法が図解されている（図6）。また昭和戦前期には、結球が不十分で出荷に不適なキャベツは、自家消費用に土中に貯蔵する間に結球が緊密になったともいわれている。[*5]さらに一九〇九年（明治四二）に岩手県立農学校校友会が発行した『校友会誌第六号』には、農科三年の山平隆なる人物が、「甘藍の試作に就て」という一文を寄稿している。

（西洋野菜の中で）最も将来有望にして而かも平民的にして如何なる用途にも応じ得る蔬菜は甘藍を措きて他にあらざるべし（中略）東北地方の気候及び土壌に適する蔬菜は如何なるものぞと探求すれば、甘藍を第一位に推さゞるべからず（中略）其の栽培は又頗る簡単なるも、世人の顧みざるは遺憾とする所なり（中略）甘藍は運搬に便に且貯蔵し得るにより冬季蔬菜に欠乏せる時、之を出せば珍味と賞賛せざるものなし。斯くの如く栽培懇到を得ざるも良収穫を得るにより、荒蕪の地あらば耕起栽植し以て其の利を挙げん事を切に希望す（括弧内は筆者による挿入）

これによりキャベツが、盛岡周辺地域の気候や土壌に適するのみならず、冬の寒さが厳しく雪に閉ざされることも多い当該地域にとって、冬季間において貯蔵可能な野菜であったことは一層明白となる。そして、このことこそが、キャベツが当該地域で、導入当初から連続的に定着をみることとなる条件として重要であったといえよう。

## 2 大正期における都市化の進展とキャベツ生産地域の成立

### 1 「輸送園芸」時代の幕開けとキャベツ

岩手県におけるキャベツの作付面積は、一九〇九年（明治四二）には七三ヘクタールであったが、一九二五年（大正一四）には三七三ヘクタールを超え、大正期を通して、五倍以上に増加した（図7）。それは、一九一二年（大正元）八月三一日の『東京朝日新聞』の記事が如実に物語っているように、大正期を境として、岩手県盛岡周辺ではキャベツを、それまでのように自給用として栽培するのみでなく、東京市場への出荷を目的として盛んに栽培するようになったからである。

> 近年吾々の食卓を饒《にぎや》かす甘藍の如きは未だ東京の近郊から出て来ない前に静岡産のものが這入《はい》ってくる、虫害や気候の影響の為めに府下の百姓が作り難い七八月の折に盛岡地方から盛んに這入って来る（略）今や都市を目的にした野菜物は百里を離れた東北の隅から這入って来る

盛岡では、有力な青果商の一人である佐藤谷次郎によって、一八九七年（明治三〇）に東京市場へのキャベツ出荷が開始された経緯がある。[*6] しかしながら、明治末に顕著となった帝都東京における都市化の進展とともに、増大したキャベツ需要を、東京近郊からの供給のみでは満たし切れなくなっていた。[*7] そのため東京市場では、東京近郊産キャベツの端境期に、盛岡や静岡などの遠隔地から本格的にキャベツを移入し始めた。

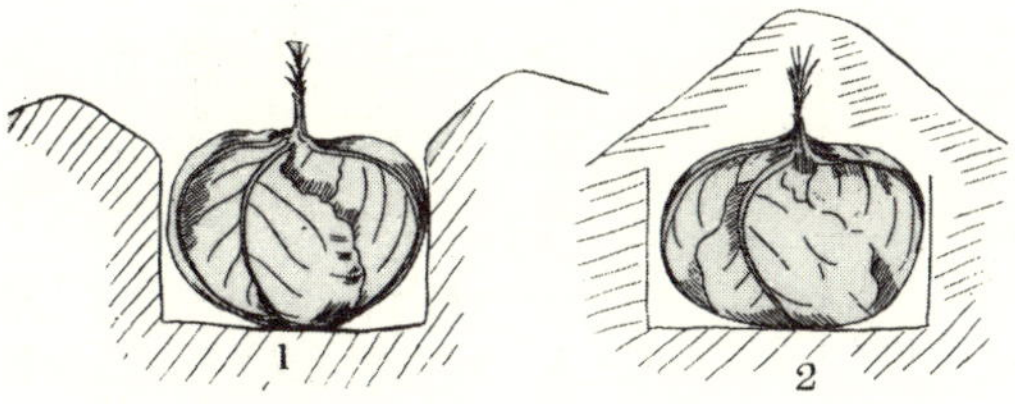


**図 6**…昭和戦前期における冬季のキャベツ貯蔵法
岩手県社会事業協会（1936）より転載

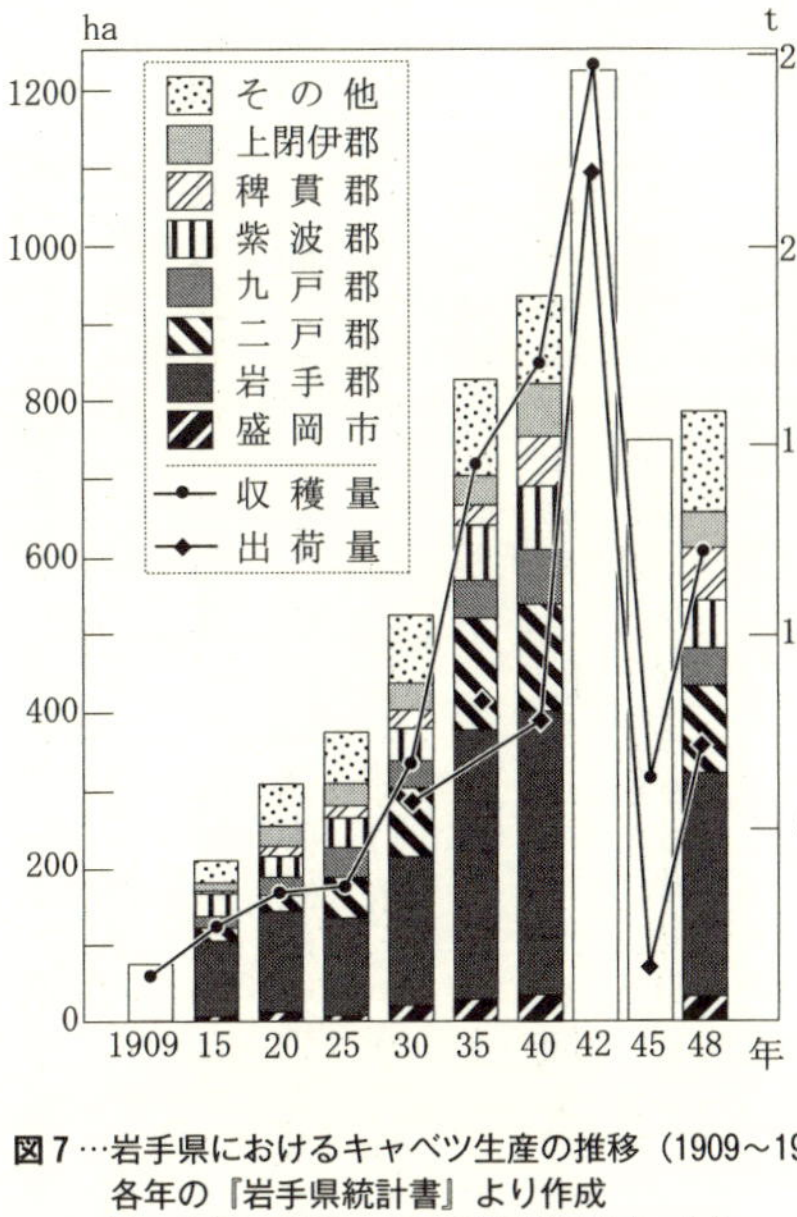


**図 7**…岩手県におけるキャベツ生産の推移（1909～1948年）
各年の『岩手県統計書』より作成
注　1909、1942、1945の郡別内訳データ欠

また一九一六年（大正五）に刊行された『本邦鉄道の社会及経済に及ぼせる影響　中巻』[*8]においても、「盛岡の玉菜と鉄道　岩手県盛岡地方に於ては、専ら輸出の目的を以て玉菜の播種に努めつゝあり（略）栽培成績甚だ良好にして将来益々発展の望あり」という記述があり、盛岡周辺のキャベツ出荷を、当時における数少ない輸送園芸農業の先進的事例として特筆している。キャベツは、収穫後も長期保存が可能な結球野菜という特性から、鉄道による長距離輸送に耐えうる輸送園芸農業向きの野菜であった。このことが、都市市場から遠隔地域における商品作物としてのキャベツ生産を可能にし、当該地域を、東京において急増しつつあった生鮮野菜の需要を賄う、キャベツ生産先進地域にしたのである。

## 2　キャベツ生産の組織化と生産地域の成立

図8は、岩手県におけるキャベツ出荷組合と仲買商人の分布を示したものである。これにより岩手県では、大正期における東京市場への本格的なキャベツ出荷の開始とほぼ同時にキャベツ出荷組合が結成されたことがわかる。岩手郡厨川村では、一九一五年（大正四）にキャベツを北白川宮親王の台覧に供し、激励を受けたことを契機として、岩手県内で初めて出荷組合が結成された。[*9]これに続いて、盛岡近郊の岩手郡本宮村・中野村・紫波郡見前村・飯岡村や岩手郡沼宮内町・巻堀村（好摩）・大更村・滝沢村、二戸郡小鳥谷村（奥中山）などでキャベツ出荷組合が結成された。以下では、厨川と大更の甘藍購買販売組合によるキャベツ出荷を例として、大正期におけるキャベツ出荷の具体像を提示する。

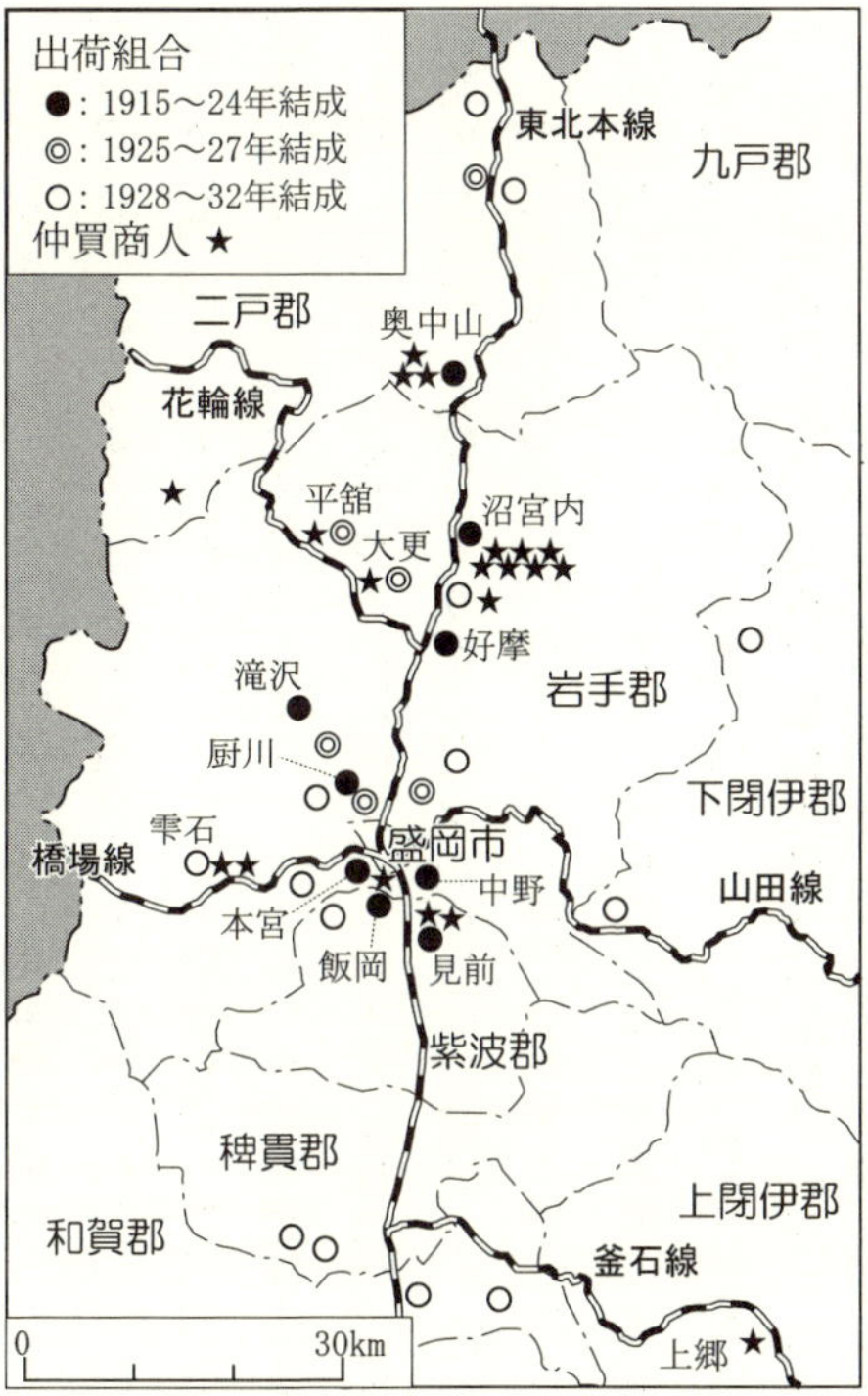


**図 8**…岩手県におけるキャベツ生産地域
（大正〜昭和戦前期）
清水（2006）に加筆

**図 9**…厨川村甘藍購買販売組合によるキャベツの移出（大正 5 年）
岩手県文書により作成

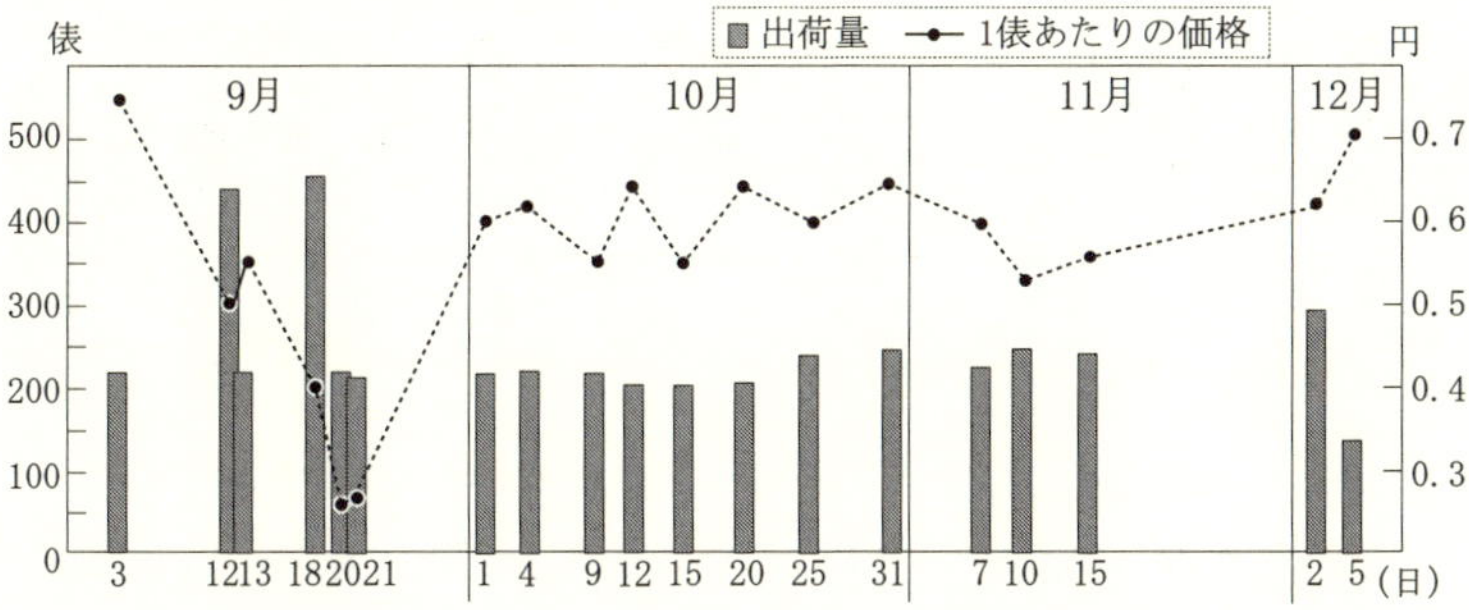

厨川甘藍購買販売組合は、約八〇名の組合員で構成された。一九一六年（大正五）当時、八ヘクタール余りを作付けし、東京京橋市場へ出荷した。[*10] 出荷は、九月三日から十二月五日までの期間に一九回行われ（図9）、その出荷量は合計四七四〇俵（約二二四トン）であり、前年比で約二倍の出荷量であった。一俵あたりの販売価格は、出荷開始と終了時点が七〇銭を超えて高く、それ以外の期間は、五〇～六〇銭前後で推移していた。九月中旬の販売価格の暴落は、気候によりキャベツが輸送中に腐敗したためであった。一九一九年（大正八）には、東京市場におけるキャベツ価格の低落と輸送用の貨車不足によって、東京市場への出荷が見合わせられたため、その対策として新たな販路として秋田市場を開拓することとなった。[*11] 続く一九二一年（大正一〇）には、野菜類の不作と陸軍の秋季大演習によるキャベツ価格の暴騰のため、東京市場への出荷は好況であった。[*12] さらに一九二三年（大正一二）には、関東大震災によって東京市場への輸送路が断たれたため、その対策として、秋田市場に加えて青森市場へも販路を開拓した。[*13]

一方、大更甘藍購買販売組合では、当初、販売目的にキャベツを生産したが、一九一六年は、キャベツ以外の野菜類が不作であったため、生産したキャベツの大部分を自家消費に回すこととなった。[*14] また一九一八年（大正七）はキャベツが不作であったため販売ができず、翌年以降は栽培品目をキャベツから亜麻へ転換した。[*15] このように、大正期におけるキャベツ出荷は、作況の不安定さや輸送機関の不備などによって脆弱なものであった。また、仲買商人の介入が強く、組合による共同出荷が徹底されなかった結果、生産者の利益が少ないという問題も生じた。しかしその一方で、盛岡周辺で生産されるキャベツは、東京以外に地方都市や軍隊などの新たな需要とも結びつくことによって、着実に換金作物としての性格を強めつつあったとみなすことができる。

# 3 昭和戦前期におけるキャベツ生産地域の拡大と地域振興

## 1 農政の関与とキャベツ生産地域の拡大

岩手県におけるキャベツの作付面積は、昭和に入ってさらに急増し、一九三〇年（昭和五）に五〇〇ヘクタールを、一九三五年（昭和一〇）には八〇〇ヘクタールを超え、一九四二年年（昭和一七）には最高の一三二八ヘクタールに達した（図7参照）。とくに一九三〇年以降は、以前から栽培が盛んであった岩手郡・紫波郡に加えて、二戸郡・九戸郡・上閉伊郡などで作付面積が急増している。これは、一九二五年（大正一四）から一九三二年（昭和七）にかけて、盛岡市下台・岩手郡平舘村・川口村・雫石村・上田村・米内村・滝沢村（篠木・大釜）や二戸郡二戸村・石切所村、稗貫郡太田村・谷内村、和賀郡更木村・赤荻村などで甘藍出荷組合の設立が相次いでいる（図8参照）こととも一致しており、キャベツ生産地域が一層拡大したことがわかる。

岩手県において、大正期前半に引き続き、この時期にも甘藍出荷組合の設立が相次いだ背景を知るためには、岩手県文書「共同販売施設助成金交付申請」[*16]および「総費決算並事業成績報告ノ件」[*17]にある以下の記述が参考となる。

蔬菜中販売高ノ多キハ甘藍ナリ、然レドモ移出組合ヲ組織シテ直接ニ都会市場ニ送致スルモノ数カ処ニ止マルノ現況ナルヲ以テ出荷組合ノ設立ヲ督励シ、以テ直接取引ノ方法ヲ指導セントス、其他百合、牛蒡、自然芋亦然リ

茲ニ於テ従来生産者個人個人ガ地方仲買ノミニ手放シタル極メテ不利ナル立場ヨリ脱却シ、始メテ直接ニ利益ヲ獲得スルコトヲ得タル、如上ノ実績ニ鑑ミテ大ニ自覚スル所アリ一層団結ノ基礎ヲ強固ニシテ利益享受ノ実ヲ挙グヘク、本年一目愈々此等各出荷組合ノ連合会ヲ組織スルニ至リ、将来ノ活動大ニ観ルヘキノアルヲ期待ス

一九二五年に岩手県農会が、この当時岩手県において最も販売額の大きい野菜であるキャベツの出荷組合の設立指導を実施したことを示すものであり、その結果、下台・沼宮内・好摩・平舘・滝沢・見前・奥中山を含む、九出荷組合が、岩手県農会の斡旋により一万二〇〇〇俵余りを東京市場へ試売し、九六〇〇〇円余の売り上げを示した。[*18]

さらに、翌一九二六年（大正一五）には甘藍出荷組合を連合会組織とし、地方の仲買商人による販売を阻止しようとしたことがわかる。これと連動して岩手県農会は、一九二七年（昭和二）に沼宮内・好摩・平舘・滝沢・篠木・米内・見前・下台・奥中山の八出荷組合に対して蔬菜共同出荷事業奨励金を交付した。[*19] この岩手県農会による甘藍出荷組合結成

の奨励を受けて、一九二五年からの三年間に篠木・米内・下台を含む六出荷組合が結成された。岩手県農会によるキャベツ出荷への関与が、大正末に至って顕在化してくる事実は、多くのキャベツ生産農家の暮らしにとっても、あるいは地域の産業振興という観点からも、換金作物としてのキャベツの出荷が、この時期にますます重要度を増してきたことを示すものといえる。

## 2 地域振興の方策としてのキャベツ生産の意義

岩手青果販売株式会社の会長経験者で、大正から昭和戦前期のキャベツ出荷に携わった吉田菊治は、その手記「南部甘藍六十五年の想い出」[*20]の中で、一九三五年（昭和一〇）頃のキャベツ出荷の状況を以下のように述べている。

> 県北へ産地が移り、中心地は沼宮内となって、市場出荷の時の名称も南部甘藍より岩手甘藍と改めて、栽培地域は更に広まり（中略）（キャベツは）換金作物の親玉として、その栽培意欲は最高潮、増反の一途を辿り、国道四号線は沼宮内町を過ぎると、右も左も甘藍畑で、秋も収穫期には沼宮内駅頭は荷馬車、荷車、小荷駄馬付あるいは双入俵三俵を背負う者等混雑を極め、まるでお祭り騒ぎで、又買出人として大阪商人中野統六氏一味等の仲買人、地元手下人等で売った買ったの手打ち、まったく名状しがたき風景で明け暮れたのでした（中略）貨車の割当で駅頭は毎日業者、組合等の貨車の

奪い合いの為に大騒ぎし、午前中は大悶着を毎日繰返しましたが、午後には其の手打ち酒をくみ交わし、無風状態に変るのが毎日でありました。（中略）其の頃の岩手甘藍は全盛時代でした

吉田の記述からは、この当時キャベツ生産の中心が岩手郡沼宮内町以北に拡大し、換金作物として一層重要な存在になっていたこと、なかでも東北本線沼宮内駅がキャベツの集出荷地として、活況を呈していたこと、仲買商人と甘藍出荷組合員が貨車を得ようと競っていたこと、そして何より「全盛」時代に仲買商人として携わった吉田自身の高揚した様子が生き生きと伝わってくる。また、一九三五年（昭和一〇）には、「沼宮内音頭」が作られ、同時に記念はがき（図10）が発売された。この記念はがきの一枚には、「沼宮内名産甘藍と其の畑地」の写真が使われているのみならず、パッケージを飾るイラストにもキャベツが岩手山、南部駒とともに描かれている。また「沼宮内音頭」の一節にも、「ハア、岩手お山にヨー　も一つ添へて　ハ、キタヨイナヨイナ、積んだ玉菜の積んだ玉菜の宝山　ワレ、ヤレコノ宝山」とあり、出荷されるキャベツを「積んだ玉菜の宝山」と表現している。

沼宮内町のキャベツ生産農家では、大人たちが、地主のもとで「手間取り」といわれる

図10…沼宮内甘藍の絵葉書（右上）とそのカバー（左）沼宮内小学校所蔵

労働に従事することが多かったため、四月中旬のキャベツの播種に始まり、霜害防止のために苗床を炭すごで覆う作業、苗への水撒き、仮植・定植、夏の青虫駆除などの一連のキャベツ生産の作業は、主に子どもたちによって担われた。昭和戦前期に、キャベツ生産に携わった経験のある沼宮内在住の古老[*21]たちからの聞き取りにおいても、「(玉菜を)手間暇かけて子どものように育てた」、「玉菜の収穫の時だけお金が入った」、「玉菜で稼いで小遣いを貰うのが楽しみだった」という言葉を聞いた。これらの事実は、現金収入の糧となるキャベツの生産が、地域とそこに暮す多くの農家にとって、経済的にも重要な意味を付与していたことを示しているといえよう。

## むすびにかえて

キャベツは、明治前期に日本へ導入されたものの、明治後期から大正期に、東京など大都市において需要が増大する以前の普及状況は、きわめて停滞的かつ断絶的であった。そのような中にあって、北海道から東北地方にかけての北方社会は、キャベツを漬け物や汁の実などの在来の食生活体系の中に早くから取り込んできたこと、キャベツに「玉菜」などの地域名称を付与してきたこと、冬期間キャベツを土中で貯蔵する慣行が存在することなどに、端的に示されるように、キャベツが導入直後から連続的な定着をみた地域として特筆される。その連続的な定着の背景には、寒冷地という自然条件がキャベツの栽培に適したことに加え、冬季に貯蔵可能な結球野菜であることが積雪の多い当該地域における需要と合致したことなどが考えられる。

北方社会の中でも岩手県盛岡周辺地域は、キャベツの連続的な定着を基盤として、輸送園芸農業の萌芽期から、東京など大都市へ向けたキャベツ生産地域としての役割を果たした。また、キャベツが日本人の食生活において定着しつつあった昭和戦前期までには、沼宮内など岩手県北部地域へと産地が拡大し、岩手県は日本屈指のキャベツ生産地域へと変貌した。

東京など大都市においてキャベツの需要が拡大し始める、ごく初期の時点で、その需要に対応し得た盛岡周辺地域が果たした役割は、その後の全国的なキャベツの普及を考える上でも、決して小さなものではない。そのような意味で、北方社会で局地的に展開した、導入当初からのキャベツの連続的な定着の在り方は、日本人が外来野菜を受容し、食生活を近代化させてきたあり方を考える上で、看取できない重要な要素といえる。

注

＊1…「主要7品目」は、オートムギ、キャベツ、ナス、トマト、トウモロコシ、エンドウ、フダンソウのことを指す。
＊2…岩手県文書「明治七年御下付ノ種苗現今ノ景況」一八八七年（明治二〇）
＊3…岩手県文書「和洋各種御買上之議」一八七八年（明治一一）
＊4…岩手県農業会『岩手県の特産南部甘藍に就て』岩手県農業会、一九四六年
＊5…照井仁一郎氏からの聞き取りによる
＊6…岩手県農業会『岩手県の特産南部甘藍に就て』岩手県農業会、一九四六年
＊7…東京府農商課編『東京府生産調』東京府農商課、一九一七年
＊8…鉄道院『本邦鉄道の社会及経済に及ぼせる影響 中巻』鉄道院、一九一六年
＊9…仙台鉄道局運輸課『東北の物産』仙台鉄道局運輸課、一九三四年

＊10…岩手県文書「滝沢甘藍購買販売組合　第二年度財産目録」

＊11…岩手県文書「厨川甘藍購買販売組合　第五年度財産目録」には、「始メ東京市場ニ出シタルモ仝市場ハ例年ニ比シ価格高カラズ、且ツ貨車不足ノタメ東京方面行ノ貨物集積著シク為メニ、輸送ノ敏活ヲ欠キ蔬菜ノ品位ヲ失墜スル憂アリシヲ以テ秋田市ニ販路ヲ求メ輸送ノ結果極メテ好況ヲ呈シ漸ク共同販売ノ目的ヲ達シ得タリ」とある。

＊12…岩手県文書「厨川甘藍購買販売組合　第七年度財産目録」には、「販路ハ東京神田市場京橋市場及秋田市ナリ、蔬菜ノ成績ハ一般ニ発育不良ニシテ生産額僅少ナルト秋季陸軍大演習トノ影響ニ依リ価格著シク高ク、従テ各地ヨリノ注文多カリシモ到底其ノ需要ヲ充ス能ワザル状況ナリキ」とある。

＊13…岩手県文書「厨川甘藍購買販売組合　第九年度財産目録」には、「累年販路ノ拡張ニ努メ東京其ノ他各市場ノ好評ヲ博シ需要益々増加セシニ大震災ニヨリ東京方面ノ販路ヲ失ヒタルモ幸ヒ秋田青森ノ需要盛ナリシ為メ相等ノ成績ヲ収メタリ」とある。

＊14…岩手県文書「大更甘藍購買販売組合　第二年度財産目録」

＊15…岩手県文書「大更甘藍購買販売組合　第四年度財産目録」および岩手県文書「大更甘藍購買販売組合　第五年度財産目録」

＊16…岩手県文書「共同販売施設助成金交付申請」大正一四年

＊17…岩手県文書「総費決算並事業成績報告ノ件」大正一五年

＊18…川原仁左衛門編『岩手県農会史』岩手県農会史刊行会、一九六八年

＊19…前掲18『岩手県農会史』

＊20…吉田菊治「南部甘藍六十五年の想い出」

＊21…一九三一年(昭和六)生まれの沼宮内在住の女性ほかからの聞き取りによる

**参考文献**

◉宮野栄茂編　『校友会誌第六号』岩手県立農学校々友会、一九〇九年
◉鉄道院　『本邦鉄道の社会及経済に及ぼせる影響 中巻』鉄道院、一九一六年
◉東京府農商課編　『東京府生産調』東京府農商課、一九一七年
◉財団法人岩手県社会事業協会編　『岩手県栄養指導書』財団法人岩手県社会事業協会、一九三六年
◉岩手県農業会『岩手県の特産南部甘藍に就て』岩手県農業会、一九四六年
◉市川健夫　『高冷地の地理学』令文社、一九六六年
◉岩瀬好弘　「東海地方におけるキャベツ栽培の地理学的考察」、愛知教育大学地理学報告二七、一九六七年、二八〜三三
◉青葉高　『日本の野菜—葉菜類・根菜類』八坂書房、一九八二年
◉農山漁村文化協会　『CD—ROM版　聞き書き日本の食生活全集』農山漁村文化協会、一九九七年
◉八坂書房編　『日本植物方言集成』八坂書房、二〇〇一年
◉清水克志　「近代日本における外来野菜の導入と展開」、筑波大学大学院博士課程人文社会科学研究科修士論文(未定稿)、二〇〇二年
◉清水克志　「日本におけるキャベツ生産地域の成立とその背景としてのキャベツ食習慣の定着」、『地理学評論八一—一』、日本地理学会、二〇〇八年、一〜二四

# 終章

# 模索される時代像の形成
## ―歴史教育と歴史学の協働ということ―

浪川健治

本書の目的として、編者の一人坂井俊樹は、今日の歴史教育を取り巻く状況を勘案し、国家、領域・境界、地域という三つの観点から国家や地域（身近な地域や東アジア地域）を考えることを通じて、歴史教育と歴史学の対話を、歴史教育からの発信と歴史研究の今日の諸課題との交流として試みることをあげている。その交流の形態は、協働という概念で示される。協働とは、同じ目的のために、二人以上が協力して働くことであり、共同、すなわち二人以上の人や団体が心や力を合わせて、同等の立場によって結合し仕事をともにすることではない。したがって、ここでは歴史教育は小学校・中学校・高等学校における教育実践を通じた立場から、また歴史研究も大学教員・高等学校教員・大学院生など、さまざまな社会的な位置にあって研究に取り組む多様な存在からの異なる視線と関心から構成されることになる。

今日、市場原理主義にもとづく経済や情報のグローバル化が、世界同時不況という深刻な矛盾を露呈しながらも進行している。ボーダーレスを特徴とするグローバル化は、けっしてすべての人間に解放され、総体として共有される性格のものではない。そこからは、異化され、差異化されていく存在、個あるいは集団としての人間、周辺化された空間としての地域が必然的に生み出されることになる。すなわち、グローバル化とは、現実の社会のなかでは、「均質化」を生み出すものでなく、グローバル化の波にのみこまれる者の経済的な貧困化、皮相なサブカルチャーの蔓延と、それとは裏腹な異化される者の先鋭的かつ排他的な文化意識を作り出し、従来の地域や国家という枠組みを超えた新たな「地域化」、あるいは「差異」化を生じさせ、社会そのものをむしろ「多様化」「多文化化」へと導き出すものである。

市場原理主義にもとづくグローバリズムは、国民国家のもとで一体と考えられていた国家単位の文化や民族といった政治的単位と、情報・移動・物流といった経済あるいは社会がつくる空間との結びつきをあいまい化し、前者は可能な限り縮小されることでのみ後者との関わり合いをもつことが可能な構造が指向される。それは、一見、競争原理のもとの「自由」な存在として人間を位置づけ直すかのような幻想を紡ぎ出す。しかし、例えば、そうして創出された「自由」で、流動的、かつ多様な労働力が、今日、どのような状況に置かれているのかをみれば、グローバリズムのものと「自由」とは何を意味するのか、誰にとっての「自由」であるのか、はあきらかであろう。グローバリズムの指向のもとで、個人あるいは集団としての人間は、この構造へ強制的に巻き込まれることによって、単一の文化意識のものにおかれ、グローバリズムに照応しない存在は新たな周辺化、差異化のなかに自己を位置づけざるを得なくなるのである。

そうした場合、問題は、グローバル化される世界と「地域化」された社会にあって、「差異」化された人間が時間と空間のなかにいかに自らを関わらせ意識化することでアイデンティティを形成し他者を認識するのかということになろう。これらの概念は互いに連関しつつも時に矛盾し、そのことによって概念のはざまのなかのさまざまな位置に立つ人間集団あるいは個人が空間と時間に対する異なる認識を主観として持つことになる。その際に注目されなければならないのは、グローバル化一般がもつそうした矛盾だけでなく、グローバル化の過程における特質と、したがってその限界という規定性もまた、日本という列島弧の歴史のなかで形成されてきた地域像や〈周辺〉像と、グローバル化を指向する新たな国家論理や社会原理との間にせめぎ合う関係にあることである。そうした連関と矛盾のなかに生活し生産する集団としての人間、個人としての人間は時間的かつ空間的な「生きている地域」のなかで多かれ少なかれ複数の社会的な規定性をうけることで多様な意識をもつ存在形態をもつものとして生きることとなるのである。

これらのことは、これまでの研究を通じての社会像の歴史的分析、あるいはとらえ方というものが、いま、大きく変革されなければならないことを意味している。

われわれに求められることは、人間と人間が持ち得ていた可能性を、新たな周辺化、差異化というグローバリズムが生み出した単一的な文化の価値観から位置づけを図り、結果としての歴史像を示すことではない。何より、歴史、すなわち変容する時間と空間の構造のなかで、人々がみずからの生産や生活にもとづいて形成した世界、すなわち「生きている地域」の論理と構成のありかたを、記憶にまで踏み込むような新たな視点と方法によってあきらかにし、人間が持ち得ていた多様に満ちた可能性を歴史像として示すことであろう。

そうした理解の上に立って、本書では、協働のための条件として、第一に、流動的で重層的な地域像をいかに描くか、第二に、国家史＝国民史の相対化、第三に、領域（課題）別カリキュラムの構成、そして、第四に、自己形成と社会認識の視点、をあげる。これらの四点を踏まえることで、歴史研究と歴史教育の二つの立場からの生活史的、生活課題・領域史としての総体としての歴史像に接近することを図ろうとしている。それは、具体的には、国家の領域と境界について再検討を試みた（1）境界と領域の歴史像（第一章）、身近な地域での歴史の中から、「変動する地域」像を前提に教育都教育の二面から接近した（2）地域　営みの場の広がりと人間（第二章）、東アジア史の視点を導入し、日本という「境界や国家」を浮き彫りにすることを試みた（3）交流の中の東アジアと日本（第三章）、私達が直面する地域の現代的諸課題からの接近としての（4）現代社会と歴史理解（第四章）、という内容によって構成されている。

協働を図るための立場として、国際的な観点、他の国や民族などの立場から日本を相対化することの重要性を共通の認識としながら、とくに歴史教育にあっては、過去の文化制度、意識などのよいと思われる点での継承・発展の観点と、現代社会の問題解決の立場、問題の根元を探り批判していく観点が不可欠となる。これらの諸点は、独自に孤立的に存在するものでなく、つねに問題と関心をフィードバックさせることによって、それぞれの内的連関性を発展的に高め、本質にアプローチすることを可能とする。

このような視点に立つ本書では、歴史学研究と歴史教育実践は、おおよそ次のような関係性で捉えられている。歴史学の研究者と教師は、現代の問題状況の理解や課題を共有する点で議論が一致している。しかしながら、歴史教師が、歴史学に示される歴史論文を直接に収集し、それを授業に反映させることは一般的に容易なことではない。多くの場合、自主編成教材を作成する時でも、複数の歴史の「通史」や「概説書」、つまりその時代像を描き出すための刊行物として示される多種の資料（視覚資料や文章、統計、地図等）を活用することになる。またその「概説」等に学びフィールド・ワークを実施する。これらの諸資料やフィールド・ワーク、博物館活用などのなかから、子どもたちの地域生活や生活課題に合わせて題材や資料を選択していく。つまり子どもたちの生活課題や興味や関心、育成したい歴史認識を想定し、授業を構想し、実践し、実践の積み上げによって修正していくことになる。

一方で、歴史学においてはグランド・セオリーが消滅した現在、そのような形での体系化は困難な状況となっている。それは、例えば、過去のことではあるが、岩波講座が「通史」として編集することができず、しかも内容的にはとても「通史」たり得ていなかったことに顕著に示されている。こうした現象は、汎日本的な歴史事象によって日本史を理解するのではなく、いかに地域に根ざした歴史学が中心となってきたかということも関係している。にもかかわらず、地域史を標榜している概説書もまた、相互の地域像のせめぎ合い、変容する地域像を問うことがないため、じつはモザイクとしての日本史像を提示しているに過ぎない。こうした現実は、地域を固定的なものとしてとらえ、地域相互の関係、また国家や民族との規定性やせめぎ合いを時系列のなかで変動的に捉えられていないことに起因すると言えよう。

歴史研究から提示される時代像の形成に寄与する叙述は、かつてのような「通史」や「概説書」ではなく、いかにそれらを分析的ではなく、総合的に捉えていくのか、そうしたものとして歴史像を、いかなる視角と方法論によって提示したものであるかということである。その提示によって、教科書叙述に対する批判が展開され、その過程を共有することを通じて、教師は歴史学の成果を活用していくことになる。他方、歴史教育側からの具体的な実践の報告は、歴史研究に期待する視点、要望としても示される必要があろう。相互の接近—「協同」である。歴史学から見た場合、「協同」が意味するものは、地域を変容するものとして捉え、ときに国家の領域を越える広がりをも見せる地域相互の関係、また国家や民族との規定性やせめぎ合いのなかの歴史像を生活や生産のレベル、そしてアイデンティティといった側面でも捉え、それを切り開く視角と方法論を提示することに他ならない。

新たに模索される時代像の形成に寄与する叙述、それを「通史」「概説」と捉えるならば、地域を固定的なものとした、たんなる小領域の寄せ集めとしての日本史ではなく、地域相互の関係、また国家や民族との規定性やせめぎ合いを時系列のなかで変動的に捉えた研究成果に他ならない。そして、それらは歴史教育という社会実践を通じて、いかに認識化され一般化されるのかということで検証されることになるのである。

# おわりに

坂井俊樹
浪川健治

専門が異なる編者の坂井と浪川が、ある経緯から本書の企画を思い立った。そこには、歴史教育と歴史研究が基本的には問題意識を共有しながらも、実践や研究を進めるにあたっては両者が相互理解を持つことなく、それぞれに対して異なった認識と位置付けを与え、ときには対立的な関係になることを再考したいとの思いがあった。

二〇〇八年三月、坂井は歴史教育関係者に、浪川は歴史研究者に呼びかけ、共同研究会的組織を作った。快く参加をしていただいた実践者・研究者が、第一回の会合を持ったのが五月下旬であった。その後、二回の全体会（同年一一月と翌〇九年三月）の合計三回、人数と時間の制約はあったものの充実した議論の場を持つことができた。この間、浪川・坂井の編集者間では、毎月のように研究の進め方と構成、さらには各メンバーの報告について意見の交換を行っている。

全体会においては、歴史教育と歴史研究の関係性を示す「協働」というコンセプトのあり方について、その具体的な意味と位置付けの鮮明化についての指摘がなされた。さらに、教育実践と歴史研究の距離の遠さという現実からこうした試み自体の展望について懸念が示されたこともあった。このような討議を踏まえながら、最終の三回目の全体会では、「協働」に対する一定の方向性がおぼろげながら見え始め、執筆者の教育実践と歴史研究の関わりに対する気持ちも醸成され、共通の問題意識を持つことも可能になってきた。十分なものではないものの、「協働」のありかたを形にするという仕事の出発点に立つことができたと思う。

本書をまとめるにあたり、各執筆者に対しては報告原稿や提出原稿段階で修正をお願いするなどご負担をおかけした。それにもかかわらず、熱心にこの共同作業に参加していただき感謝している。本書に対して多くの方々から、ご意見、ご批判をいただければ幸いである。それを踏まえて、本書で提案した「協働」について、教育実践と研究を深めていきたい。

なお最後になりましたが、梨の木舎の羽田ゆみ子さんには、研究会の会場運営や出版に際して多大なご協力をいただいた。記して謝意を表したい。

二〇〇九年七月一二日

**藤野　敦**（ふじの　あつし）　東京学芸大学附属高等学校
・歴史文化ライブラリー　『東京都の誕生』吉川弘文館、2002年
・「旧品川県社倉金返還と地方制度の転換点」『近代日本の形成と地域社会　多摩の政治と文化』松尾正人編、岩田書院、2006年

**木村直也**（きむら　なおや）　産業能率大学経営学部
・『新しい近世史２・国家と対外関係』共編著、新人物往来社、1996年
・「「鎖国」の見直しと教科書記述」『歴史評論』711、2009年

**吉村雅美**（よしむら　まさみ）　筑波大学大学院博士課程人文社会科学研究科
・「「御家世伝草稿」のなかの初期平戸藩像」『社会文化史学』51、2009年
・「年中行事に関する貢租と盛岡藩士の知行地支配」『近世の空間構造と支配』東洋書院、2009年

**中妻雅彦**（なかつま　まさひこ）　愛知教育大学教育実践研究科
・「『総合的な学習の時間』を『総合学習』に」『歴史地理教育』№２　2008年７月増刊号
・「小学校社会科実践の動向」『歴史教育・社会科教育年報』2008年版　三省堂、2008年

**中條克俊**（ちゅうじょう　かつとし）　埼玉県朝霞市立朝霞第一中学校
・『中学生たちの風船爆弾』さきたま出版会、1995年
・『君たちに伝えたい、朝霞そこは基地の街だった。』梨の木舎、2006年

**福島俊弘**（ふくしま　としひろ）　天理市立北中学校夜間学級
・「マキハダづくりを追って上下」『奈良県立民俗博物館だより』2007年２月
・「歴史や社会に問いかける夜間中学の文化」『全国教研報告書2009』日本教職員組合

**貝塚和実**（かいづか　かずみ）　前埼玉大学教育学部
・「近世地域社会の構造と変容」『歴史学研究』626、1991年
・「近世後期の地域社会の形成と領主の動向」『地方史研究』47巻１号、1997年

**清水克志**（しみず　かつし）（独）農業・食品産業技術総合研究機構農村工学研究所
・「三浦半島南部における野菜生産地域の発展とその歴史的基盤」『景観形成の歴史地理学』二宮書店、2008年
・「元文期盛岡藩領における土地資源利用の空間構造」『近世の空間構造と支配』東洋書院、2009年

●執筆者（執筆順）

**加藤公明**（かとう　きみあき）　千葉県立千城台高等学校
・『考える日本史授業３　平和と民主社会の担い手を育てる歴史教育』地歴社、2007年
・『新版　社会・地歴・公民科教育法』共著、学文社、2009年

**朴中鉉**（パク・ジュンヒョン）　韓国・ソウル市立良才高等学校（江南区）
・『韓日歴史共通教材・向かい合う韓日史』　共著、四季出版社　2006年
・「東アジアの歴史和解と共同教材」『学芸社会』第24号、2008年11月

**國分麻里**（こくぶ　まり）　東京学芸大学・茨城大学
・『日韓歴史共通教材・日韓交流の歴史』共著　明石書店、2007年
・「茨城県筑波第一小学校における1950年代の新教育実践カリキュラムの構想と自学学習の特質」共著、『学校教育学研究紀要』２号、2009年

**井山貴代**（いやま　たかよ）　伊勢原市立成瀬小学校
・「養護学校での社会についての実践」『学芸社会』第12号、1991年
・「ぼくのお姉さん――児童文学を通した人権学習」『学芸社会』第16号、1999年

**平野哲也**（ひらの　てつや）　栃木県立学悠館高等学校
・「前地」『身分的周縁と近世社会１　大地を拓く人びと』吉川弘文館、2006年
・「江戸時代後期における地域資源の活用と生業連関」『栃木県立文書館研究紀要』11、2007年

**内田　満**（うちだ　みつる）　埼玉県立本庄高等学校
・「記録された旗本殺害一揆」『歴史評論』670、2006年
・「秩父困民党と武器（得物）」『森田武教授退官記念論文集　近世・近代日本社会の展開と社会諸科学の現在』新泉社、2007年

**平田博嗣**（ひらた　ひろつぐ）　東京学芸大学教育学部附属小金井中学校
・『基礎・基本の習得をめざす新しい授業実践』共著、東京法令、2005年
・『思考力・判断力・表現力をつける社会科授業デザイン』共著、明治図書、2009年

**鈴木哲雄**（すずき　てつお）　北海道教育大学教育学部
・『中世日本の開発と百姓』岩田書院、2001年
・『日韓歴史共通教材・日韓交流の歴史』共著、明石書店、2007年

**監修**

**森田　武**（もりた たけし）　埼玉大学名誉教授

・「近世後期の村役人選定における郷例・入札と「村自治」」『近世・近代日本社会の展開と社会諸科学の現在』新泉社、2007年

・その他に自治体史の編纂・執筆多数

**編著**

**坂井俊樹**（さかい としき）　東京学芸大学教育学部

・『現代韓国における歴史教育の成立と葛藤』御茶の水書房、2003年

・『社会科教育研究の再構築をめざして－あたらしい市民教育の実践と研究』共編著、東京学芸大学出版会、2009年

**浪川健治**（なみかわ けんじ）　筑波大学大学院人文社会科学研究科

・『地域ネットワークと社会変容』共編著、岩田書院、2008年

・『近世の空間構造と支配－盛岡藩にみる地方知行制の世界』編著、東洋書院、2009年

教科書に書かれなかった戦争 PART53

歴史教育と歴史学の協働をめざして――

ゆれる境界・国家・地域にどう向きあうか

---

2009年８月10日　初版発行

監　修：森田　武

編　著：坂井俊樹・浪川健治

装　丁：鈴木美里

発行者：羽田ゆみ子

発行所：梨の木舎

〒101-0051　東京都千代田区神田神保町１-42

ＴＥＬ03-3291-8229　ＦＡＸ03-3291-8090

Mail:nashinoki - sha@jca.apc.org

http://www.jca.apc.org/nashinoki-sha/

シリーズ・教科書にかかれなかった戦争

## ⑫わたしは、とても美しい場所に住んでいます

### ——暮らしの隣ですすむ軍事化——

基地にNO!アジア・女たちの会編　石原理絵・木元茂夫・竹見智恵子/著

A5判/92頁/定価1000円＋税

沖縄・高江の米軍北部訓練所では、いま何が起きているのか。
基地問題、入門編としておすすめです。
——戦争のための基地ではなく、静かな朝、鳥の声、夜には満天の星を、子どもたちに、残したい。

978-4-8166-0903-9

## ⑪有事法制下の靖国神社

### 国会傍聴10年、わたしが見たこと聞いたこと

西川重則著

A5判/212頁/定価2000円＋税

著者は、1999年のいわゆるガイドライン国会から、国会開催中はほぼ毎回傍聴を続けている。以来新ガイドラインが成立し、国旗国家法が成立し、有事法制が成立し、戦争のできる国に着々と歩みつつある。著者が見た「はだかの国会」の姿をつたえる。

978-4-8166-0901-5

## ⑩朝鮮近代史を駆けぬけた女性たち32人

呉香淑《オ・ヒャンスク》著

A5判/216頁/定価2300円＋税

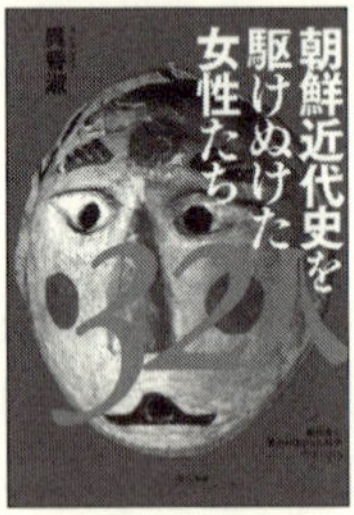

一葉や、らいてうや、晶子が生きた近代に、朝鮮の女性たちはどう生きたのか。画家、作家、事業家、教育者、舞踊家、医者、独立運動家…。日本植民地下に二重三重のマイノリティとして時代を駆けぬけ生きぬいた女たちを描く。写真多数。白善行《ペク・ソネン》、明成王后《ミョンソンワンフ》、李貞淑《イ・ジョンスク》、金貞蕙《キム・ジョンヘ》、南慈賢《ナム・ジャヒョ》、趙信聖《チョ・シンソン》　ほか。

978-4-8166-0801-8

## ㊾わたしは誰の子父を捜し求める日系二世オランダ人たち

葉子・ハュス—綿貫著

A5判/178頁/定価1800円＋税

●目次　まえがき　父親を捜す日系オランダ人との出会い　1章　モリーの物語　2章　ナニーの物語　3章　クラウディーネ・マサコ、そして母親　4章　半分日本人でよかった　5章　オランダからにのチューリップ

クラウディーネとナニー、そしてモリーは、日本人の父と蘭印系オランダ人の母から生まれ、オランダに渡る。人間としての存在価値を求めて苦悩する彼女たちの、心の旅の記録である。

4-8166-0611-4